AF397370

Technisches Kulturgut

Band 1

Zirkulation, Ansammlungen
und Dokumente des Entzugs
zwischen 1933 und 1945

HERAUSGEGEBEN VON

RON HELLFRITZSCH,
SÖREN GROSS
UND TIMO MAPPES

STIFTUNG DEUTSCHES OPTISCHES MUSEUM

SANDSTEIN

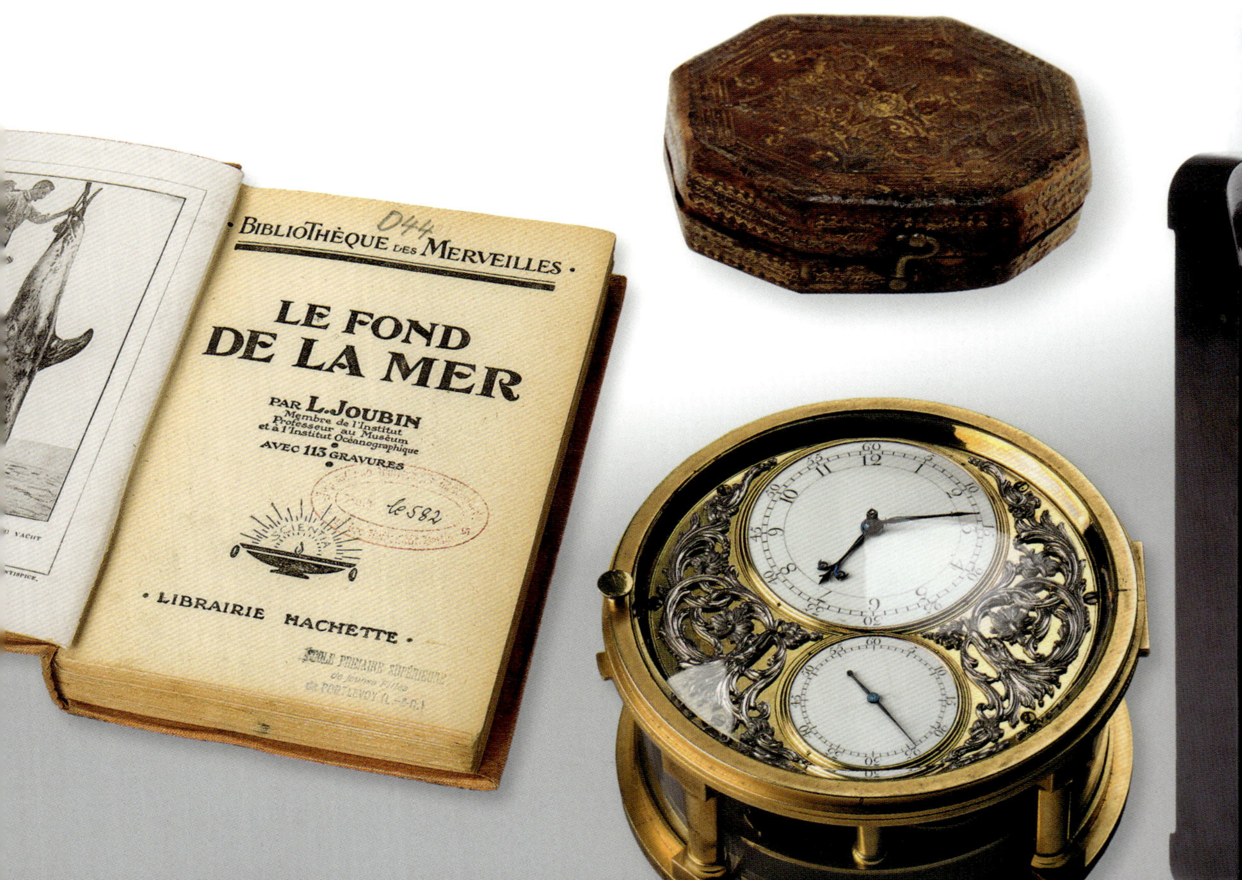

Technisches Kulturgut

1 Zirkulation, Ansammlungen und Dokumente des Entzugs zwischen 1933 und 1945

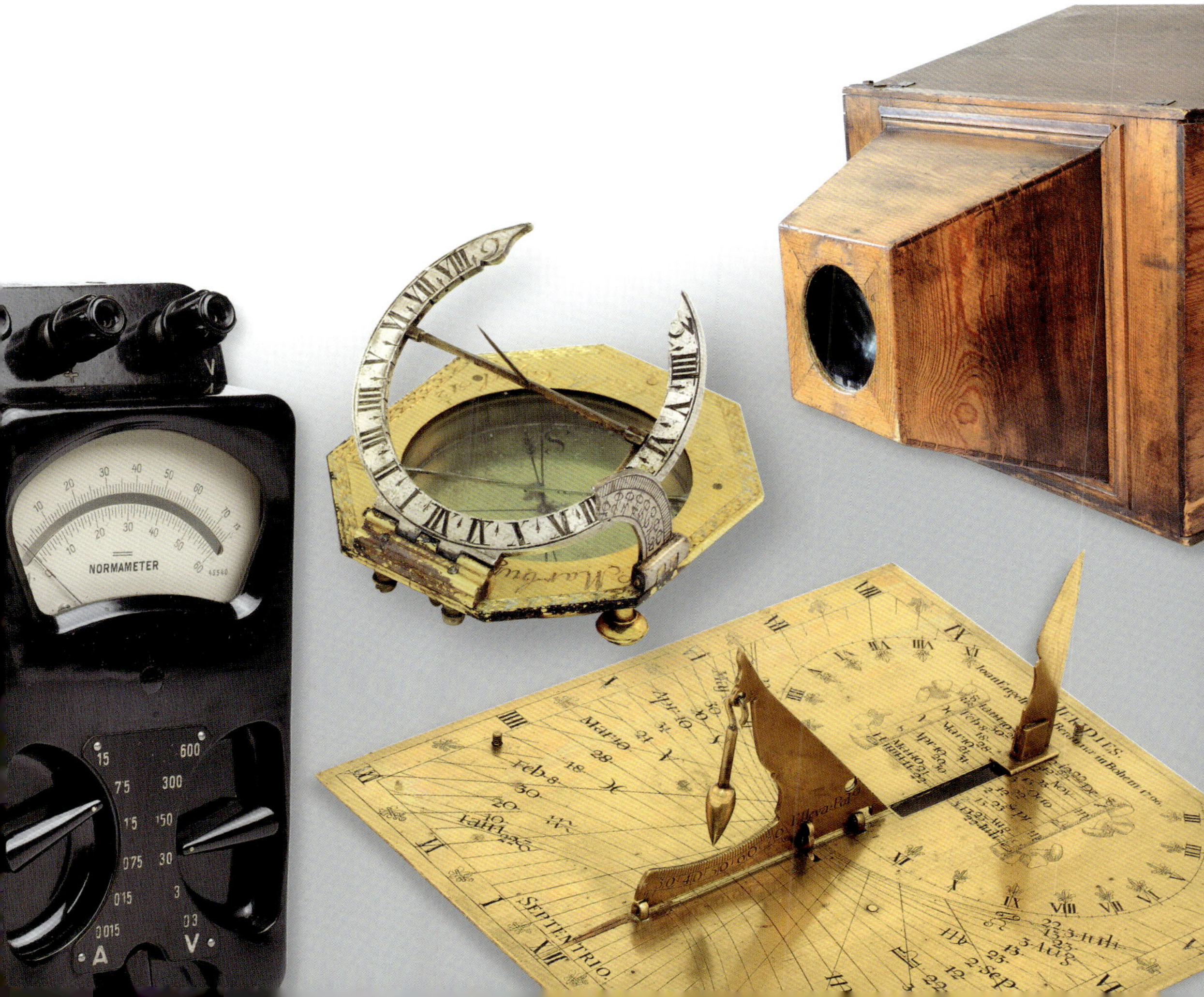

Fallbeispiele aus dem Deutschen Optischen Museum

Aufzeichnungen unrechtmäßigen Entzugs in der NS-Zeit

Anhang

Grußwort

Die vorliegende Publikation vereint die Beiträge zur Tagung »Historische Technische Instrumente. Zirkulation, Ansammlungen und Dokumente des Entzugs zwischen 1933 und 1945«, die am 23. September 2021 vom Deutschen Optischen Museum in Jena veranstaltet wurde.

Mit der Etablierung einer kontextbezogenen Provenienzforschung im Zuge der Umsetzung der am 3. Dezember 1998 verabschiedeten »Washington Principles« (Grundsätze der Washingtoner Konferenz in Bezug auf Kunstwerke, die von den Nationalsozialisten beschlagnahmt wurden) richteten sich das wissenschaftliche Erkenntnisinteresse ebenso wie das allgemeine öffentliche Informationsbedürfnis zunächst vorrangig auf die Kunstraubzüge der NS-Führer und der von ihnen eingesetzten Sonderkommandos und Einsatzstäbe sowie auf die Erwerbungspolitik der großen Museen und Staatsgalerien – insbesondere in den während des Zweiten Weltkriegs von der Wehrmacht besetzten Gebieten.

In der im Jahr darauf veröffentlichten »Erklärung der Bundesregierung, der Länder und der kommunalen Spitzenverbände zur Auffindung und zur Rückgabe NS-verfolgungsbedingt entzogenen Kulturgutes, insbesondere aus jüdischem Besitz« (Gemeinsame Erklärung) wurde ein wesentlich erweitertes Verständnis der Komplexität der historischen Vorgänge zwischen 1933 und 1945 deutlich: Kulturgut, und nicht allein Kunstwerke, das infolge politisch konstruierter Legalisierungen im Rahmen von Gesetzen, Erlassen und Verordnungen beschlagnahmt, geraubt und abgenötigt wurde. Eigentum, das den von den Nationalsozialisten aus politischen, rassistischen und anderen Gründen Verfolgten entzogen worden war oder von diesen auf der Flucht oder bei der Deportation zurückgelassen werden musste.

Die überall im Deutschen Reich öffentlich angekündigten und durchgeführten Versteigerungen von Gegenständen »aus jüdischem Besitz« bildeten den Ort der »Verwertung«, der staatlich organisierten Enteignung der Juden und Überführung ihrer Vermögenswerte in die Hände jener, die sich daran bereichern wollten oder zumindest dazu bereit waren, aus der Notlage anderer Vorteile für sich zu ziehen und günstige Gelegenheiten nicht auszulassen.

Für die »Verwertung« des »nichtarischen Kunstbesitzes« galten jedoch besondere Bestimmungen. Auch wenn die vom Propagandaminister und Reichskulturkammerpräsidenten Goebbels vorgesehene Einrichtung einer zentralen Stelle zum Verkauf von Kunstgegenständen, die nach der am 3. Dezember 1938 erlassenen »Verordnung über den Einsatz jüdischen Vermögens« für eine Verteilung der eingezogenen Stücke und Sammlungen zuständig sein sollte, letztlich mit Rücksicht auf die Interessen der Kunst- und Antiquitätenhändler nicht wie geplant wirksam wurde, lag die Entscheidung, welche jüdischen Vermögenswerte in welcher Art und Weise in »arischen« Besitz zu überführen waren, bei staatlichen Stellen.

In zwei Sätzen fasste der österreichische Kunsthistoriker Hermann von Trenkwald – NSDAP-Mitglied seit 1938 und für die Kunstkommission der »Vermögensverkehrsstelle« in Wien tätig – in einer 1939 von ihm verfassten »Denkschrift« mit dem Titel »Verwertung des in nichtarischem Besitz befindlichen Kunst- und Kulturgutes« die rassenideologische Begründung und ökonomische Rechtfertigung der nationalsozialistischen Machthaber für die Enteignung jüdischer Kunstsammler zusammen:

>> Den Juden ist das in ihrem Besitze befindliche Kunst- und Kulturgut, an dem ihre Rasse schaffend nie beteiligt war, zu entziehen und in arische Hände zu bringen. Die Überleitung in arischen Besitz erfolgt über den Kunsthandel. <<

Öffentlich bestellte und vereidigte Versteigerer erhielten in dieser Zeit häufig amtliche Schreiben, wie beispielsweise das Leipziger Versteigerungshaus Hans Klemm am 19. Oktober 1942 vom zuständigen Oberfinanzpräsidenten, in denen die Aufteilung der »dem Reich zugefallenen Vermögen« festgelegt wurde:

>> Von der Versteigerung sind ausgeschlossen wertvolle Kunstgegenstände, vor allem wertvolles Kulturgut und weiterhin Schallplatten, Abspielgeräte für Schallplatten, Nähmaschinen, sonstige handwerkliche Maschinen, Druckmaschinen, fremdsprachliche Literatur, insbesondere Wörterbücher, Enzyklopädien, Lexika, Fachliteratur und lederne Aktentaschen. […] Ich werde über diese Gegenstände besonders verfügen. <<

Gab es neben den tradierten divergierenden Geschäftsgebaren auf dem Kunstmarkt gegenüber dem Markt für die Sammlerinnen und Sammler von Preziosen, Rara und Kuriosa aller Art, für die Liebhaber historischer mechanischer Konstruktionen und optischer Geräte zwischen 1933 und 1945 auch spezifische Unterschiede, die auf politische Regulierungs- und Diskriminierungsmaßnahmen zurückgeführt werden müssen? Das mit dem Ausschluss aus der Reichskammer der bildenden Künste bereits faktisch bestehende Berufsverbot für jüdische Künstlerinnen und Künstler wurde durch die von der Kammer wahrgenommene Aufsicht über das deutsche Kunstversteigerungsgewerbe noch dadurch verstärkt und praktisch erweitert, indem streng geprüft wurde, ob Werke jüdischer Künstlerinnen und Künstler zu Auktionen eingeliefert worden waren. Bei Sammlerobjekten ohne Werkzuschreibung wäre eine solche Überprüfung und Aussonderung ins Leere gelaufen. Und verstieß jemand gegen die Verbote und Auflagen der Reichskammer, wenn er mit solchen Gegenständen handelte, nachdem ihr oder ihm zuvor die »Eignung« abgesprochen worden war, an »der Förderung deutscher Kultur in Verantwortung gegenüber Volk und Reich mitzuwirken«?

 Es geht in der Provenienzforschung zu Gegenständen, die vor über 80 Jahren im alltäglichen Gebrauch waren, zur Ausstattung eines Haushalts zählten oder auch als technische Geräte und Instrumente für ganz unterschiedliche wissenschaftliche Tätigkeiten genutzt wurden, also vor allem darum, die »Vertriebswege« zu rekonstruieren, auf denen sie im Zuge der »Verwertung« außerhalb des Kunstmarkts, jenseits der etablierten und tradierten Distributionsstrukturen des deutschen Kunst- und Antiquitätenhandels und der Kunstversteigerer zirkulierten.

Als vor 20 Jahren die Aufgaben und Herausforderungen in Bezug auf die Umsetzung der Gemeinsamen Erklärung diskutiert wurden, stand auch immer wieder die Frage im Raum, ob denn dieser oder jener Gegenstand ob seiner massenhaften Produktion und Verwendung überhaupt als Kulturgut anzusehen sei und bei Infragestellung dieses Status eine Rückgabe im Sinne dieser Erklärung der Träger der deutsches öffentliches Kulturgut bewahrenden Einrichtungen erforderlich wäre. Sollten die vom Leipziger Oberfinanzpräsidenten aufgeführten Grammofone, Schreibmaschinen usw. als verfolgungsbedingt entzogenes Kulturgut identifiziert und restituiert werden? Die Entgegnung, dass jegliches Museums-, Bibliotheks- und Archivgut selbstredend Kulturgut darstellt, ging trotz der Richtigkeit des Arguments an der Sache vorbei. Ein Blick in Kataloge von Versteigerungen von Villen- und Wohnungseinrichtungen (mit Vorbesichtigungsterminen vor Ort) zeigt, dass der Umstand der Veräußerung unter Zwang hier als das wesentliche Argument angesehen werden muss, wenn die ersten Losnummern auf Gemälde bekannter Künstler verweisen und die letzten auf einen Eisschrank oder auch auf einen Rolls Royce. Gegenstände bzw. Objekte, die sich heute in den Depots und Ausstellungsräumen von Technik- oder Verkehrsmuseen befinden könnten.

In weit stärkerem Maße als in Bezug auf die durch Kennerschaft, Kunstkritik und Kunstgeschichte über viele Jahrzehnte beschriebenen und katalogisierten Meisterwerke geht es meines Erachtens bei der Provenienzforschung zu solchen Objekten darum, das damalige Insiderwissen der Experten, Sammler und Liebhaber offenzulegen, ein »Who's who« oder auch eine Liste von »Red Flag Names« zu erstellen, um dann weiterführende Erkenntnisse zu den Akteuren auf diesem Markt für den infrage kommenden Zeitraum, zu den Opfern und den Nutznießern dieser Facetten des Kulturgutraubs während der NS-Herrschaft zu erlangen.

Die Tagung am 23. September 2021 und der nun vorgelegte Sammelband stellen einen ersten und außerordentlich wichtigen Schritt zur Begründung einer systematischen und auch interdisziplinären Provenienzforschung zu technischem Kulturgut in Deutschland dar. Über größere Erfahrungen verfügen zweifellos bereits die Kolleginnen und Kollegen in Österreich, insbesondere am Technischen Museum Wien. Aus Sicht des Deutschen Zentrums Kulturgutverluste ist die Initiative, innerhalb des »Arbeitskreises Provenienzforschung e. V.« nun auch eine »Arbeitsgruppe Technisches Kulturgut« zu bilden, äußerst begrüßens- und wünschenswert.

Unser Dank gilt den Organisatorinnen und Organisatoren der Tagung und den Herausgebern dieses Bandes, vor allem Ron Hellfritzsch, Sören Groß und Timo Mappes, sowie natürlich allen Autorinnen und Autoren.

UWE HARTMANN
DEUTSCHES ZENTRUM KULTURGUTSVERLUSTE, MAGDEBURG

Einleitung 11

Museale Provenienzforschung zu NS-verfolgungsbedingt entzogenem Kulturgut zielt nicht nur auf hochwertige Kunstgegenstände und wertvolle Buchbestände, sondern hat seit geraumer Zeit auch Alltags- und Gebrauchsobjekte und nicht zuletzt technische Instrumente und Geräte sowie Fahrzeuge im Blick. Vereinzelte Sammlungsforschungen haben bereits gezeigt, dass alle Arten von Museen im Zeitraum von 1933 bis 1945 eine deutlich erhöhte Zahl an Sammlungseingängen zu verzeichnen haben. Nicht selten handelt es sich hierbei um Objekte aus jüdischem Eigentum. Durch Verfolgungszusammenhänge belastete Objekte finden sich folglich nicht nur in Kunstmuseen, sondern ebenso in technik- und kulturhistorischen Sammlungen. Vor diesem Hintergrund ist es notwendig, die jeweiligen Erwerbungshintergründe der Sammlungszugänge dieser Zeit aufzuarbeiten.

Das Deutsche Optische Museum (D.O.M.) in Jena, dessen Geschichte bis in die Zeit der frühen Weimarer Republik zurückreicht, hat sich dieser Aufgabe gestellt. Im Jahr 2018 übernahm die eigens gegründete private Stiftung Deutsches Optisches Museum den Betrieb des damaligen Optischen Museums in Jena, um dessen Sammlung dauerhaft zu bewahren und für Forschungszwecke zu nutzen. Neben einer hochgradig interaktiven Dauerausstellung und auf einer über 15-fach größeren Fläche sollen die Themen der Optik im Jahr 2025 neueröffnenden D.O.M. einer breiten Öffentlichkeit vermittelt werden. Eine grundlegende Voraussetzung für diese Neuausrichtung ist die Auseinandersetzung mit der eigenen Institutionsgeschichte und der Genese der heute im D.O.M. vorhandenen Sammlungsbestände von etwa 50 000 musealen Objekten, Büchern und Archivdokumenten. Diese reicht bis in die Zeit der Anfänge des Optischen Museums in Jena zurück. Dessen Sammlung wuchs seit seiner Gründung im Jahre 1922 beständig an und erlitt durch die Auswirkungen des Zweiten Weltkrieges im Vergleich zu anderen Museen relativ wenige Verluste.[1] Um die über 1 500 rekonstruierbaren Sammlungseingänge, die das Optische Museum in Jena zwischen 1933 bis 1945 zu verzeichnen hatte, systematisch zu erschließen und zu überprüfen, wurde im Jahre 2020 das vom Deutschen Zentrum Kulturgutverluste geförderte Provenienzforschungsprojekt »INSIGHT D.O.M.« begonnen.[2]

---

1 Groß, Sören / Hellfritzsch, Ron: Verantwortung – Aufarbeitung – Erinnerung. Provenienzforschung am Deutschen Optischen Museum Jena, in: Hahn, Hans-Werner / Kreutzmann, Marko (Hrsg.): Jüdische Geschichte in Thüringen. Strukturen und Entwicklungen vom Mittelalter bis ins 20. Jahrhundert (Veröffentlichungen der Historischen Kommission für Thüringen. Kleine Reihe, Bd. 64), Wien/Köln 2022, S. 403 – 425; Hellfritzsch, Ron / Mappes, Timo: Jena. Die optische Sammlung, in: Grisko, Michael (Hrsg.): Moderne und Provinz. Weimarer Republik in Thüringen 1918 – 1933, Halle 2022, S. 147 – 151; Meinl, Hans: Das Optische Museum in Jena – Teil 1, in: Ernst-Abbe-Stiftung (Hrsg.): Schatzkammer der Optik. Die Sammlungen des Optischen Museums Jena, Jena 2013, S. 15 – 38, hier S. 32 – 34.

2 Groß, Sören: INSIGHT D.O.M.: Provenienzforschung am Deutschen Optischen Museum zu Objekteingängen zwischen 1933 und 1945, in: Museumsverband Thüringen (Hrsg.): Provenienzforschung in Thüringen (= Thüringer Museumshefte, Jg. 31, Heft 1), Schleusingen 2022, S. 21 – 30.

Der Fokus des Projektes liegt im Besonderen auf technischen Geräten bzw. optischen Instrumenten. Die Provenienzforschung zu derartigen Objekten gestaltet sich oftmals herausfordernder als zu klassischen Kunstgegenständen. Zumeist fehlte den Anbietern der betreffenden Gegenstände die Fachkenntnis, diese sachgemäß zu beschreiben. So wurden nicht selten einfach »Mikroskope« offeriert. Im Museum war die Expertise zur korrekten Einordnung dieser Stücke beim Ankauf zwar vorhanden, wenn aber keine Aufzeichnungen hierzu vor der Integration der betreffenden Objekte in die Sammlung vorgenommen wurden, gestaltet sich beispielsweise die Suche nach einem Mitte der 1930er Jahre erworbenen »Mikroskop« in der mehrere Hundert Objekte umfassenden Mikroskop-Sammlung ziemlich schwierig. Sobald das betreffende Gerät aus dem Ort seiner ursprünglichen Bestimmung herausgelöst wurde und als Handelsware zirkulierte, gingen sukzessive zahlreiche Objektinformationen verloren – ein Umstand, der durch fehlendes technisches Fachwissen der Kunsthändler bzw. Vorbesitzer vielfach befördert wurde.

In manchen Fällen existieren allerdings sehr genaue Angaben zu einzelnen Objekten, die auf Expertenwissen schließen lassen bzw. auf private Sammler verweisen, die sich Fachkenntnisse auf ihrem Sammlungsgebiet angeeignet hatten. Auch der ideelle und schließlich der materielle Wert technischen Kulturguts wurden mitunter durch die Vorbesitzer definiert.

Während in den bildenden Künsten die Vorbesitzer einzelner Werke schon per se einen wichtigen Teil der Geschichte eines Objektes darstellen, wirkt sich die Provenienz beispielsweise von technischen bzw. wissenschaftlichen Instrumenten vor allem dann auf deren Wert aus, wenn es sich bei den Vorbesitzern/Anwendern um historisch oder wissenschaftsgeschichtlich bedeutende Persönlichkeiten handelt. Das D.O.M. besitzt beispielsweise eine Brille von Robert Koch und ein Fernrohr, das Friedrich dem Großen zugeschrieben wird.

Bereits sehr früh haben private wie institutionelle Sammler von einzelnen vollständigen oder fragmentarisch erhaltenen wissenschaftlichen Instrumenten den Kontext bewahrt. Als Referenz gelten kann hier die Objektivlinse eines der ersten Teleskope Galileo Galileis, die seit dem 17. Jahrhundert in der Sammlung der Medici mit dem expliziten Verweis auf den Vorbesitzer verwahrt wird. Vergleichbar sind in der Sammlung des D.O.M. Perspektive aus dem Besitz von Napoleon Bonaparte oder Friedrich dem Großen. Als aktuelles Beispiel der signifikanten Wertsteigerung allein durch den Vorbesitz ist eines der frühen von Charles Darwin verwendeten Mikroskope zu nennen, welches am 15. Dezember 2021 bei Christie's in London für knapp 600 000 GBP versteigert wurde, obwohl genau dieser Gerätetyp ohne jene Provenienz für nur wenige Promille des Auktionspreises gehandelt wird. Die Provenienz eines wissenschaftlichen Gerätes wird mithin bewusst bewahrt – es sei denn, der Vorbesitzer scheint keine relevante Rolle in seiner Zeit gespielt zu haben; eine weitere Herausforderung in der Rückverfolgung der Objekte dieses Genres. Wiederum das Feld der Mikroskope aufgreifend, wurden die ersten großen institutionellen Sammlungen in Europa und Nordamerika im 19. Jahrhundert aufgebaut.[3] Spätestens seit dem 20. Jahrhundert dominieren dage-

---

gen private Sammler den Markt,[4] manche Familien sammeln und bewahren seit mehreren Generationen.[5] Bei der Identifizierung technischer Objekte stellen sich somit nicht nur Fragen hinsichtlich besonderer Identifizierungsmethoden, sie stellen sich schlechthin auch in der Prüfung der Herkunft, der Hintergründe des Erwerbs und des Sammler- und Händlernetzwerkes. Existieren vielfältige Orientierungshilfen für die Provenienzforschung zu klassischem Kunstgut, d.h. sind hier schon zahlreiche Akteure, Methoden und Praktiken, Mechanismen, Zusammenhänge und Geschädigte erforscht sowie Restitutionen vollzogen, liegen für den Bereich der technischen Kulturgüter nur wenige Einzelstudien vor. Ein Überblick, systemische Zusammenhänge, Schnittstellen, letztlich das Händler- und Sammlernetzwerk sind noch nicht erkennbar. Der im September 2021 am D.O.M. veranstaltete Workshop »Historische technische Instrumente. Zirkulation, Ansammlungen und Dokumente des Entzugs zwischen 1933 und 1945« lieferte hierzu einen ersten Beitrag, indem er methodische Vorgehensweisen und bisherige Ergebnisse aus der Provenienzforschung zu technischen Instrumenten zur Diskussion stellte.

Um die Ergebnisse des Workshops festzuhalten und einem breiteren Kreis von Forscherinnen und Forschern zur Verfügung zu stellen, wurden auf der Grundlage der einzelnen Referate Beiträge verschriftlicht und zum vorliegenden Sammelband zusammengefasst. Der Band erhebt dabei keinesfalls den Anspruch, das neue Feld der Provenienzforschung zu technischen Kulturgütern komplett abbilden zu wollen. Vielmehr will er Anregungen und Hinweise für weitere Forschungen auf diesem Gebiet liefern. In diesem Sinne sind die einzelnen Beiträge als Fallstudien und Arbeitsberichte angelegt. Viele der in ihnen aufgeworfenen Problematiken gleichen sich jedoch. Vor allem die Frage, wie durch NS-Verfolgungskontexte belastete Objekte in technischen Sammlungen überhaupt identifiziert werden können, muss von Fall zu Fall, von Objektgattung zu Objektgattung, immer wieder neu angegangen werden.

Im ersten Beitrag schildert Bernhard Wörrle, wie die Sammlungsbestände des Deutschen Museums in München mittels Datenbankrecherchen auf NS-verfolgungs- bzw. kriegsbedingt entzogenes Kulturgut überprüft wurden, um konkrete Ansatzpunkte für weitergehende Recherchen zu gewinnen.

Elisabeth Weber und Peter Prölß berichten anschließend von den Herausforderungen und Möglichkeiten die Sammlungen des 1982 gegründeten Deutschen Technikmuseums in Berlin auf belastete Objekte zu überprüfen. Durch das späte Gründungsdatum des Deutschen Technikmuseums entfällt hier eines der wichtigsten Priorisierungsmittel der Provenienzforschung zur NS-Zeit, nämlich die Möglichkeit, zunächst alle zwischen 1933 und 1945 getätigten Erwerbungen zu untersuchen. Damit stehen in diesem Fall zunächst fast alle der vor dem 8. Mai 1945 hergestellten Gegenstände unter Verdacht. Die große Heterogenität der im Deutschen Technikmuseum gesammelten Objekte stellt eine weitere Herausforderung dar. Die sehr unterschiedlichen Objekte erfordern unterschiedliche Herangehensweisen und setzen unterschiedliche Recherchewege sowie Wissensbestände voraus, wofür Weber und Prölß anschauliche Beispiele liefern.

---

4 Nachet, Albert: Collection Nachet. Instruments scientifiques et livres anciens. Notice sur l'invention du microscope et son évolution. Liste des constructeurs et amateurs du XVIe au milieu du XIXe siècle, Paris 1929 (Onlinezugang: www.gallica.bnf.fr/ark:/12148/bpt6k6429256k.texteImage, letzter Abruf 28.4.2022).

5 Kern, Ralf: Wissenschaftliche Instrumente in ihrer Zeit, Bd. 1–5, Köln 2010–2018.

Peter Plaßmeyer behandelt die bislang noch kaum erforschte Geschichte des Kunsthandels mit technischen Instrumenten und schildert dabei exemplarisch die bei der Sammlungserweiterung des Mathematisch-Physikalischen Salons in Dresden in der ersten Hälfte des 20. Jahrhunderts verfolgten Ankaufs- und Sammlungsstrategien.

Christian Klösch widmet sich den Erwerbungen, die das Technische Museum Wien ab 1938, dem Jahr des sogenannten »Anschlusses« Österreichs, im Kunst- und Antiquitätenhandel tätigte. Rein zahlenmäßig fallen diese Erwerbungen innerhalb der Sammlung des Technischen Museums Wien kaum ins Gewicht – unter den Verdachtsfällen auf NS-Raubgut stellen sie aber, wie Klösch zeigt, das Gros der Objekte dar, was zum Teil darauf zurückzuführen ist, dass historische technische Instrumente als Folge nationalsozialistischer Repressionen gegen jüdische Sammler damals verstärkt zum Verkauf kamen. Häufig handelt es sich dabei jedoch um Alltagsgegenstände, deren Provenienzketten nur in Ausnahmefällen gut dokumentierbar sind.

Ron Hellfritzsch beschäftigt sich mit dem Frankfurter Kunst- und Antiquitätenhändler Walter Carl, der seit den 1920er Jahren Museen in ganz Deutschland mit Objekten belieferte und überdies als eine Art Großhändler fungierte, bei dem zahlreiche andere Händler Antiquitäten zum Weiterverkauf erwarben. Die zu Walter Carl vorliegenden Informationen erweisen sich als sehr widersprüchlich. Hellfritzsch beschreibt die Rekonstruktion der Provenienz von drei historischen Sonnenuhren, die das Optische Museum Mitte der 1930er bei Walter Carl erworben hat und ordnet die so gewonnenen Informationen in das widersprüchliche Bild ein, das sich von Carls Rolle in der Zeit des Nationalsozialismus zeichnen lässt.

Sören Groß beschreibt in seinem Beitrag am Beispiel der Guckkastenbildersammlung des Deutschen Optischen Museums einen methodischen Ansatz zur Identifizierung optisch-technischer Vorführmedien. Mit mehr als 1 200 Einzelobjekten stellen Guckkastenbilder die größte Objektgruppe unter den zwischen 1933 und 1945 getätigten Erwerbungen des damaligen Optischen Museums in Jena dar. Groß berichtet, wie es mittels der Rekonstruktion verschiedener für die Inventarisierung der Sammlung angewandter Systeme gelungen ist, die Mehrheit der Guckkastenbilder den einzelnen Einlieferern zuzuordnen. Anhand von drei Beispielen zeigt er dabei die bei den Objektidentifizierungen angewandte Vorgehensweise detailliert auf.

Kathrin Kleibl rekonstruiert die Geschehnisse um die von der Gestapo organisierte Beschlagnahme und Versteigerung des Übersiedlungsgutes der Familie von Leo Bernstein, Besitzer eines Fotofachgeschäfts in Berlin, und demonstriert an diesem exemplarischen Fall die ausbeuterischen Mechanismen, mittels der das NS-Regime und zahlreiche Beteiligte (u. a. Speditionen, Handwerker, Zeitungen, Taxatoren, Käufer) jüdische Emigrantinnen und Emigranten beraubten. Ferner zeigt Kleibl auf, dass spezialisierte Händler – in diesem Fall Fotohändler und Fotografen – unmittelbar von den Versteigerungen profitiert haben; sie erstellten Wertgutachten zu dem beschlagnahmten Umzugsgut und kauften zugleich auch Objekte daraus an.

Ira Baganz stellt den im Landesarchiv Berlin aufbewahrten Aktenbestand der West-Berliner Wiedergutmachungsämter vor. Die Verfasserin schildert die Geschichte der Wiedergutmachungsverfahren in West-Berlin und gibt einen Überblick über den Umfang und die Möglichkeiten zur wissenschaftlichen Nutzung der sogenannten WGA-Akten, die nach wie vor eine der wichtigsten Quellengrundlagen für Provenienzforscherinnen und Provenienzforscher darstellen.

Den Abschluss des Bandes bildet eine kurze Vorstellung der im April 2022 innerhalb des »Arbeitskreises Provenienzforschung e. V.« gegründeten »Arbeitsgruppe Technisches Kulturgut«, die sich zum Ziel gesetzt hat, den fachlichen Austausch unter den zur Herkunft technischer Kulturgüter forschenden Wissenschaftlerinnen und Wissenschaftlern zu verstetigen und zu intensivieren.

Wir danken allen Autorinnen und Autoren für ihre fundierten Forschungsbeiträge. Die große Resonanz, die bereits die im September 2021 veranstaltete Workshoptagung erreicht hat, bestärkt uns in dem Vorhaben, eine weitere Konferenz zum Thema Provenienzforschung zu technischen Kulturgütern vorzubereiten, deren Beiträge dann ebenfalls in einem Buch zusammengefasst werden sollen. Der vorliegende Sammelband trägt daher die Bezeichnung »Band 1« im Untertitel. Möge er viele interessierte Leserinnen und Leser finden und einen gewinnbringenden Beitrag zur weiteren Entwicklung dieses Forschungsfeldes leisten.

RON HELLFRITZSCH, SÖREN GROSS UND TIMO MAPPES
DEUTSCHES OPTISCHES MUSEUM, JENA

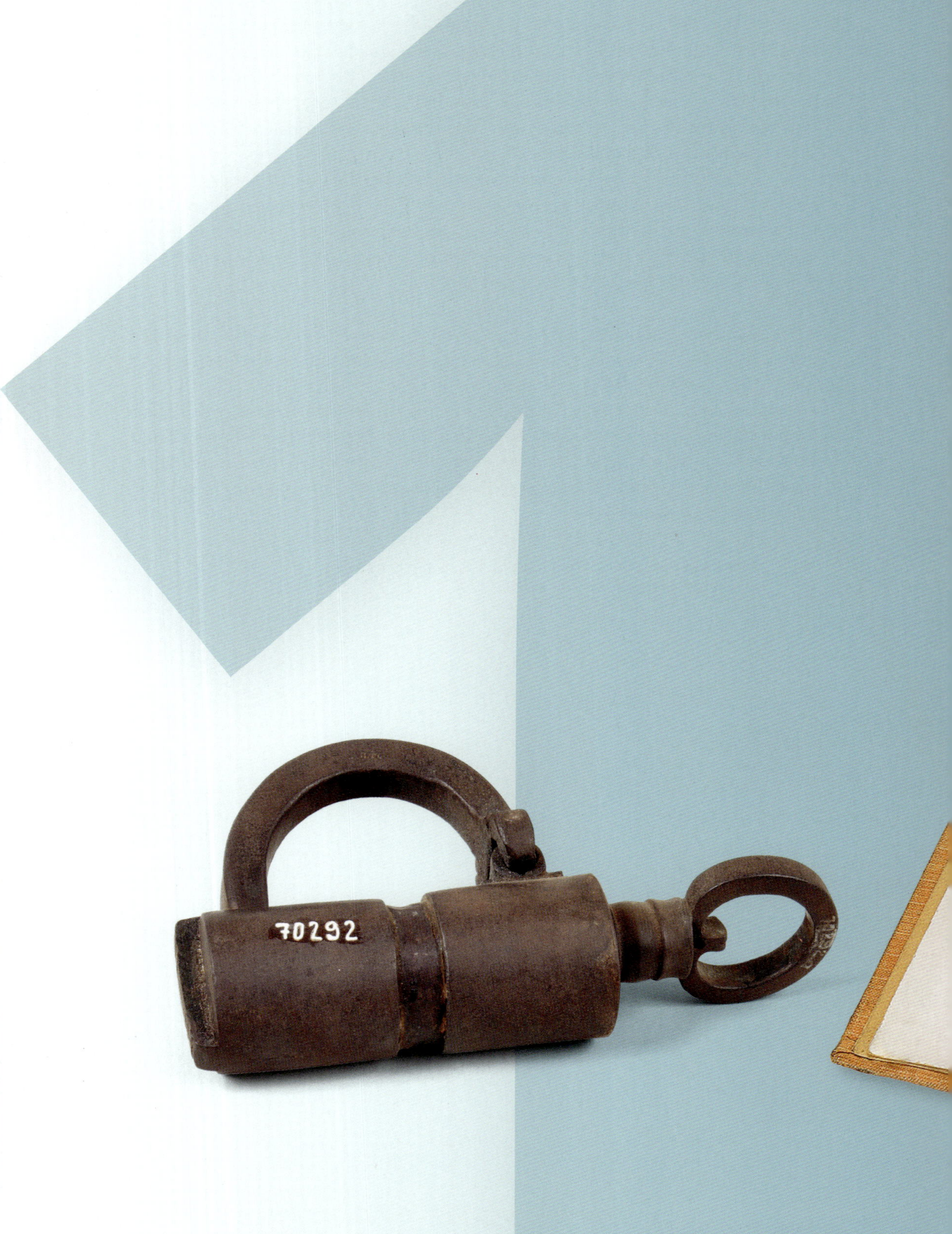
70292

Erschließungs- und Identifizierungs-methoden in Sammlungen

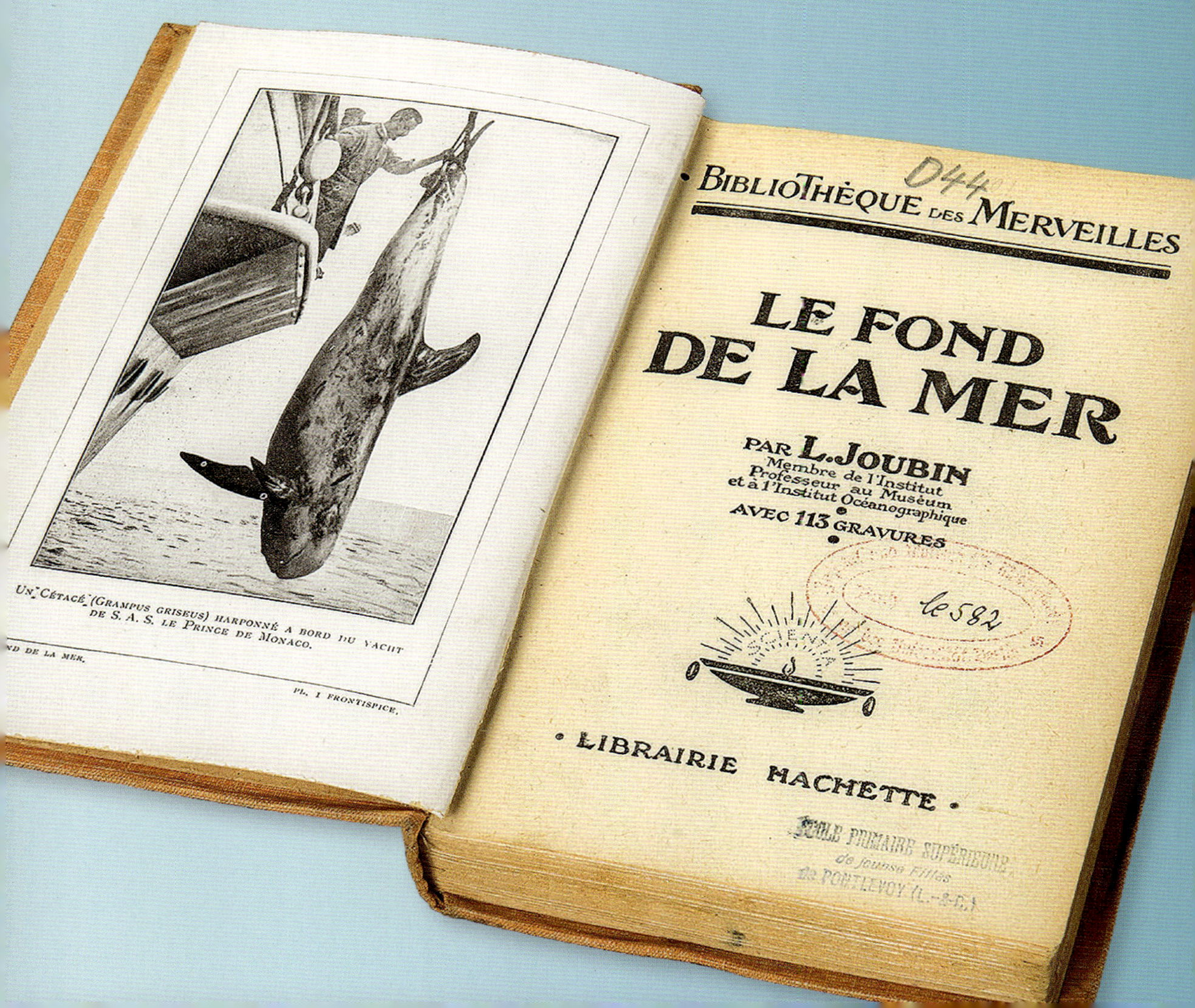

Wo anfangen?
Ein Grob-Survey zu möglichen NS-Provenienzen am Deutschen Museum

BERNHARD WÖRRLE I DEUTSCHES MUSEUM, MÜNCHEN

Die Überprüfung der Sammlungsbestände auf NS-verfolgungs- bzw. -kriegsbedingt entzogenes Kulturgut gehört zu den Kernaufgaben der öffentlichen Museen in Deutschland.[1] Wo fängt man bei einer Sammlung von ca. 125 000 Exponaten mit dieser Überprüfung an? Im Vergleich zu den Erwerbungen in den Jahren davor ist die Anzahl der unmittelbar in der NS-Zeit erworbenen Objekte am Deutschen Museum mit knapp 4 600 Inventarnummern zwar relativ gering.[2] Auch bei dieser Menge muss man aber Prioritäten setzen, bevor man mit der Untersuchung einzelner Fälle und aufwändigen Archivrecherchen beginnt. Hinzu kommt, dass es sich auch bei späteren Erwerbungen aus zweiter oder dritter Hand unter Umständen um NS-Raubgut handeln kann. Sofern das Objekt vor 1945 entstanden ist, sind daher auch spätere Zugänge auf ihre Provenienz zu prüfen.[3] Summa summarum sind das im Deutschen Museum über 30 000 Objekte. – Was davon ist wirklich verdächtig?

Systematisch untersucht ist bislang nur die in der NS-Zeit stark ausgebaute Kraftfahrzeugsammlung des Hauses: Bei einem Viertel der zeitlich infrage kommenden und heute noch vorhandenen Autos, Motorräder und Motoren wurde die Provenienz im Rahmen einer 2010 vom Technischen Museum Wien ausgehenden Studie als unbedenklich eingestuft. Beim Rest war die Herkunftsgeschichte anhand der vorhandenen Unterlagen nicht mehr genauer zu ermitteln.[4] Der 2010 erschienene Sammelband »Das Deutsche Museum im Nationalsozialismus« erwähnt zwar, dass das Museum 1941/42 aus Wehrmachtskreisen einige Objekte aus den besetzten Gebieten erhalten hat. Da diese Objekte bereits 1946 bis 1948 restituiert worden sind, wird die Frage möglicher

---

1 Die Beauftragte der Bundesregierung für Kultur und Medien (BKM) (Hrsg.): Handreichung zur Umsetzung der »Erklärung der Bundesregierung, der Länder und der kommunalen Spitzenverbände zur Auffindung und zur Rückgabe NS-verfolgungsbedingt entzogenen Kulturgutes, insbesondere aus jüdischem Besitz« vom Dezember 1999, Neufassung 2019 (Onlinezugang: www.kulturgutverluste.de/handreichung, letzter Abruf 25. 3. 2022).

2 Knapp die Hälfte des heute vorhandenen Exponatbestands wurde in der Gründungsphase des Hauses 1903 bis 1925 eingeworben. Danach geht die jährliche Zahl an Neuzugängen signifikant zurück und nimmt erst in den 1980ern allmählich wieder zu.

3 BKM: Handreichung (wie Anm. 1), S. 22; siehe auch Deutsches Zentrum Kulturgutverluste (Hrsg.): Leitfaden Provenienzforschung, 2019, S. 30 (Onlinezugang: www.kulturgutverluste.de/leitfaden, letzter Abruf 25. 3. 2022).

4 Kühschelm, Oliver: Kraftfahrzeuge als Gegenstand von »Arisierungen«: Provenienzforschung zur Kraftfahrzeugsammlung des Deutschen Museums und Forschungen zur Enteignung von Kraftfahrzeugen in Bayern. Deutsches Museum, Preprint 4, München 2012 (Onlinezugang: www.deutsches-museum.de/assets/Verlag/Download/Preprint/Preprint_004_2012.pdf, letzter Abruf 25. 3. 2022).

NS-Provenienzen im Sammlungsbestand des Hauses aber nicht weiter beleuchtet.[5] Spätestens seit 2020 ist jedoch klar, dass auch das Deutsche Museum nicht frei von Verdachtsfällen ist: Die im Rahmen einer konservierungswissenschaftlichen Master-arbeit vorgenommenen Untersuchungen an einem Jagdflugzeug des Typs Fokker D.VII, das das Museum 1948 von der amerikanischen Militärregierung zugesprochen bekam, bestärken den schon länger bestehenden Verdacht, dass es sich um ein Flugzeug aus der Sammlung des Nationalen Luftfahrtmuseums der Niederlande handeln könnte, das 1940 vom NS-Regime für die Deutsche Luftfahrtsammlung in Berlin requiriert worden ist.[6] Eine abschließende Klärung steht allerdings noch aus.

Wie filtert man aus 30 000 Exponaten, bei denen eine NS-Provenienz rein zeitlich theoretisch möglich ist, diejenigen heraus, bei denen es tatsächlich weitergehende Anhaltspunkte für eine NS-verfolgungs- bzw. -kriegsbedingte Herkunft gibt?

Automatisierte Prüfung auf einschlägige Namen

Die Sammlung des Deutschen Museums ist vollständig in einer Datenbank erfasst. Diese beinhaltet auch die (bei älteren Beständen aus den originalen Inventarbüchern übertra-genen) Erwerbungsdaten: Zugangsdatum, -art und -wert, Name des Verkäufers/Einliefe-rers, Adresse, ggf. Institution, nicht selten mit Angaben zu Abteilung und Position/Beruf. Gleichzeitig sind, ebenfalls digital, Listen mit einschlägigen Namen von in den NS-Kultur-gutraub involvierten Personen und Institutionen verfügbar, z. T. öffentlich im Netz wie die noch von den Alliierten erstellte ALIU-List of Red Flag Names[7] oder die Proveana-Daten-bank des Deutschen Zentrums Kulturgutverluste,[8] z. T. in geschlossenen Forschungsforen wie dem Ressourcenrepositorium des Forschungsverbunds Provenienzforschung Bayern.[9] Die Idee lag nahe, das eine mit dem anderen automatisch abzugleichen.

Technisch braucht es dazu nicht mehr als zwei Tabellen mit den jeweiligen Na-men, eine kleine Abfrage, die festlegt, auf welche Weise die Daten aus der einen mit den Daten aus der anderen verglichen werden sollen, und ein wenige Zeilen langes Skript, das für die Abarbeitung sorgt. Als Plattform wurde MS Access verwendet, das Gleiche lässt sich aber auch mit beliebigen anderen Datenbanksystemen machen. In der Praxis stellt sich das Problem, dass die Namenslisten im Netz in der Regel nicht ausreichend strukturiert vorliegen. Sie müssen erst aufbereitet werden, um sicherzustellen, dass Nachnamen immer mit Nachnamen und Vornamen mit Vornamen verglichen werden etc. Hinzu kommen abweichende Schreibweisen, Abkürzungen und andere Probleme. Eine zentrale Bereitstellung bereits bereinigter, einheitlich strukturierter Listen (mit Namensvarianten!) wäre enorm hilfreich.

---

5 Vaupel, Elisabeth/Wolff, Stefan L. (Hrsg.): Das Deutsche Museum in der Zeit des Nationalsozialismus. Eine Bestandsaufnahme. Göttingen 2010, S. 24. Zu den restituierten Objekten s. auch Wörrle, Bernhard: Kriegsbeute Russland 1942, in: Der Blog des Deutschen Museums, 24. 9. 2021 (Onlinezugang: blog.deutsches-museum.de/2021/09/24/kriegsbeute-russland-1942, letzter Abruf 25. 3. 2022).

6 Mitschke, Dennis: Deutsch oder »Dutch«? Untersuchungen an der textilen Bespannung und dem Anstrich der Fokker D.VII aus dem Deutschen Museum (Masterthesis, Staatliche Akademie der Bildenden Künste Stuttgart), München 2020.

7 www.lootedart.com/MVI3RM469661, letzter Abruf 25. 3. 2022.

8 www.proveana.de, letzter Abruf 25. 3. 2022.

9 www.provenienzforschungsverbund-bayern.de, letzter Abruf 25. 3. 2022.

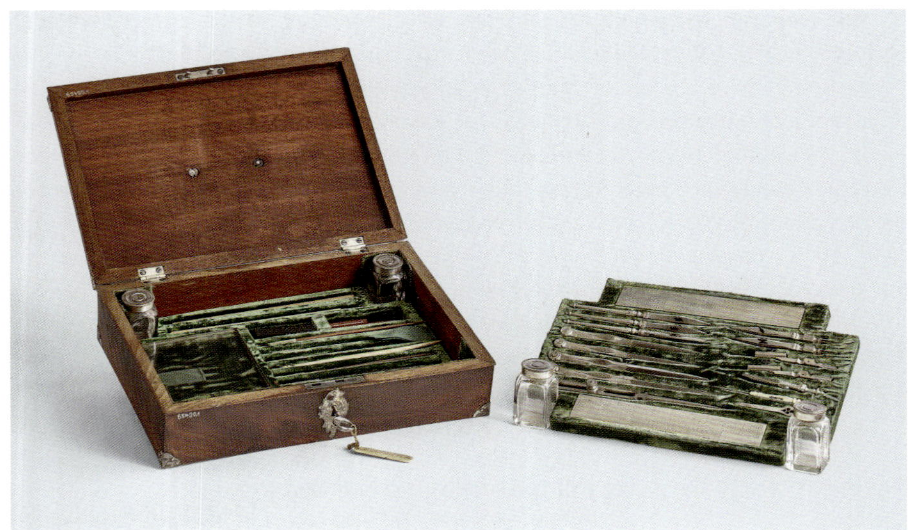

1 Offenbar aus Not verkauft – aber mit welchem Hintergrund?
Im Mai 1933 bei E. Kahlert & Sohn, Berlin, erworbenes Reißzeug von 1775
(Deutsches Museum, Inv.-Nr. 65490). Foto: Deutsches Museum, K. Rainer.

Obwohl im Rahmen des durchgeführten Surveys nur eine grobe Datenaufbereitung möglich war, erbrachte der Namensabgleich doch einige interessante Treffer, darunter ein im Dezember 1933 als Schenkung der wenige Jahre später »arisierten« Kunst- und Antiquitätenhandlung Bernheimer, München, zugegangener Handwebstuhl, mehrere zwischen 1933 und 1948 vom (auch in der Sammlung des Deutschen Optischen Museums vertretenen) Münchner Kunsthändler Erich Junkelmann angekaufte Antiken und Asiatika sowie zwei 2005/2009 als Depotfunde inventarisierte Grafiken aus dem 1937 von den Nazis liquidierten Münchner Antiquariat von Emil Hirsch. Ebenfalls im Ergebnis des Abgleichs enthalten: ein im Mai 1933 von E. Kahlert & Sohn, Berlin, für 150 Reichsmark angekauftes Reißzeug von 1775 (Abb. 1). Kahlert steht wegen Verbindungen zum NS-Raubkunsthandel auf der ALIU-Liste. Zusätzlich hellhörig macht die im Schriftwechsel zu diesem Ankauf enthaltene Bitte nach baldiger Bezahlung, da die Kaufsumme des offensichtlich bei Kahlert in Kommission gegebenen Reißzeugs vom Besitzer desselben »dringendst« benötigt werde.[10] Das könnte auf eine Notveräußerung hindeuten. Die gewaltsamen Übergriffe und Drangsalierungen des NS-Regimes hatten zu diesem Zeitpunkt bereits begonnen.[11] Ob tatsächlich ein NS-Verfolgungskontext vorliegt, muss sich, wie in den anderen Fällen, natürlich erst erweisen. In jedem Fall liefert der automatisierte Namensabgleich erste Ansatzpunkte für solche tiefer gehenden Recherchen.

---

10 Deutsches Museum Archiv, VA 1744/2. Laut Kahlert kommt das Reißzeug »aus adeligem Besitz«, ein konkreter Name wird nicht genannt.

11 Siehe z. B. Bickhoff, Nicole: Gesetze und Verordnungen gegen die Juden – Teil I. Vom planmäßigen Boykott zur beruflichen Ausgrenzung (März 1933 bis Sommer 1935), in: Högerle, Heinz / Müller, Peter / Ulmer, Martin (Hrsg.): Ausgrenzung, Raub, Vernichtung. NS-Akteure und »Volksgemeinschaft« gegen die Juden in Württemberg und Hohenzollern 1933 bis 1945, Stuttgart 2019, S. 35 – 40.

nach 1933 Geschäftsbeziehungen zu jüdischen Händlern unterhalten.[13] Auffällig erscheinen auch ein größeres Konvolut von Schreibmaschinen aus der Zeit von 1879 bis ca. 1925, das 1936 vom heute nicht mehr existierenden Handels- und Industrie-Museum Hannover übernommen wurde, sowie eine 1943 vom Bayerischen Nationalmuseum als Schenkung erhaltene Zeigerschreibmaschine von 1890. In beiden Fällen könnte es sich um Abgaben nicht mehr benötigter Altbestände handeln.[14] Denkbar ist aber auch eine Herkunft aus verfolgungsbedingt veräußertem oder entzogenem jüdischem Besitz.[15]

Aufgrund der Adressangabe »Feldpost Nr L 04308« geriet bei der Suche nach verdächtigen Begriffen auch ein 1942 in die Sammlung aufgenommenes »russisches Vorhängeschloss mit Einschraubschlüssel« ins Visier (Abb. 3). Mithilfe einschlägiger Internet-Datenbanken[16] ließ sich schnell rekonstruieren, dass der Absender des Schlosses bei einer Flak-Abteilung im Einsatz war, die ab Juni 1941 am Angriff der deutschen Wehrmacht auf die Sowjetunion beteiligt war. Der naheliegende Verdacht, dass es sich um ein Kriegsbeuteobjekt handelt, bestätigte sich schließlich bei einer kurzen Archivrecherche: Laut einer in den Verwaltungsakten abgehefteten Feldpostkarte vom 25. Februar 1942 wurde das Schloss von einem deutschen Soldaten »im Dorfe Bal-Samosch« bei Nowgorod »gefunden«.[17] Auch bei mehreren aus Frankreich stammenden Flugzeugmotoren, die zusammen mit der eingangs erwähnten Fokker D.VII 1948 über die »Militärregierung von Bayern, aus Beständen des Luftfahrtmuseums Berlin« ans Haus gekommen sind, könnte die Provenienz verdächtig sein. Eine genauere Betrachtung verdienen sicher auch die zwischen 1933 und 1945 inventarisierten Zugänge von »unbekannt«.

Ankäufe & Schenkungen von Privatpersonen im Zeitraum 1933 bis 1945

Das Technische Museum Wien (TMW) hat in der 2015 erschienenen Publikation »Inventarnummer 1938« eindrücklich gezeigt, dass auch Alltagsgegenstände und technische Geräte, die in der NS-Zeit von privat erworben wurden, mitunter problematische Provenienzen haben: sei es, weil es sich um Übergaben von »Ariseuren« handelt, oder aber um verfolgungsbedingte Angebote jüdischer Personen, die ihren Besitz vor der Flucht oder Deportation notgedrungen veräußerten oder verschenkten. In der Sammlung des

---

13 Siehe hierzu den Beitrag von Ron Hellfritzsch in diesem Band.

14 Das Handels- und Industrie-Museum Hannover wurde ab 1934 neu konzipiert und umgebaut (siehe hierzu Onlinezugang: www.wikipedia.org/wiki/Handels-_und_Industriemuseum_(Hannover), letzter Abruf 25. 3. 2022), auch das Bayerische Nationalmuseum hat zur »Purifizierung« seiner Sammlung immer wieder Abgaben von Altbeständen an andere Häuser vorgenommen (Information Dr. Matthias Weniger, BNM, 17. 5. 2021).

15 Bspw. aus notgedrungenen oder erzwungenen Geschäftsaufgaben. Ab dem 13. November 1941 waren dann »sämtliche in jüdischem Privatbesitz befindliche Schreibmaschinen, Rechenmaschinen, Vervielfältigungsapparate, Fahrräder, Photoapparate und Ferngläser […] zu erfassen und abzuliefern«, Antijüdische Gesetze und Verordnungen, in: Landeszentrale für politische Bildung Baden-Württemberg (Hrsg.): Die Nacht als die Synagogen brannten. Texte und Materialien zum 9. 11. 1938, Stuttgart 1998, S. 11 (Onlinezugang: www.lpb-bw.de/fileadmin/lpb_hauptportal/pdf/bausteine_materialien/Die_Nacht_als_die_Synagogen_brannten. pdf, letzter Abruf 25. 3. 2022).

16 Z. B. Feldpostnummer-Database auf www.photo-war.com/ru, letzter Abruf 25. 3. 2022.

17 Deutsches Museum Archiv, VA 1374; siehe auch Wörrle: Kriegsbeute (wie Anm. 5).

TMW betrifft das u. a. eine Münzwaage, einen Zählstempel, zwei Alkoholmeter, eine Edisonröhre, ein Salonradio und einen Phonographen.[18] Sind solche Fälle auch am Deutschen Museum denkbar, und wenn ja, in welchem Umfang?

Im Rahmen des durchgeführten Grob-Surveys konnte dieser Frage nur kursorisch nachgegangen werden. Betrachtet wurden insbesondere Fachgebiete, in denen am ehesten wertvollere Sammlerstücke zu erwarten sind, wie Optik, Zeitmessung, mathematische Instrumente und Musik. Tatsächlich fallen hier diverse von privat erworbene Taschensonnenuhren, Reißzeuge, (historische) Fotoapparate, Instrumente und Musikautomaten ins Auge. Manches davon scheint im Vergleich zum heutigen Versicherungswert damals relativ günstig erworben worden zu sein. (Mit einem etwas ausgefeilteren Algorithmus könnte man in der Datenbank auch solche Fälle automatisiert identifizieren.) Obwohl die heutige Bewertung nur bedingt etwas über den historischen Marktwert aussagt, können solche Diskrepanzen zumindest erste Anhaltspunkte sein. Ob darunter tatsächlich problematische Provenienzen sind, muss sich noch erweisen. Anders als bei Objekten, die das Deutsche Museum in der NS-Zeit direkt von Firmen wie Osram, Siemens oder AEG erhalten hat,[19] ist eine Herkunft aus einem NS-Verfolgungskontext bei den Erwerbungen von privat aber nicht ausgeschlossen.

Fazit

Automatisierte und mit formalen Kriterien arbeitende Suchverfahren können eine fundierte Tiefenrecherche nicht ersetzen: Gewissheit wird man durch sie in der Regel nicht bekommen. Sofern eine hinreichend vollständige und strukturierte Datenbasis vorliegt, können solche Verfahren aber ein guter und effizienter Weg sein, um den Sammlungsbestand grob nach potenziellen Verdachtsfällen zu durchkämmen, die Größenordnung der Problematik abzuschätzen und konkrete Ansatzpunkte für weitergehende Recherchen zu gewinnen. Das Deutsche Museum hat auf Basis des skizzierten Grob-Surveys einen Förderantrag für ein längerfristiges Provenienzforschungsprojekt beim Deutschen Zentrum Kulturgutverluste gestellt.

18 Klösch, Christian: Inventarnummer 1938. Provenienzforschung am Technischen Museum Wien, Edition TMW 4, Wien 2015.

19 Auch hier wäre, sofern die Hersteller entsprechend erfasst sind, eine (halb)automatisierte Suche denkbar.

Provenienzforschung im Deutschen Technikmuseum
Herausforderungen und Möglichkeiten

ELISABETH WEBER UND PETER PRÖLSS
DEUTSCHES TECHNIKMUSEUM, BERLIN

Das Deutsche Technikmuseum in Berlin wurde im Jahre 1982 gegründet. Sein Gründungsdirektor Günther Gottmann wünschte es sich als einen Ort, der »die Welt der Technik am Beispiel Berlin in ihren Zusammenhängen darstellt«.[1]

Auf dem Gelände des ehemaligen Güterbahnhofs des Anhalter Bahnhofs, das schon an sich ein Denkmal Berliner Industriearchitektur ist, sollten nicht nur Lokomotiven, Oldtimer, Kutschen und Fahrräder die Entwicklung des Berliner Straßenverkehrs in Geschichte und Gegenwart veranschaulichen, sondern auch die andere Seite des Verkehrs, die Kommunikationstechnik, der »Transport der Information bis hin zum Zeitungs- und Buchdruck sowie de[r] Transport der Energie in all ihren Formen«[2] illustriert werden. Getreu dieser Idee sammelte man in den vergangenen vier Jahrzehnten Zehntausende Objekte und Konvolute aus den Bereichen Schienen- und Straßenverkehr, Luft- und Raumfahrt, Schifffahrt, Nachrichten-, Rechen-, Energie-, Druck-, Papier-, Produktions- und Textiltechnik. Nur ein Bruchteil davon ist in dem Museum zu sehen, das mittlerweile zu den beliebtesten und meistbesuchten Museen Berlins gehört.

Was die Besucher*innen erfreut, nämlich die Vielzahl und Vielfalt der in den Ausstellungen zu bestaunenden Objekte, stellen sich aus Sicht der Provenienzforschung als Herausforderungen dar. Denn wo anfangen?

Es waren nicht nur wertvolle Kunstwerke, die das NS-Regime den meist jüdischen Verfolgten raubte oder auf andere Weise entzog, sondern ebenso Rundfunkgeräte, Schreibmaschinen, Fahrräder und Fotoapparate oder ganze Firmeninventare samt Produktionsmitteln. Aller zurückgelassene Besitz der in die Konzentrationslager Verschleppten und Ermordeten wurde beschlagnahmt, an staatliche Institutionen weitergegeben oder zugunsten des Reichs über Trödler und Gebrauchtwarenhändler verkauft und dort teilweise noch weit nach 1945 gehandelt. Damit stehen fast alle der vor dem 8. Mai 1945 hergestellten Gegenstände unter Verdacht.

Durch das späte Gründungsdatum des Museums entfällt allerdings eines der wichtigsten Priorisierungsmittel, und zwar zunächst alle während der NS-Zeit getätigten Erwerbungen zu untersuchen. Die große Heterogenität der Objekte stellt eine weitere Herausforderung dar, denn unterschiedliche Objekte erfordern unterschiedliche

---

1 Gottmann, Günther: Das Museum für Verkehr und Technik, in: Informationen – Verkehrs-Museum Berlin II/1980, S. 3–6, hier S. 3.

2 Ebd., S. 5.

Herangehensweisen und setzen unterschiedliche Recherchewege sowie Wissensbestände voraus. Wie ist also Provenienzforschung in technikhistorischen Sammlungen dennoch möglich und wodurch könnte sie verbessert werden?

Die Sammlung des Deutschen Technikmuseums

Seit 2019 untersucht das Deutsche Technikmuseum seine Bestände systematisch auf NS-Raubgut und wird dabei vom Deutschen Zentrum Kulturgutverluste gefördert.[3] Derzeit werden alle zwischen 1982 und 1989, also seit Gründungsjahr des Museums bis zum Mauerfall inventarisierten Objekte erforscht. Die Wahl fiel auf einen systematisch chronologischen Ansatz, um einen besseren Überblick über die Bestände und vor allem über deren Dokumentation zu erhalten. Wie und welche Objekte kamen also in den ersten Jahren ins Museum?

Den Grundstock stellten zunächst Exponate dar, die die »Gesellschaft für die Wiedererrichtung eines Verkehrsmuseums in Berlin e. V.« seit 1960 zusammengetragen hatte. Als die Gründung des Technikmuseums dann konkret wurde, wurden mehrere private Spezialsammlungen zugekauft, wie die Oldtimer-Kollektion des Berliner Industriellen Hugo Poddig oder die umfangreiche Sammlung des Berliner Architektenehepaars Ralf Schüler und Ursulina Schüler-Witte, die unter anderem Lokomotiven, Dampfmaschinen, Teile von Schiffen, Maschinen, Spielzeug und zahlreiche technische Modelle umfasst. Ebenso erwarb man Firmenmuseen, wie die des Motorradherstellers Zündapp oder der »Deutschen Vergaser-Gesellschaft«, die bis in die 1980er Jahre zu den bedeutendsten Autozulieferern gehörte. Allen diesen Sammlungen ist gemein, dass sie erst nach 1945 zusammengestellt wurden.

Eine Ausnahme bilden nur die (Teil-)Bestände zweier historischer Berliner Einrichtungen, in deren Tradition sich das Museum stellte und die es nach seiner Gründung übernahm: einerseits das Verkehrs- und Baumuseum und andererseits das Institut und Museum für Meereskunde, beides zu Beginn des 20. Jahrhunderts gegründete und nach dem Zweiten Weltkrieg nicht wieder eröffnete Institutionen.

Neben diesen gezielten Ankäufen und Leihnahmen trugen hauptsächlich Spenden und Verkaufsangebote aus der Berliner Bevölkerung zum Bestandsaufbau bei. So stammen deutlich mehr als die Hälfte aller in den Anfangsjahren erworbenen Objekte und Konvolute von Privatpersonen bzw. kleinen und mittelständischen Firmen. Hierbei handelt es sich überwiegend um Alltagsgegenstände oder Maschinen, die im Zuge von Umstrukturierungen oder Firmenaufgaben an das Museum gelangten.

Auffallend ist, dass nur ein Zehntel aller Erwerbungen bei Händlern getätigt wurde und Auktionen so gut wie keine Rolle spielten. Die überwiegende Mehrheit der Objekte war also kein auf dem Kunstmarkt gehandeltes Kulturgut, sondern es handelt sich hier um Produktionsmittel, Transportmittel oder Haushaltsgegenstände, die entweder bis zu ihrer Übergabe an das Museum noch in Betrieb gewesen oder erst weit nach 1945 in private Sammlungen übernommen worden waren. Im Ergebnis erwarb man in den ersten Jahren wenig Unikate, sondern überwiegend beispielhafte Ge-

---

3 Siehe Projektbeschreibungen auf der Website des Deutschen Technikmuseums (Onlinezugang: www.technikmuseum.berlin/sammlung/unsere-sammlung/provenienzforschung, letzter Abruf 25.1.2022).

brauchsgegenstände. Deren Funktion bzw. Funktionalität hatte Priorität, weswegen nicht selten aus mehreren baugleichen Objekten eins gemacht und individuelle Objektgeschichten nicht immer dokumentiert wurden.

Das Technikmuseum beschäftigte sich seit seiner Gründung mit dem Themenkomplex Nationalsozialismus und Technik in Ausstellungen und Publikationen. Insbesondere Alfred Gottwaldt, von 1983 bis 2014 Leiter der Abteilung Schienenverkehr, setzte sich in zahlreichen Veröffentlichungen mit der Deutschen Reichsbahn im Nationalsozialismus und deren Rolle bei der Deportation der als Juden Verfolgten auseinander.[4] Ebenso bemühte sich das Museum in den 1980er und 1990er Jahren intensiv um die Rekonstruktion seiner historischen Sammlungen, die des Verkehrs- und Baumuseums und des Instituts und Museums für Meereskunde, und erforschte deren Verlagerung während des Zweiten Weltkriegs und danach. Im Fokus standen dabei die Suche nach vermissten Sammlungsteilen und die Ermittlung von Fremdbesitz in Form von »Beutegut« in diesen Beständen.[5] Auch nahm das Museum seit Ende der 1990er Jahre regelmäßig an der vom Berliner Senat initiierten Berliner Runde zur Provenienzforschung teil. Dennoch vertrat es lange Zeit die Ansicht, dass sich die Erforschung der eigenen Bestände nicht lohne, da die Objekte keinen Wert oder die Recherchen keine Aussicht auf Erfolg hätten.

Mit dieser Meinung stand das Haus allerdings nicht allein, fokussierte sich die damalige Provenienzforschung schließlich fast ausnahmslos auf wertvolle Kunstwerke. Diese Haltung änderte das Technikmuseum erst 2017, als ihm mehrere Presseartikel vorwarfen, seine Kraftfahrzeuge nie auf ihre Herkunft überprüft zu haben.[6] Als Reaktion darauf versprach der Kultursenator Klaus Lederer eine »rasche Überprüfung«,[7] weswegen die Untersuchung des historischen Kraftfahrzeugbestands zunächst extern an das Berliner Unternehmen Facts & Files übergeben wurde.[8]

Seither ist unbestritten, dass Provenienzforschung in technikhistorischen Sammlungen notwendig und auch möglich ist.[9] Doch über welche Spuren können die meist seriell hergestellten Objekte, die zudem erst weit nach 1945 Eingang in Sammlungen fanden, zugeordnet werden? Aus den bisher am Deutschen Technikmuseum gemachten Erfahrungen lohnt eine Spurensuche sowohl in den Akten als auch am Objekt selbst.

---

4 Siehe u. a. Museum für Verkehr und Technik (Hrsg.): Ich diente nur der Technik: sieben Karrieren zwischen 1940 und 1950, Berlin 1995; Gottwaldt, Alfred: Die Reichsbahn und die Juden 1933–1939. Antisemitismus bei der Eisenbahn in der Vorkriegszeit, Wiesbaden 2011; ebenso Stiftung Deutsches Technikmuseum (Hrsg.): Orenstein & Loewe: 20 deutsch-jüdische Ingenieure, Erfinder und Fotografen 1933–1945. Das Themenheft zur Sonderausstellung (= Zeitschrift der Stiftung Deutsches Technikmuseum Berlin und der Freunde und Förderer des DTMB e. V., 1/2013).

5 Die vermissten Gegenstände der Vorgängereinrichtungen sind seit dem Jahr 2000 als Suchmeldungen in der LostArt-Datenbank eingetragen, ebenso das gefundene Beutegut (Onlinezugang: www.lostart.de/de/Verlust/541041, letzter Abruf 25. 1. 2022).

6 Siehe Carstens, Peter: Der größte Autoraub aller Zeiten, in: Frankfurter Allgemeine Sonntagszeitung, 16. 4. 2017, S. 4; ebenso Carstens, Peter: Wo sind die Autos, die Nazis den Juden geraubt haben?, in: FAZ.net vom 15. 4. 2017 (Onlinezugang: www.faz.net/aktuell/politik/inland/sind-oldtimer-in-deutschen-museen-nazi-raubgut-14973255.html, letzter Abruf 25. 1. 2022).

7 Carstens: Autos 2017 (wie Anm. 6).

8 92 Fahrzeuge, bei denen ein NS-Entzug nicht ausgeschlossen werden konnte, wurden im Jahr 2020 an die LostArt-Datenbank übermittelt, siehe hierzu Anm. 5.

9 Aufgrund einer anderen Gesetzeslage ist dies in Österreich bereits früher erkannt worden. Das Technische Museum Wien sucht seit 1998 nach NS-Raubgut in seiner Sammlung; siehe den Beitrag von Christian Klösch in diesem Band.

Das Deutsche Technikmuseum führte zwar kein Inventar, legte allerdings zu jedem erworbenen Objekt bzw. Konvolut eine Objektakte an. In der Regel enthält jede dieser Akten Materialien zur Erwerbung, Restaurierungsberichte und gelegentlich eine durch den Einlieferer überlieferte Gebrauchsgeschichte. Eine erste Auswertung zeigte, dass in 80 Prozent der Fälle nicht mehr als der Lieferant bekannt ist. Dennoch finden sich in Einzelfällen originale Dokumente aus der Zeit vor 1945: historische Rechnungen für Kauf, Reparatur oder Transporte, Prüfberichte für Dampfkessel, Motoren oder Maschinen, Fahrzeugbriefe, Anschlusspläne oder Bedienungsanleitungen mit dem Namen des Eigentümers.

Falls nicht bereits ein Fahrzeug- oder Fahrradbrief den entscheidenden Hinweis auf mögliche Vorbesitzer liefert, so finden sich in den originalen Dokumenten und der überlieferten Gebrauchsgeschichte manchmal Hinweise auf Personen und Unternehmen, die durch Abgleich externer Datenbanken oder durch vertiefte Archivrecherchen überprüft werden können.

Ebenso eignen sich Adressen und Standortangaben in den Akten als Ausgangspunkt für weitere Recherchen. Diese können in historischen Dokumenten oder Transportunterlagen der 1980er Jahre enthalten sein oder über historische Adress- und Telefonbücher rekonstruiert werden. So finden sich vereinzelt Hinweise, dass sich am jeweiligen Ort vor 1945 ein Unternehmen befand, dass einem NS-Verfolgten gehörte oder diesem gar entzogen wurde. Die Datenbank »Jüdische Gewerbebetriebe in Berlin 1930 bis 1945« und die Akten der Wiedergutmachungsämter Berlins sind hier wichtige Recherchemittel.[10] Die Zuordnung eines konkreten Gegenstands zu einem Unternehmen gelingt dabei nur in Ausnahmefällen, denn auch wenn der Ort identisch ist, kann oft nicht nachvollzogen werden, ob sich der Gegenstand schon vor dem NS-Entzug des Unternehmens dort befand oder später an diesen Standort gebracht wurde.

Spurensuche am Objekt

Während die Autopsie als häufig einzige Möglichkeit, die Herkunft zu ermitteln, bei anderen Forschungsprojekten – z. B. in Bibliotheken – schon früh in der Bearbeitung erfolgt, konzentrierte sich die Provenienzforschung im Technikmuseum zunächst auf die Auswertung der Archivmaterialien und anderer Informationsquellen. Dies hat praktische Gründe: Die Autopsie von technischen Gegenständen ist häufig aufwändig und kann nur mit Unterstützung der Mitarbeiter*innen im Depot und der Restaurierung erfolgen. Gegenstände müssen zerlegt werden, da sich Eigentumsvermerke im Inneren befinden können (z. B. bei Radioapparaten), Maschinen und Möbel lagern unzugänglich in Hochregalen oder sind zu schwer, als dass sie durch die Provenienzforscher*innen bewegt werden könnten.

Obwohl viele Objekte seriell hergestellt wurden, finden sich auch auf technischen Gütern Hinweise auf die Vorbesitzer. Oder sie selbst sind der Hinweis – wie z. B. eine in der Dauerausstellung befindliche Steindruckplatte mit Werbung der Berliner Druckerei Paul Pittius. Dieses Unternehmen gehörte den Brüdern Julius und Martin Gerson. Sie wurden sowohl als Juden als auch wegen ihrer politischen Einstellung ver-

---

10 Adressen sind z. T. in der Datenbank der WGA-Akten erfasst; fehlen diese, muss über den Namen des Unternehmens oder dessen Eigentümern gesucht und die Akte eingesehen werden (siehe hierzu Onlinezugang: www.wga-datenbank.de, letzter Abruf 25. 1. 2022).

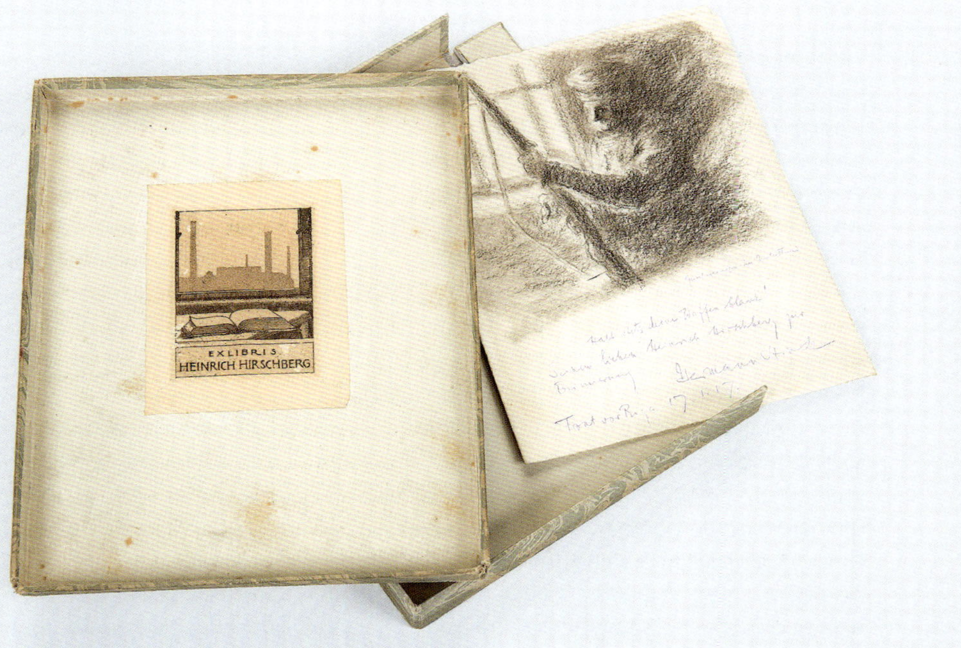

1 Gästebuch des ehemaligen AEG-Direktors Heinrich Hirschberg. Auf der Innenseite des Deckels sein Exlibris, rechts der Gästebucheintrag seines Freundes, des Berliner Künstlers Hermann Struck von 1917. Foto: Stiftung Deutsches Technikmuseum Berlin, Clemens Kirchner.

folgt. Der Versuch, ihr Vermögen ins Ausland zu transferieren und Deutschland zu verlassen, war erfolglos: Julius Gerson floh über Brüssel nach Nizza. Dort wurde er verhaftet und ins Untersuchungsgefängnis Karlsruhe verschleppt, wo er im März 1944 zu Tode kam. Martin Gerson blieb in Berlin zurück, wurde von hier aus 1942 nach Theresienstadt deportiert und dort im April 1943 umgebracht. Ihre Kinder und Martins Ehefrau Rosa überlebten, ihnen gelang die Flucht nach Frankreich. Neben dieser Platte gibt es zwei weitere, die eindeutig aus dem Eigentum der Firma Pittius stammen, ebenso zugeordnet über das Motiv. Mindestens 20 weitere Drucksteine müssen noch auf Spuren wie gemeinsame Nummern oder andere Markierungen untersucht werden.

Wiederum andere Objekte tragen alte Signaturen – ein Hinweis, dass sie in der Vergangenheit Teil einer historischen Sammlung waren. So wurde z. B. 1988 bei einem auf nautische Geräte spezialisierten Antiquitätenhändler ein Windmesser erworben, der eine alte Signatur der Physikalischen Sammlung der Universität Heidelberg trägt. Ob diese Signatur sich mit Unterlagen in Heidelberg abgleichen lässt, wird zurzeit noch geprüft.

Über klassische Provenienzhinweise wie Stempel, Exlibris und Signaturen lassen sich wiederum Objekte in den Beständen des Archivs und der Bibliothek identifizieren. So konnte über ein Exlibris ein Gästebuch im Archiv des Technikmuseums dem Direktor und Aufsichtsratsmitglied der Allgemeinen Elektricitäts-Gesellschaft (AEG) Heinrich Hirschberg zugeordnet werden (Abb. 1). Heinrich Hirschberg floh 1938 mit seiner Frau Rosa über mehrere Zwischenstationen nach New York, wo er 1946 verstarb. Der Fall ist als NS-Raubgut bewertet worden, derzeit wird nach den Erben gesucht.[11]

11 Zur Geschichte des Objekts siehe den Onlinezugang www.technikmuseum.berlin/objekt/ heinrich-hirschbergs-gaestebuch-1916-1923/, letzter Abruf 27. 1. 2022.

Ein Stempelabdruck auf dem Titelblatt eines in der Bibliothek des Technikmuseums bewahrten Buches führte die Provenienzforschung wiederum nach Frankreich, zu einer Mädchenschule in Pontlevoy. Über das historische Zugangsverzeichnis des Instituts und Museums für Meereskunde konnte sein Weg nach Berlin rekonstruiert werden: das Buch war dem Institut 1941 vom Wehrkreis III, einer militärischen Verwaltungseinheit zuständig für Berlin und Brandenburg, geschenkt worden. Tatsächlich waren Pontlevoy 1940 von deutschen Truppen besetzt, die örtliche Schulbibliothek geplündert und die Mädchenschule 1942 geschlossen worden. Im Dezember 2021 konnte das Buch gemeinsam mit einem weiteren derselben Provenienz aus der Bibliothek des Botanischen Gartens an die Schule zurückgegeben werden. Es handelt sich hierbei um die erste Rückgabe des Deutschen Technikmuseums (Abb. 2).[12]

Doch auch wenn die meisten seriell hergestellten Objekte keine derart aussagekräftigen Spuren ihrer Vorbesitzer tragen, sind die vom Hersteller vergebenen Seriennummern zahlreich vorhanden. Diese können mit Auftrags- oder Lieferbüchern der Produzenten abgeglichen werden, um den ersten Käufer zu finden. Bei Kraftfahrzeugen, Motoren, Druckpressen und anderen Maschinen kann dies zur Klärung der Provenienz beitragen, sofern sich entsprechende Unterlagen in Archiven ermitteln lassen. So gelang es z. B., die Herkunft eines Refraktometers, eines optischen Messgeräts, anhand der mittlerweile digitalisiert vorliegenden Auftragsbücher der Firma Carl Zeiss Jena zu ermitteln.[13] Dieses war 1920 an die Stralsunder Zuckerfabrik geliefert und von dieser ans Berliner Zuckermuseum abgegeben worden. Mit dessen Beständen gelangte es schließlich 2015 ins Technikmuseum.

Was ist noch zu tun?

In den letzten drei Jahren wurde nur ein kleiner Teilbestand des Museums untersucht, dennoch umfasst auch dieser bereits mindestens 3 500 Objekte mit Herstellungsdatum vor 1945. Um diese große Anzahl von Untersuchungsgegenständen systematisch überprüfen zu können, ist nicht nur Zeit, sondern auch die Erschließung neuer Quellen und Recherchemittel notwendig.

Daher wird derzeit im Technikmuseum eine Liste von historischen Firmenarchiven erstellt, in denen sich Auftragsbücher, Fertigungs- und Lieferlisten erhalten haben, durch die Objekte mittels Seriennummer einem Käufer zugeordnet werden können. Um die Identifizierung und Lokalisierung entzogenen technischen Kulturguts zu vereinfachen, ist als weiterer Rechercheansatz geplant, die Wiedergutmachungsakten im Landesarchiv Berlin stichprobenartig auszuwerten. Die WGA-Datenbank[14] verzeichnet allein mehrere Tausend PKW, aber auch Flugzeuge, Dampfschiffe, Messgeräte, Schreib-

12 Zur Geschichte des Objekts und seiner Rückgabe siehe den Onlinezugang www.technikmuseum.berlin/objekt/buch-aus-frankreich-geraubt-1940/, letzter Abruf 27.1.2022 und Conrad, Andreas: Blumen sprechen lassen, in: Der Tagesspiegel, 4.1.2022, S. 9.

13 Die Fabrikationslisten aus dem Bestand des Zeiss Archivs sind über das von der Thüringischen Universitäts- und Landesbibliothek (ThULB) Jena betreute digitale Archiv der thüringischen Kommunalarchive einzusehen (Onlinezugang: https://dana.thulb.uni-jena.de/servlets/solr/dana_restricted?qry=zeiss+fabrikationsliste, letzter Abruf 24.5.2022). Wir danken an dieser Stelle Ron Hellfritzsch und Sandra Mühlenberend für den Hinweis.

14 Die vom Landesarchiv Berlin betreute Datenbank mit den Akten der West-Berliner Wiedergutmachungsämter; siehe hierzu den Beitrag von Ira Baganz in diesem Band.

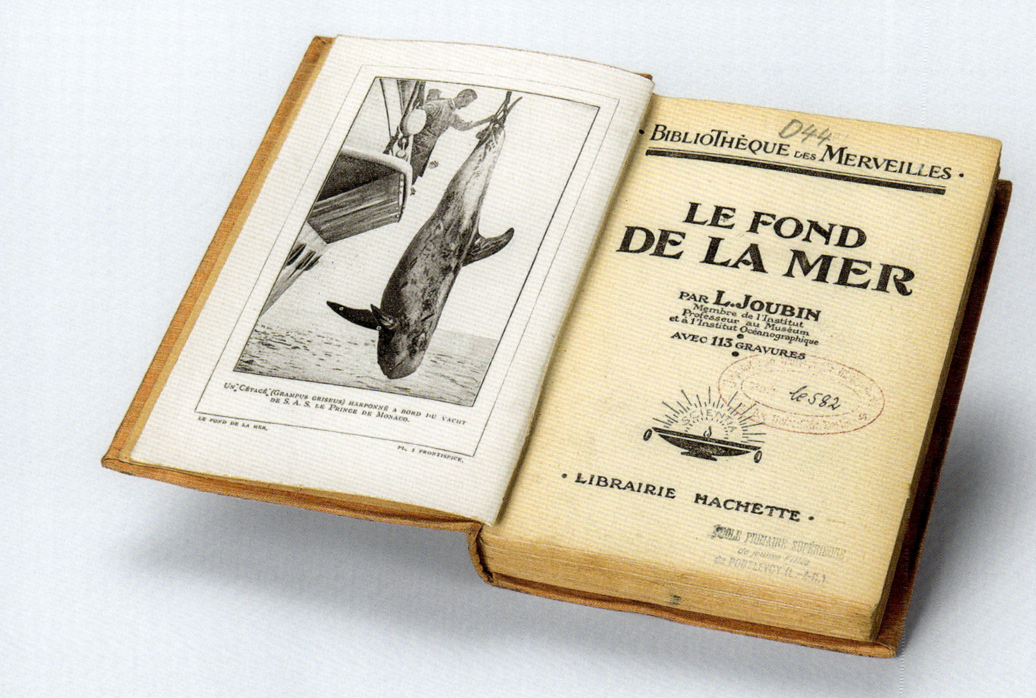

2 Titelseite des Buchs »Le fond de la mer« mit Stempelabdruck des Instituts und Museums für Meereskunde und der französischen Mädchenschule in Pontlevoy. Die Rückgabe des Buches erfolgte im Dezember 2021 (Foto: Stiftung Deutsches Technikmuseum Berlin, Clemens Kirchner).

maschinen und Fahrräder. Eine Auswahl der Akten soll ausgewertet werden, um überhaupt herauszufinden, wie detailliert das entzogene technische Kulturgut in den Unterlagen beschrieben wird und ob diese Informationen für einen Abgleich der im Technikmuseum verwahrten Museumsobjekte ausreichen. Sollte sich herausstellen, dass sich in den Akten genauere Beschreibungen der entzogenen Objekte finden lassen, so wäre perspektivisch denkbar, diese systematisch zu erfassen, sodass zukünftig jedes Museum z. B. die Fahrgestell- oder Motornummern seiner Oldtimer damit abgleichen kann.

Eine Identifizierung des Gegenstands über Entschädigungs- und Wiedergutmachungsakten oder andere, den Raub protokollierende Unterlagen ist allerdings momentan nur mit hohem Aufwand möglich. Hier könnte nur eine umfangreiche Digitalisierung mit Texterkennung, wie sie zurzeit im Brandenburgischen Landeshauptarchiv mit dem Bestand des Oberfinanzpräsidenten Berlin-Brandenburg durchgeführt wird, weiterhelfen. Diese werden zwar nur nach klassischen Kulturgütern verschlagwortet, sollen aber zukünftig über die Volltextsuche durchsuchbar sein.

Was neben der Digitalisierung von Quellen bisher ebenso fehlt, sind die breitere Erforschung von technikhistorischen Privat-, Universitäts- und musealen Sammlungen sowie eine kooperative digitale Plattform zum Austausch von Ergebnissen, Quellen und Recherchemitteln. Die Provenienzforschung in technikhistorischen Sammlungen ist ein noch recht junges Wissenschaftsgebiet. Mit der systematischen Überprüfung seiner Gründungsbestände hat das Deutsche Technikmuseum einen ersten Schritt unternommen, um diesen Forschungsbereich auch im eigenen Haus als eine zentrale und langfristige Museumsaufgabe zu etablieren.

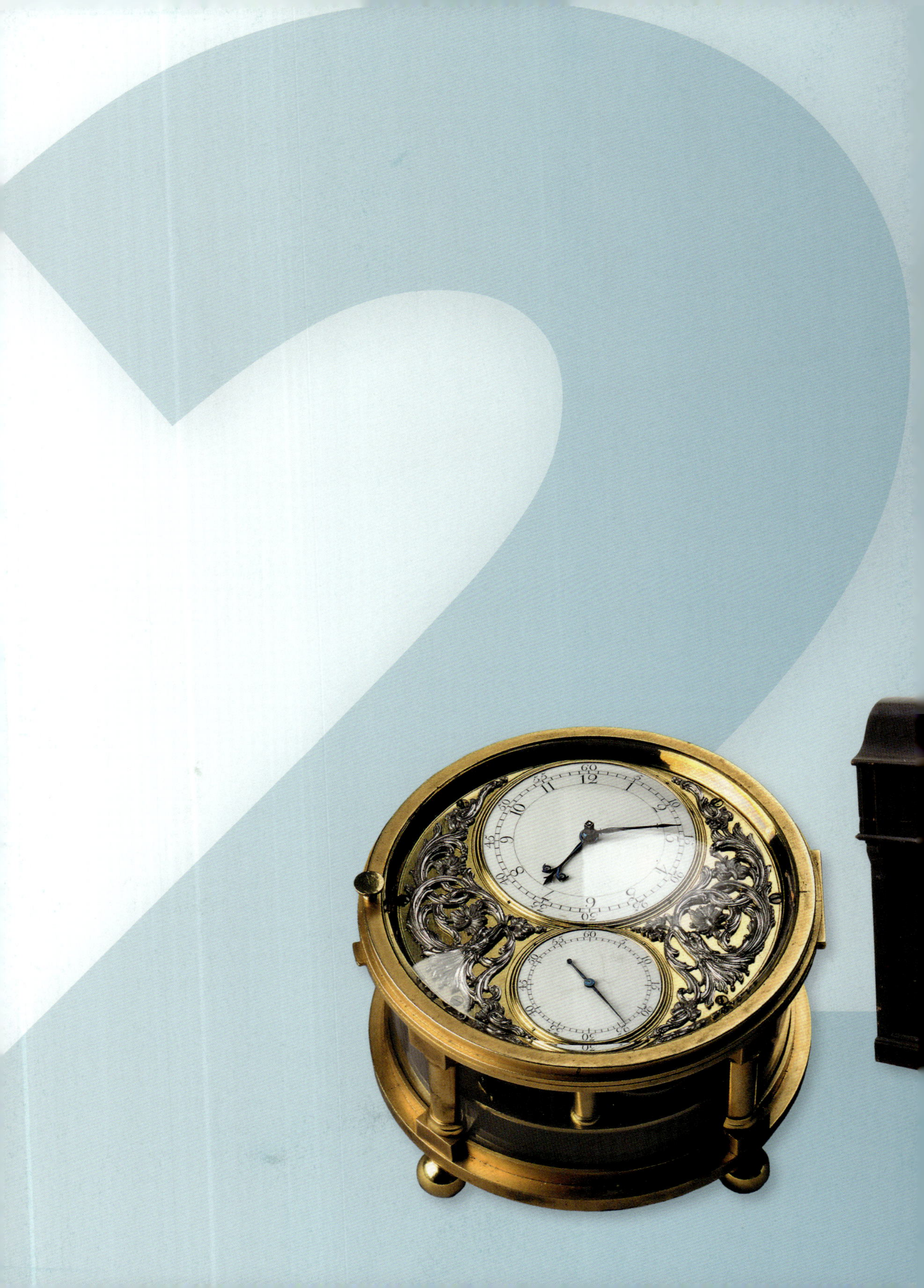

Kunsthandel mit technischen Instrumenten

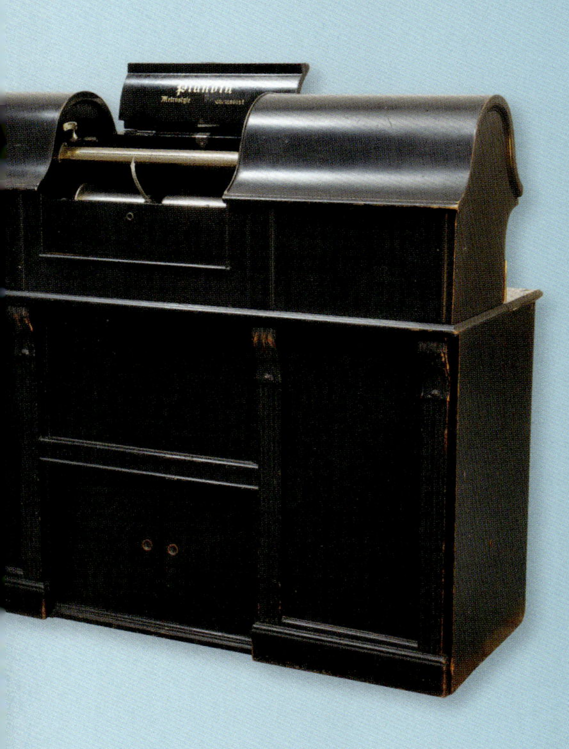

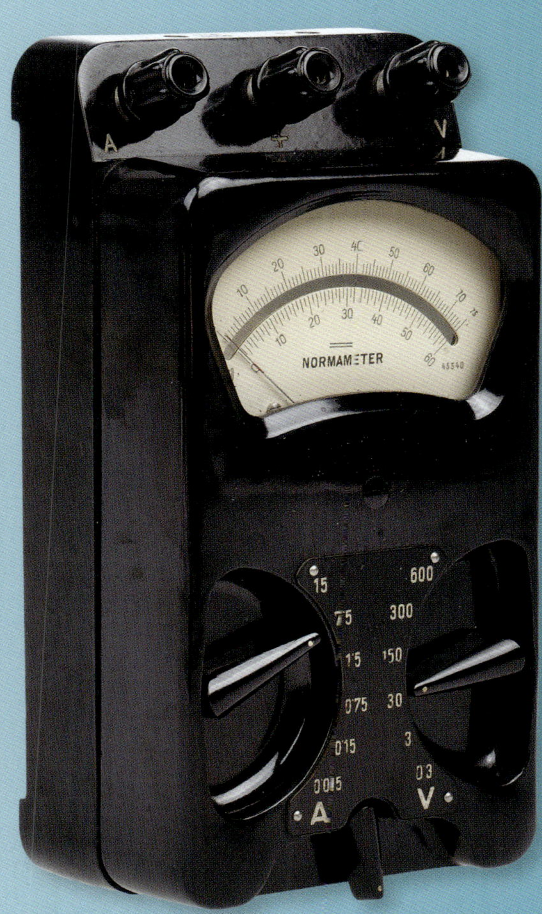

Ankaufsstrategien und -möglichkeiten

Die Sammlungserweiterung des Mathematisch-Physikalischen Salons in der ersten Hälfte des 20. Jahrhunderts

PETER PLASSMEYER
MATHEMATISCH-PHYSIKALISCHER SALON, DRESDEN

Der Mathematisch-Physikalische Salon (MPS) ist eines von 15 Museen der Staatlichen Kunstsammlungen Dresden. Er wurde 1728 als eine höfische Sammlung gegründet und lässt sich unmittelbar auf die etwa 1560 gegründete Kunstkammer der sächsischen Kurfürsten im Dresdner Residenzschloss zurückführen. Seit 1728 ist er im Dresdner Zwinger beheimatet. Bis in das 19. Jahrhundert hinein wurde vor allem zeitgenössisch gesammelt und der ältere Bestand verwaltet. Sammeln bedeutete bis dahin: kaufen, in Auftrag geben, als Geschenk entgegennehmen. Aktives und passives Sammeln halten sich mehr oder weniger die Waage. Erst im 19. Jahrhundert begann der Ausbau der Sammlung nach musealen Erwägungen, was auch historische Objekte begehrlich werden ließ. Die Auflösung der Restbestände der einstigen Kunstkammer in den 1830er Jahren bildete gewissermaßen den Auftakt. Dabei gelangten vor allem Uhren und Figurenautomaten in den MPS. Andere Exponate wurden dem Grünen Gewölbe übertragen oder sogar verkauft. Eine Strategie ist hinter der Aufteilung nicht zu erkennen. Erstmals gelangten aber (historische) Räderuhren in den Bestand des Salons. Bis dahin befanden hier sich nur Sonnenuhren und mechanische Uhren, die für die Himmelsbeobachtung im Observatorium des MPS erworben bzw. gebaut worden waren.

Bei der Transformation in eine museale Sammlung im ausgehenden 19. und 20. Jahrhundert stand vor allem der Aufbau einer Uhrensammlung im Vordergrund, nach dem Zweiten Weltkrieg wurde die Globensammlung ein weiterer Schwerpunkt. Für die weitere Genese der Uhrensammlung war vor allem die Erwerbungspolitik in der ersten Hälfte des 20. Jahrhunderts wegweisend. In quantitativer Hinsicht wirkten sich diese Ankäufe allerdings in ungleich geringerem Maße aus, als man vielleicht erwarten würde. Schwerpunkte bildeten die Kontakte zu privaten Besitzern und Sammlern, die Entstehung eines professionellen Handels mit historischen wissenschaftlichen Instrumenten und Uhren und die Enteignung von Gegenständen vor politischem Hintergrund. Die damals erfolgten Zugänge lassen sich anhand der im MPS aufbewahrten Zugangsbücher, Inventare, Erwerbungskorrespondenzen sowie weiterer erhaltener Aktenbestände des Salons rekonstruieren. Aus den Akten und der Erwerbungskorrespondenz lassen sich zudem auch abgelehnte Angebote ermitteln.

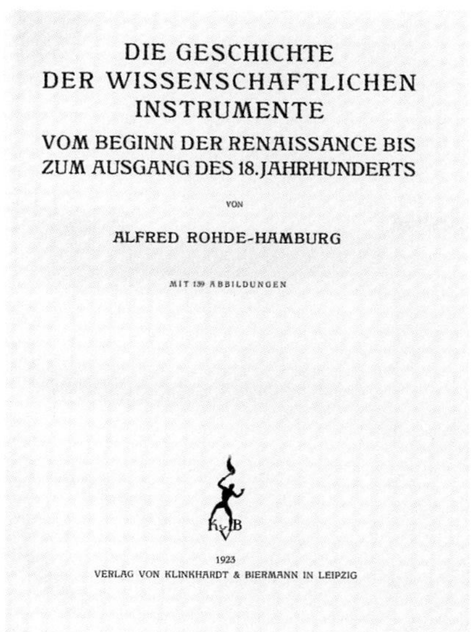

1 Titelseite von Alfred Rohdes 1923 in Leipzig veröffentlichtem Werk »Die Geschichte der wissenschaftlichen Instrumente«.

Weitere wichtige Informationen können Publikationen entnommen werden, die in den Jahren vor dem Zweiten Weltkrieg entstanden, teilweise aber erst nach dem Krieg publiziert wurden, denn sie dokumentieren den Bestand aus der Zeit vor dem Zweiten Weltkrieg. Hierzu gehören vor allem die Werke von Maximilian Bobinger[1], Ernst Zinner[2] und Alfred Rohde (Abb. 1).[3]

Zu den wichtigen Erwerbungen des 20. Jahrhunderts zählt die 1905 erfolgte Übernahme der Instrumente aus der Universitätssternwarte in Leipzig.[4] In diesem Zuge wurde ein Vollkreis von Edward Troughton (1753–1835) aus dem Universitätsbestand an das Deutsche Museum in München abgegeben. Im Gegenzug bekam der MPS eine Luftpumpe des bedeutenden Augsburger Instrumentenbauers Georg Friedrich Brander aus dem Bestand des Deutschen Museums übertragen. Der für die Neuausrichtung der Sammlung des MPS wichtigste Ankauf war 1909 der Erwerb von 120 Objekten, überwiegend Taschenuhren, aus der Uhrensammlung des Uhrmachers Robert Fleissner (1849–1916), Dresden, Rosmariengasse 2 (Abb. 2). Die Firma wurde nach Pleissners Tod von seinem Sohn Paul (1876–1950) weitergeführt. Taschenuhren und kleine Sonnen-

---

1 Bobinger, Maximilian: Alt-Augsburger Kompassmacher, Augsburg 1966; ebenso ders.: Kunstuhrmacher in Alt-Augsburg, Augsburg 1969. Bobingers Aufzeichnungen befinden sich im Stadtarchiv Augsburg, siehe hierzu Keil, Inge: Der Nachlass von Maximilian Bobinger, in: Beiträge zur Astronomiegeschichte, Bd. 5 (2002), S. 238–240. Ausgewählte Korrespondenz mit Museen und Archiven zu historischen technischen Instrumenten enthält zudem ein im Maximilianmuseum in Augsburg zugängliches Zettelarchiv der Museen der Stadt Augsburg. Darin finden sich auch Abschriften von Archivalien, die heute nicht mehr zugänglich sind.

2 Zinner, Ernst: Deutsche und niederländische astronomische Instrumente des 11.–18. Jahrhunderts, München 1956. Zinners Materialsammlung für dieses Buch befindet sich im Archiv der Universität Frankfurt am Main.

3 Rohde, Alfred: Die Geschichte der wissenschaftlichen Instrumente vom Beginn der Renaissance bis zum Ausgang des 18. Jahrhunderts, Leipzig 1923; Rohde, Alfred: Hamburgische Instrumentenmacher des 17. und 18. Jahrhunderts, Flensburg 1923.

4 Die folgenden Beispiele sind alle dem Zugangsbuch des MPS von 1874 entnommen.

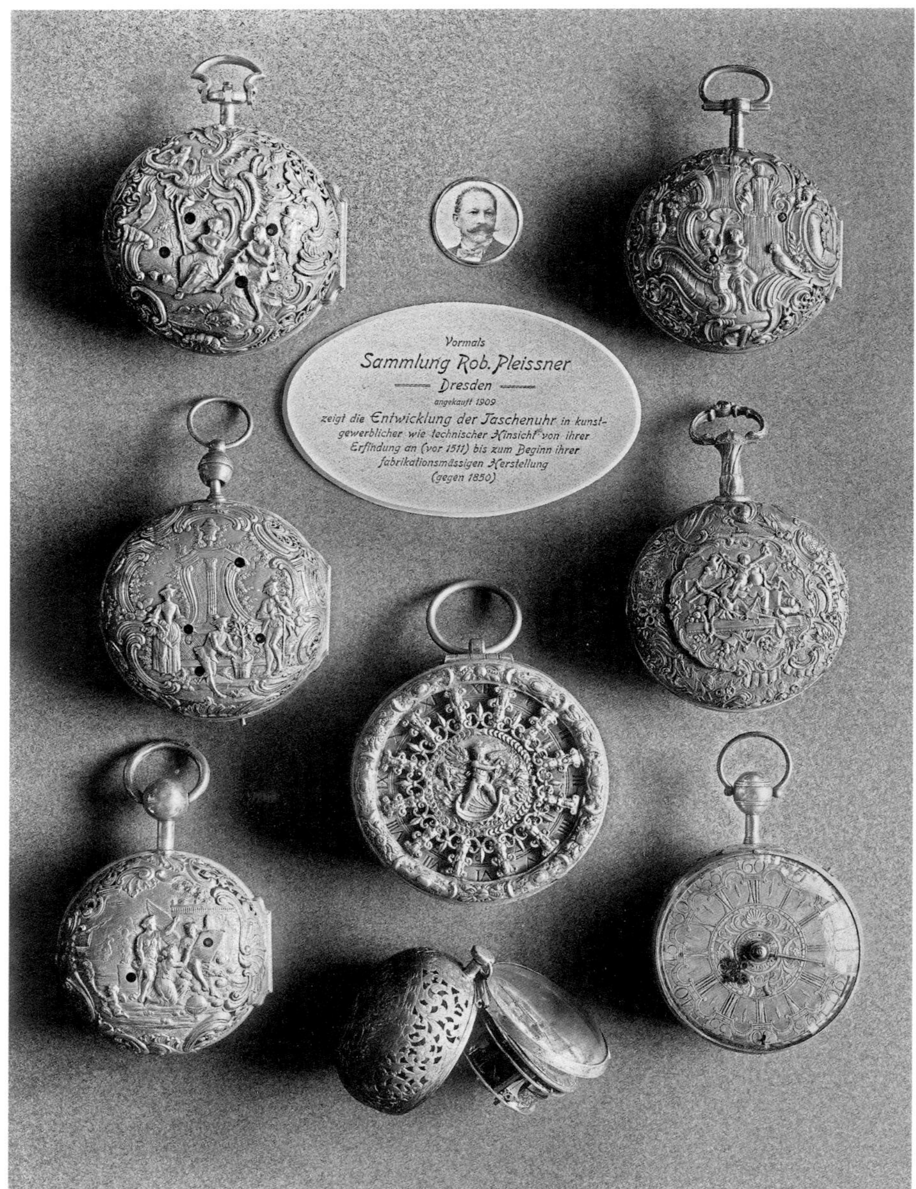

2   Reisewagenuhren aus der Sammlung Robert Pleissner, in: Dresden in der Geschichte der Uhrmacherei. Erinnerungsgabe zum 50jähr. Jubiläum der Firma Robert Pleissner, Dresden 1924, Tafel 1.

uhren bildeten einen Schwerpunkt der in den folgenden Jahrzehnten getätigten Erwerbungen. Ab 1916 erfolgen wiederholt Ankäufe aus dem Kunsthandel M. Salomon, Dresden, Prager Straße. Diese wurden u. a. von Kommerzienrat Georg Arnhold (1895 – 1926) unterstützt. Eine größere Anzahl Sonnenuhren konnte 1917 auf der Versteigerung der Sammlung Richard Kaufmann in Berlin erworben werden. Im selben Jahr trat auch der Kunsthandel Gebr. Colli, Innsbruck, in Erscheinung. Ein am Karlsplatz 5 in München ansässiges Antiquariat erscheint ab 1924 wiederholt.

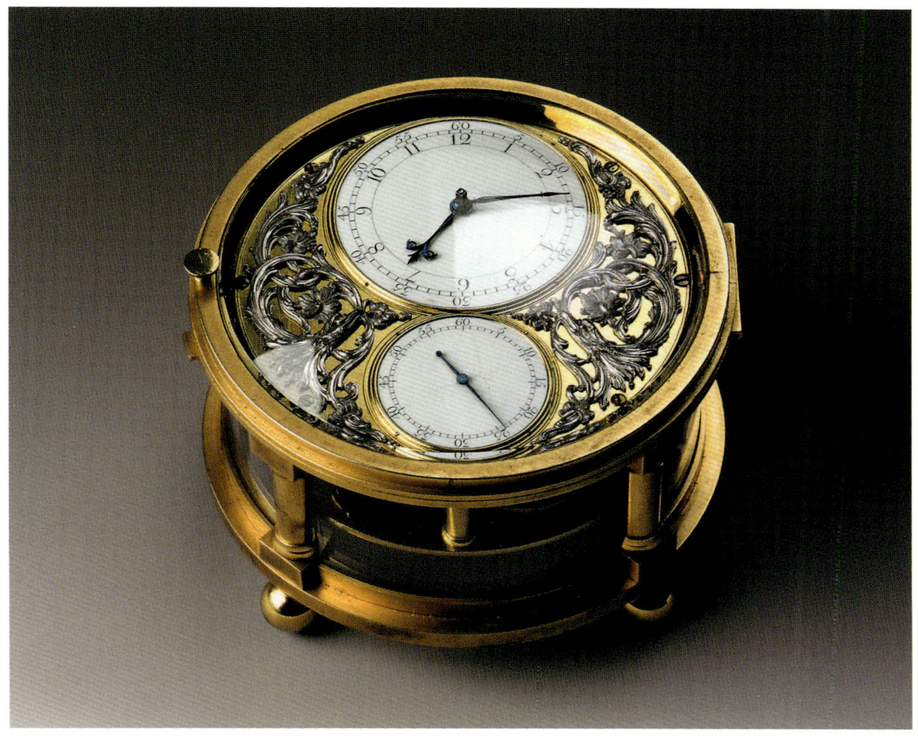

3 Das »Blaue Seechronometer« von Thomas Mudge, Plymouth 1777 (Mathematisch-Physikalischer Salon Inv. Nr. D IV b Nr. 11). Foto: Mathematisch-Physikalischer Salon, Jürgen Karpinski.

1925 erfolgte über den Kunsthandel Alexander Ericsson in Dresden einer der spektakulärsten Ankäufe, als das »Blaue Seechronometer« von Thomas Mudge (Abb. 3), eine Wegmarke aus der Entstehungsgeschichte des Seechronometerbaus, erworben werden konnte. Ericsson (?–?) war ein schwedischer Uhrmacher, der in St. Petersburg einen Handel betrieb und sich in den 1920er Jahren in Dresden niederließ. Ebenfalls wiederholt taucht ab 1935 Karl Franz Heym, Kaulbachstraße 30, Dresden als Verkäufer auf.

Eine zentrale Gestalt beim Ausbau der Sammlung des MPS war der Restaurator Max Engelmann (1874–1928). Er publizierte in großem Umfang die Bestände und war bestens vernetzt. Gemeinsam mit dem Händler und Sammler Carl Marfels (1854–1929) und dem Kunsthistoriker Ernst von Bassermann-Jordan (1876–1932), der 1905 eine umfangreiche Abhandlung zur Geschichte der Räderuhr veröffentlicht hatte (Abb. 4), schuf Engelmann in Deutschland ein Interesse und einen Markt für historische Uhren. Dabei trafen sie sich wiederholt in Dresden, wo Marfels auch seine privaten Sammlungen präsentierte. Es ist anzunehmen, dass Engelmann durch Robert Pleissner auf die Bedeutung historischer Uhren aufmerksam gemacht wurde. Pleissner hielt sich von 1868 bis 1871 in Paris auf, wo er mit höchster Wahrscheinlichkeit auf die Uhren in den Sammlungen des Prinzen Petr Soltikoff (1804–1889) und des Kunsthändlers Frédéric Sámuel Spitzer (1815–1890) aufmerksam wurde. So ließe sich jedenfalls erklären, wieso er eine Uhr aus der Sammlung Soltikoff nachbaute. Engelmann pflegte auch Kontakt zum Amsterdamer Händler und Sammler Anton Mensing (1866–1936). Mensing besaß privat eine bedeutende Sammlung von wissenschaftlichen Instrumenten. Sie bildeten später den

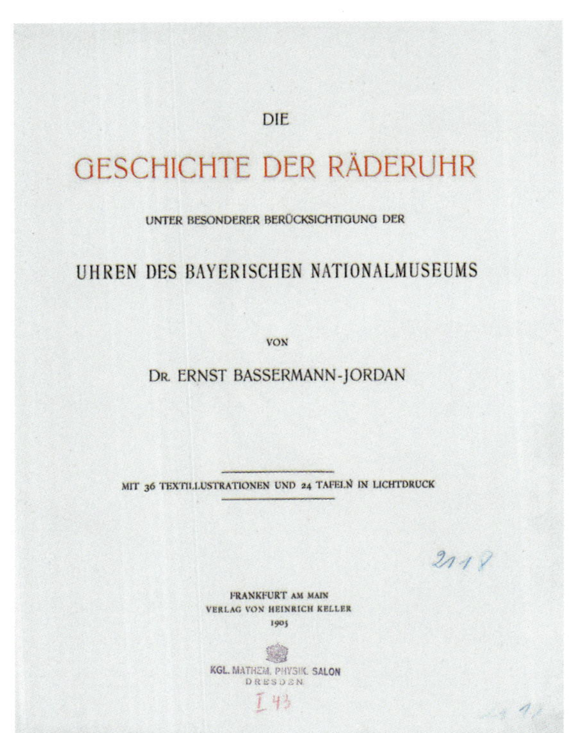

4 Ernst Bassermann-Jordans Abhandlung zur Geschichte der Räderuhr, Frankfurt 1905, Titelseite.

Grundstock der historischen Sammlung des Adler-Planetariums in Chicago. Über Mensing gelangten auch Fotografien der Sammlungen des MPS nach Chicago, die dort den Aufbau der Sammlung nachhaltig prägten. Mensing verkaufte aber nicht jedem Käufer das erhoffte Original, sondern lieferte wiederholt Kopien ab, weil er sich von den Originalen nicht trennen wollte. Der Handel mit Uhren ist immer wieder mit der Frage nach Original und Fälschung verbunden. Das Thema »Fälschung« kann in diesem Zusammenhang an dieser Stelle nicht diskutiert werden.

Ein anderes Thema ist die Frage nach dem Ankauf widerrechtlich enteigneter Objekte. Für die bis 1945 erworbenen Exponate konnte die Provenienzforschung im MPS keines ausfindig machen. Bei den Angeboten gibt es allerdings einen Fall, bei dem davon ausgegangen werden darf. Auf Vermittlung von Paul Pleissner wurde die Uhrensammlung des jüdischen Arztes Dr. Rosenthal zum Verkauf angeboten. Alfred Beck (1896–1976, 1928 bis 1946 Restaurator am MPS, von 1942 bis 1945 mit dessen Leitung betraut) begutachtete 1938 die Uhrensammlung für das Landesfinanzamt, nachdem sie dem Eigentümer auf Grundlage der sogenannten »Reichsfluchtsteuer« von den Nationalsozialisten entzogen worden war. 1939 kontaktierte Beck die Gestapo, um die Sammlung für den MPS zu übernehmen. Eine Aneignung kam nicht zustande.

Um in der ersten Hälfte des 20. Jahrhunderts widerrechtlich enteigneten Kunstbesitz in den Museumsbeständen zu ermitteln, scheint es unerlässlich, auch die Zugänge in den Jahren nach dem Zweiten Weltkrieg daraufhin zu überprüfen. Hier gibt es Zugänge, die keine klare Provenienz haben. Das trifft auch auf Uhren zu, die in den 1950er Jahren aus dem Besitz der Witwe von Paul Pleissner erworben wurden. Im Rahmen der digitalen Erfassung des Sammlungsbestandes des MPS in den Jahren von 2007 bis 2009 wurden die Provenienzen überprüft.

NS-Raubgut und Verdachtsfälle auf Raubgut bei Erwerbungen aus dem (Kunst-)Handel im Technischen Museum Wien

CHRISTIAN KLÖSCH I TECHNISCHES MUSEUM WIEN, WIEN

Das Technische Museum Wien und seine Bestände

Das Technische Museum Wien (TMW) wurde anlässlich des 60. Regierungsjubiläums Kaiser Franz Josephs im Jahr 1908 auf Initiative von Industrie und Gewerbe gegründet und im Mai 1918 als privates Vereinsmuseum eröffnet. Das neu gegründete Museum musste seine Sammlung aber nicht von Grund auf neu schaffen, da es auf die Bestände einer Reihe von so unterschiedlichen Institutionen und Kollektionen wie dem »Museum der österreichischen Arbeit«, dem »k. k. National-Fabriksproduktenkabinett« oder der »Modellsammlung der Wiener Jesuitenuniversität« aufbauen konnte. Besonders wertvolle historische Objekte entstammen der »Kunst- und Wunderkammer« der Habsburger und dem »Physikalischen Kabinett« der Hofburg. Nach dem Ende des Ersten Weltkriegs setzten Bestrebungen ein, das private Museum in staatliche Hände zu überführen. Mit der Verstaatlichung 1922 konnte das Technische Museum einen erheblichen Teil dieser staatlichen Leihgaben regulär in seinen Bestand übernehmen.

Im Neubau an der Wiener Mariahilferstrasse waren neben dem zunächst privaten Technischen Museum noch zwei staatliche Museen untergebracht: Dem »k. k. Postmuseum«, das bereits 1913 einzog, folgte ab 1918 auch das »Historische Museum der k. k. Staatsbahnen«. Erst 1980 wurden diese beiden Institutionen in das TMW eingegliedert. Seit 1999 ist auch die 1960 gegründete »Österreichische Mediathek«, als audiovisuelles Archiv der Republik, dem TMW zugeteilt.

Die vielfältige Institutionengeschichte des Museums hat ihre Spuren in einer breiten Palette an Objekten und Sammlungsgebieten hinterlassen. Zeitlich spannt sich der Bogen von der Prähistorie bis zu Gegenwart; materiell umfasst die Sammlung neben Objekten im engeren Sinn auch Bücher, Archivalien, Gemälde, Fotografien und audiovisuelle Medien. Das Haus ist somit eine Art Universalmuseum, dessen Sammlungen – einen sehr breit gefassten Technikbegriff voraussetzend – eine große Bandbreite menschlicher Erzeugnisse und Kreativität umfassen.[1] Seit 2002 ist eine Generalinventur im Gange, die voraussichtlich erst 2025 abgeschlossen wird; dann werden wohl an die 250 000 Inventarnummern vergeben sein, mit insgesamt mehreren Hunderttausenden Objekten.

---

1 Zur Geschichte des Museums und der Sammlungen: Lackner, Helmut/Jesswein, Katharina/Zuna-Kratky, Gabriele (Hrsg.): »Den Vorfahren zur Ehre, der Jugend zur Lehre«. 100 Jahre Technisches Museum Wien, Wien 2009, S. 22–47; ebenso Burger, Hannelore: Maschinenzeit Zeitmaschine. Technisches Museum Wien 1918–1988, Wien 1991.

Angesichts der Fülle des materiellen Bestandes darf es daher nicht wundern, wenn technische optische Instrumente zwar ein wichtiger Bestandteil der Sammlung sind, aber nicht im Fokus der Sammlungstätigkeit des Hauses standen: Mikroskope und Fernrohre wurden nicht systematisch gesammelt. Historisch bedeutende Objekte übernahm das Museum aus den Vorgängersammlungen, in der NS-Zeit gab es nur vereinzelt Erwerbungen. An Mikroskopen sind 464 Objekte in der Datenbank verzeichnet. 32 davon wurden vor 1918 inventarisiert, der Rest von 1951 bis 2022 – zwischen 1938 und 1945 gab es keinen Zuwachs in dieser Sammlungsgruppe. Einen Großteil des Bestandes, ca. 370 Mikroskope, übernahm man im Jahr 2009 als Leihgabe der Firma »Leica Microsysteme«. Bei den Fernrohren zeigt sich ein ähnliches Bild: Von 92 sind 44 vor 1918 inventarisiert worden und die restlichen nach 1945. Zwischen 1918 bis zum Beginn der 1950er Jahre gibt es keine Erwerbung in dieser Sammlungsgruppe. Die überwiegende Mehrheit stammt aus Widmungen anderer Bundesinstitutionen wie der Zentralanstalt für Geodäsie oder der damaligen Technischen Hochschule Wien.

Ein Charakteristikum des Museums war, dass es über lange Zeit keine aktive Sammlungspolitik betrieben hat. Einen Fokus auf das Sammeln bestimmter Objektgruppen gab es meist lediglich zeitlich begrenzt im Vorfeld von Sonderausstellungen. Weitgehend war das Museum auf Schenkungen von Privatpersonen angewiesen, da das Ankaufsbudget seit jeher gering gewesen ist.

Provenienzforschung im Technischen Museum Wien mit Österreichischer Mediathek

1998 verabschiedete der österreichische Nationalrat das Kunstrückgabegesetz[2], das die Bundesmuseen verpflichtete, in ihren Beständen nach NS-Raubgut zu suchen. Dazu wurde eine »Kommission für Provenienzforschung« eingesetzt[3], welche aus Forscher*innen der einzelnen Museen besteht, die ihre Ergebnisse dem Beirat der Kommission für Provenienzforschung zur Begutachtung vorlegen. Aufgabe des Beirates ist es, das Kulturministerium bei der Restitution zu unterstützen und Empfehlungen zur Rückgabe von identifiziertem Raubgut auszusprechen.

Die Provenienzforschung im TMW kann in zwei Phasen unterteilt werden: Bereits vor der Verabschiedung des Kunstrückgabegesetzes 1998 hat es in den späten 1940er und am Beginn der 1960er Jahren Restitutionen von NS-Raubgut gegeben. Damals wurden die Verfahren nach den geltenden allgemeinen Rückstellungsgesetzen abgewickelt. Ende der 1940er Jahre gab das Museum einen Badeofen an die jüdischen Vorbesitzer*innen zurück, der im August 1938 als Leihgabe der Wiener Städtischen Gastwerke ins Museum gekommen war. Anfang der 1960er folgten noch drei weitere Rückgaben. Zum einen der »Marcus-Wagen«, ein frühes Automobil von 1888/89, bis 1938 im Besitz eines Autofahrerclubs und nach dessen Auflösung durch das Nationalsozialistische Kraftfahrkorps (NSKK) 1938 dem TMW übergeben wurde, sowie zwei historische Kutschen, die von der Gestapo 1942 bei einem ehemaligen Funktionär des austrofaschistischen Ständestaates beschlagnahmt und dem

---

2 Vgl. Bundesgesetz über die Rückgabe von Kunstgegenständen und sonstigem beweglichem Kulturgut aus den österreichischen Bundesmuseen und Sammlungen und aus dem sonstigen Bundeseigentum (Kunstrückgabegesetz – KRG), StF: BGBl. I, Nr. 181/1998 (Onlinezugang: www.ris.bka.gv.at/GeltendeFassung.wxe?Abfrage=Bundesnormen&Gesetzesnummer=10010094, letzter Abruf 1.2.2022).

3 Siehe Onlinezugang www.provenienzforschung.gv.at/kommission, letzter Abruf 1.2.2022.

Technischen Museum überlassen wurden. Alle drei Objekte restituierte das Museum an die Rechtsnachfolger, der »Marcus-Wagen« befindet sich nach wie vor im Technischen Museum, nun als Leihgabe des »Österreichischen Automobil und Touring Clubs« (ÖAMTC).

Die zweite Phase setzt mit der Verabschiedung des Kunstrückgabegesetzes 1998 ein. Seit damals werden alle Erwerbungen des Technischen Museums, die nach 1933 in die Sammlungen des Hauses aufgenommen und vor dem 8. Mai 1945 erzeugt worden sind, systematisch nach NS-Raubgut untersucht. Darunter fallen auch die nach 1945 vom Technischen Museum Wien übernommenen Sammlungen anderer Institutionen und Museen. Mit Stand 2021 sind bisher beinahe 127 000 Objekte, Bücher und Archivalien auf ihre Herkunft überprüft. Die Erwerbungen von 84 000 Objekten (etwa 66,8 Prozent) sind als »unbedenklich« klassifiziert. Die Erwerbungen von 42 400 Objekten (etwa 32,9 Prozent) müssen dagegen als »offen« klassifiziert werden, da über die Besitzverhältnisse dieser Objekte während der NS-Zeit nach heutigem Wissensstand keine definitive Aussage getroffen werden kann. Bisher konnten 16 Provenienzfälle mit 274 Objekten, ca. 150 Bücher und mehrere Tausend Archivalien als NS-Raubgut oder als NS-Raubgutverdächtig identifiziert werden. Davon wurden zehn Fälle mit der Rückgabe der Objekte oder mit ihrem Rückkauf nach erfolgter Restitution abgeschlossen. In sechs Fällen läuft die Suche nach den rechtmäßigen Erb*innen noch.[4]

Erwerbungen des Technischen Museums Wien zwischen 1938 und 1945

Ein Großteil des identifizierten NS-Raubgutes ist in den Jahren zwischen 1938 und 1945 in die Sammlung aufgenommen worden. Insgesamt gab es zwischen dem 13. März 1938 – dem Tag des Einmarsches deutscher Truppen in Österreich – und dem 8. Mai 1945 im Technischen Museum Wien 1 015 Erwerbsvorgänge. Ein Vorgang kann die Aufnahme eines oder mehrerer Objekte umfassen (Abb. 1). Ein Großteil der Sammlungseingänge waren »Geschenke« – auch in der NS-Zeit hat das Museum nur in wenigen Fällen aktiv seine Sammlungen erweitert. Die meisten Zugänge kamen von Firmen (448) und Privatpersonen (410), nur wenige Objekte durch staatliche Stellen (121) oder von anderen Museen (22). Festzuhalten ist auch, dass Erwerbungen der Jahre 1938 bis 1945 fast ausschließlich im Bereich Wien und Umgebung getätigt wurden und es kaum zu Erwerbungen aus den Gebieten des »Altreichs« kam.

Art des Erwerbs	Anzahl	%
Ankauf	196	19,3 %
Geschenk	735	72,4 %
Leihnahme	57	5,6 %
Unbekannt	27	2,7 %
Summe	1 015	100 %

1 Anzahl von Erwerbungsarten des TMW in der NS-Zeit.

4 Seit 2015 thematisiert das Technische Museum Wien in der Ausstellung »Inventarnummer 1938« die NS-Provenienzforschung in der Schausammlung. Dazu ist auch ein Buch erschienen: Klösch, Christian: Inventarnummer 1938. Provenienzforschung am Technischen Museum Wien, Wien 2015.

Beispiele von Ankäufen aus dem Kunsthandel in der NS-Zeit

Die meisten Erwerbungen von Firmen der Jahre 1938 bis 1945 sind im Sinne des Kunstrückgabegesetzes unbedenklich, da es sich dabei um Gegenstände handelt, die diese Firmen selbst hergestellt hatten. Der (Kunst-)Handel fällt bei den Erwerbungen zahlenmäßig nicht ins Gewicht – unter den Verdachtsfällen auf NS-Raubgut stellen diese aber das Gros der Objekte. Erwerbungen von Gegenständen aus dem (Kunst-)Handel sind gerade in Wien von einer besonderen Brisanz: 1938 lebten 200 000 bis 220 000 Personen in Wien, die nach dem Wortlaut der »Nürnberger Gesetze« als jüdisch galten. Diese Personengruppe machte ungefähr 10 Prozent der damaligen Wohnbevölkerung Wiens aus und wurde ab dem März 1938 vollkommen entrechtet, beraubt und vertrieben. An die 130 000 Jüd*innen konnten bis 1941 aus Wien flüchten – rund 66 000 Menschen wurden 1941/42 aus Wien in Konzentrations- oder Vernichtungslager deportiert und ermordet. Nur ein- bis zweitausend Menschen konnten die NS-Verfolgungen versteckt in Wien überleben. Das bewegliche und unbewegliche Vermögen dieser Menschen ist zum größten Teil in den Jahren 1938 bis 1942 systematisch von den NS-Behörden, aber auch durch »wilde« Arisierungen von Privatpersonen geraubt worden. Der Hausrat von ca. 60 000 Wohnungen mit einer unübersehbaren Menge an Alltagsgegenständen wie Möbel, Kleidung, Geschirr, technischen Geräten, kunsthandwerklichen Gegenständen, Büchern etc. kam damals auf den Markt. Ein Gutteil dieser Gegenstände wurde über den Handel – seien es Möbelgeschäfte, Auktionshäuser, Antiquariate oder privat von Ariseuren und Ariseurinnen – meist lokal verkauft.[5]

Die Dimension des NS-Raubs der Jahre nach 1938 verdeutlicht ein Vergleich mit dem heute wie damals international vielbeachteten Wohnbauprogramm der sozialdemokratischen Stadtverwaltung Wiens. In den Jahren von 1918 bis 1934 baute das »Rote Wien« ca. 65 000 Gemeindewohnungen.[6] Fast ebenso viele, wie in den Jahren ab 1938 durch die Vertreibung der Wiener Jüd*innen dem Markt zugeführt wurden. Abgesehen von dem menschlichen Leid lässt sich die wirtschaftliche Dimension nur erahnen.

Marktplätze für arisierte Gegenstände – die VUGESTA und die Möbelverwertungsstelle Krummbaumgasse

Die Wiener Gestapo gründete Anfang September 1940 in Zusammenarbeit mit dem Beauftragten der Wiener »Reichsverkehrsgruppe Spedition und Lagerei« Karl Herber eine »Verwaltungsstelle für jüdisches Umzugsgut der Geheimen Staatspolizei« (VUGESTA).[7] Unter Leitung Herbers waren rund 20 Mitarbeiter*innen – vorwiegend Schätzmeister – beschäftigt. Mithilfe dieser Dienststelle verkaufte die Gestapo das bei Speditionen und Lagerhäusern eingezogene Umzugsgut vertriebener Wiener Jüd*innen. Am Beginn des Jahres 1941 eröffnete die Vugesta Verkaufsstellen im Wiener Prater, in den Hallen des

---

5 Siehe Botz, Gerhard: Nationalsozialismus in Wien. Machtübernahme, Herrschaftssicherung, Radikalisierung, Kriegsvorbereitung 1938/39, Wien 2018.

6 Vgl. Weihsmann, Helmut: Das Rote Wien. Sozialdemokratische Architektur und Kommunalpolitik 1919 – 1934, Wien 2002.

7 Lexikon der österreichischen Provenienzforschung (LÖPF) (Onlinezugang: www.lexikon-provenienzforschung.org/vugesta, letzter Abruf 1. 2. 2022).

Messegeländes und in den Sophiensälen. Güter mit einem Schätzwert von über 1 000 Reichsmark übergab die Vugesta dem Dorotheum zur Versteigerung. Aber auch die Antiquariate und Kunsthandlungen der von der Vugesta beschäftigten Schätzmeister kamen so billig in den Besitz von Verkaufsware.

Nach der Beendigung der großen Deportationen aus Wien in die Vernichtungs- und Konzentrationslager im Osten im Frühjahr 1942 gründete die Gestapo, in Absprache mit der Vugesta, eine weitere mit ihr eng verbundene Gesellschaft: die Möbelverwertungsstelle Krummbaumgasse. Diese Organisation übernahm es, den Hausrat der deportierten Wiener Jüd*innen aus den Wohnungen abzuholen und zu verwerten. Als Hilfskräfte setzte sie jüdische Zwangsarbeiter*innen ein, die die Wohnungen räumen und Inventar- und Schätzlisten anfertigen mussten. Ernst Neumann, ein überlebender jüdischer Zwangsarbeiter, berichtete nach 1945:

>> Wenn die Leute deportiert worden sind, sind nachher die Wohnungen geräumt worden, und die Möbel wurden in diese Riesenhalle nach Döbling gebracht. Ich kann mich erinnern, dort war ein riesiger Raum, da sind Bücherkisten gewesen, die waren so hoch aufgestapelt, dass man direkt eine Bergtour hat machen müssen. Dort sind auch Möbel verkauft worden. << [8]

NS-Funktionäre und Personen mit Beziehungen zur Gestapo konnten besonders günstig einkaufen. Der Gesamterlös aus den Verkäufen dürfte zwischen 13 und 14 Millionen Reichsmark betragen haben. Teilweise wurden die Vermögenswerte zudem über die NS-Volkswohlfahrt an die Bevölkerung verteilt.

Erwerbungen aus dem Wiener Kunsthandel und dem Dorotheum in dieser Zeit sind mit besonderer Vorsicht zu beurteilen. Aufgrund der schieren Anzahl der damals in den Handel gekommenen Objekte ist praktisch jede Erwerbung, die das Technische Museum in Wien getätigt hat, als »bedenklich« im Sinne des österreichischen Kunstrückgabegesetzes zu klassifizieren, wie die folgenden Beispiele zeigen.

Schallplatten von der VUGESTA: der Fall Paul Herzfeld

Am 15. Mai 1942[9] wandte sich der damals bekannte österreichische Historiker Heinrich von Srbik (1878–1952) in seiner Eigenschaft als Präsident der Wiener Akademie der Wissenschaften mit einem Schreiben an die Vugesta.[10] Seinen Brief begann Srbik mit der Bemerkung, der Direktor des Dorotheums habe ihm mitgeteilt, »dass bestimmte aus jüdischem Umzugsgut stammende Tonaufnahmen (Grammophonplatten) abgegeben werden könnten. Es handelt sich um Tonaufnahmen, die 1915 zu Gunsten des Militärwaisenfonds hergestellt wurden (11 ganze und einige beschädigte Platten, Stimmporträts von Kaiser Franz Josef, 7 Stück, ferner von Erzherzog Friedrich, Erzherzog Josef,

8 Dokumentationsarchiv des österreichischen Widerstands (Hrsg.): Jüdische Schicksale. Berichte von Verfolgten, Wien 1993, S. 258.

9 Dieser Fall wurde 2008 vom damaligen Provenienzforscher des Technischen Museums Wien Dr. Oliver Kühschelm recherchiert und bearbeitet.

10 Wahl, Niko / Triendl, Mirjam / Blaschitz, Edith / Anderl, Gabriele: Arisierung von Mobilien (= Veröffentlichungen der österreichischen Historikerkommission, Bd. 15), Wien 2004, S. 123.

Feldmarschall Hötzendorf und Generaloberst Dankl).«[11] Srbik ersuchte die Vugesta um Überlassung dieser historischen Aufnahmen für das Phonogrammarchiv der Akademie der Wissenschaften. Diese kam seiner Bitte nach und wies das Dorotheum an, die Aufnahmen kostenlos an die Akademie abzugeben.[12] Bis 1993 befanden sich die Aufnahmen im Besitz der Akademie, bevor diese sie an die »Österreichische Mediathek« übergab, welche wiederum seit 2001 dem Technischen Museum Wien angegliedert ist.[13]

Im Zuge der Provenienzforschung konnte der Briefverkehr zwischen Srbik und der Vugesta im Archiv der Österreichischen Akademie der Wissenschaften gefunden werden. Daraus geht hervor, dass sich die Schallplatten im Eigentum von »Paul Israel Herzfeld« befunden hatten. Mithilfe der ebenfalls vermerkten Geschäftszahl der Vugesta war es möglich, in der einzigen noch erhaltenen Kartei und in dem dazugehörigen Geschäftsbuch den Voreigentümer mit Namen und Adresse zu identifizieren

An Aktenbeständen der Vugesta ist sonst nichts mehr überliefert. Offenbar vernichtete die Geschäftsstelle die wohl umfangreichen Aktenbestände nach Einstellung ihrer Tätigkeit Ende 1944.

Der Spediteur Paul Herzfeld floh im August 1938 über die Tschechoslowakei nach Israel. In den 1950er Jahren lebte er in Tel Aviv, wo er auch starb.[14] Vor seiner Flucht lagerte er sein Umzugsgut bei der Spedition »Caro und Jellinek« ein. Später beschlagnahmte und verkaufte die Gestapo seinen Besitz. Nach jahrelanger Erbensuche durch die Israelitische Kultusgemeinde Wien konnten im Jahr 2013 die Schallplatten an einen in Israel lebenden Verwandten zurückgegeben werden. Dieser verkaufte die Schallplatten an das Schloss Schönbrunn, in dessen Sammlung sie sich heute befinden.

Erwerbungen vom Wiener Dorotheum

Das staatliche Dorotheum spielte für die Verwertung von jüdischen Umzugsgut und bei beschlagnahmten Mobilien eine bedeutende Rolle.[15] Das Technische Museum Wien erwarb zwischen November 1938 und Dezember 1941 bei vier unterschiedlichen Auktionen insgesamt 19 technische Geräte im Dorotheum, Abteilung für Technische Geräte in der Feldgasse, Wien VIII um einen Betrag von ca. 600 Reichsmark. Es handelt sich dabei unter anderem um einen Kompass, ein medizinisches Therapiegerät und um Präzisionsmessgeräte wie z. B. ein Gleichstrom-Messgerät (Abb. 1).[16]

---

11 Schreiben Akademie an Vugesta, 15.5.1942, in: Archiv der Österreichischen Akademie der Wissenschaften, Phonogrammarchiv 1/5, Akt 145/1942.

12 Ebd.

13 Schreiben des Phonogrammarchivs an die Österreichische Phonothek, 1.4.1993, in: Archiv der Österreichischen Mediathek.

14 Angaben zu Paul Herzfeld, in: Österreichisches Staatsarchiv, Archiv der Republik, Hilfsfonds 9644, 11002, 16051.

15 Vgl. Lütgenau, Stefan A. / Schröck, Alexander / Niederacher, Sonja: Zwischen Staat und Wirtschaft. Das Dorotheum im Nationalsozialismus, Wien 2006.

16 Es handelt sich um folgende Objekte aus dem Technischen Museum: Normameter, Inv. Nr. 15.461, Ankauf: 12.11.1938, 44,70 RM; Erdschluss-Asymeter, Inv. Nr. 15.488, Ankauf: 17.2.1939, 44,70 RM; Präzisions-Messgerät, Inv. Nr. 15.963/1-5, Ankauf: 21.2.1940, 110 RM; Präzisions-Messgerät, Inv. Nr. 15.964/1-2, Ankauf: 21.2.1940, 110 RM; Präzisions-Messgerät, Inv. Nr. 15.965/1-7, Ankauf: 21.2.1940, 99 RM; Präzisions-Messgerät, Inv. Nr. 15.966/1-2, Ankauf: 21.2.1940, 98 RM; Diathermieapparat, Inv. Nr. 16.066, Ankauf: 22.11.1941, keine Preisangabe; Präzisions-Drehspul-Messgerät, Inv. Nr. 15.496, Ankauf: 2.3.1939, 54,70 RM; Schiffkompass, Inv. Nr. 15.968, Ankauf: 21.2.1940, keine Preisangabe; Bestandteile eines Diathermieapparats, Inv. Nr. 16.071/1-9, Ankauf: 8.12.1941, 40,30 RM.

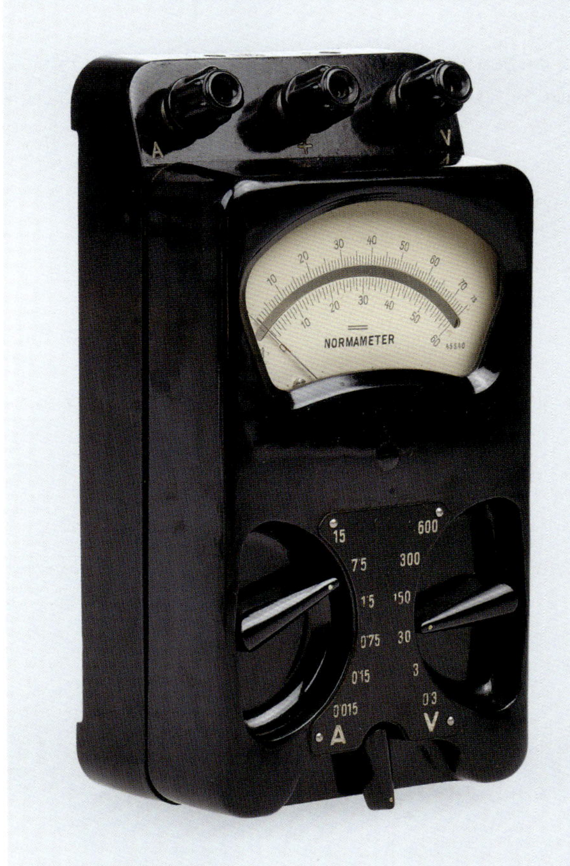

1 Ein Gleichstrom-Messgerät (TMW, Inv. Nr. 15461), erworben im Wiener Dorotheum im Dezember 1938. Foto: Archiv des Technischen Museums Wien.

Bei all diesen Objekten konnte nicht festgestellt werden, wer zum Zeitpunkt der nationalsozialistischen Machtübernahme in Österreich im März 1938 deren Eigentümer*innen waren. Die Wahrscheinlichkeit, dass es sich dabei um arisiertes Gut handelt, ist jedoch aus den oben dargelegten Überlegungen hoch. Besonders bei einem Diathermieapparat der Wiener Firma Ludwig Schulmeister besteht der Verdacht, dass dieses gebrauchte medizinische Therapiegerät ursprünglich aus einer Praxis eines/einer jüdischen Arztes oder Ärztin stand, bevor die Gestapo den Gegenstand über das Dorotheum verwertete. Im März 1938 lag der Anteil von Jüd*innen unter den Ärzten, nach der Definition der Nürnberger Gesetze, in Wien bei ca. 50 Prozent. Bereits im März 1938 verbot das neue Regime ihnen die Ausübung ihres Berufes – in Ausnahmefällen durften einige als Heilpraktiker ausschließlich jüdische Personen behandeln.

Neben diesen direkten Erwerbungen vom Dorotheum in der NS-Zeit konnte noch bei einem weiteren Erwerb nachgewiesen werden, dass seine Provenienzkette sich auf eine Dorotheumsauktion von 1938 zurückführen lässt: Im Jahr 2002 erwarb das Museum durch Tausch von einer Privatperson einen Personenwagen der Marke Austro Daimler (ADR). Dabei stellte sich im Zuge der Provenienzforschung heraus, dass das Fahrzeug 1938 von der Gestapo eingezogen und am 12. August 1938 in deren Auftrag vom Dorotheum versteigert worden war. Im Juli/August 1938 verwertete das Dorotheum an die 1 200 Kraftfahrzeuge, die von der Gestapo bei Regimegegner*innen und Jüd*innen beschlagnahmt wurden. Von diesen Auktionen sind Versteigerungslisten mit den

Motornummern der Fahrzeuge überliefert; dort findet sich auch der Austro Daimler ADR mit der Motornummer 24001. Bisher sind alle Versuche gescheitert, den/die ursprüngliche Eigentümer*in zu ermitteln.[17]

Erwerbungen vom Kunst- und Auktionshaus Kärntnerstraße

Auch eine Erwerbung beim »Kunst- und Auktionshaus Kärntnerstraße« (Wien) vom März 1944 mit insgesamt 21 Eisengussobjekten aus dem frühen 19. Jahrhundert steht zumindest unter Verdacht, NS-Raubgut zu sein. Diese Objekte stammen aus zwei unterschiedlichen Sammlungen. Im damals veröffentlichten Katalog der Versteigerung sind unter dem Kürzel des Auftraggebers »F.B.« 19 Objekte verzeichnet, die das Museum bei Auktionen zwischen dem 7. und 10. März 1944 erwarb.[18] Darunter befanden sich Kerzenleuchter, Briefbeschwerer, Armbänder und Halsketten, Siegelabgüsse und Plaketten.[19] Vom Auftraggeber »R. S.«[20] stammen hingegen zwei Eisenplaketten mit Bildnissen der Apostel Petrus und Paulus.[21] Die 21 Objekte wurden um den beachtlichen Betrag von 1 653 Reichsmark angekauft. Auch in diesem Fall konnte der oder die ursprüngliche Eigentümer*in der Objekte bisher nicht identifiziert werden.

Ankauf von einem Ariseur: das Pianola der Firma Otto Götz

Mitte Juni 1944 erwarb das Museum ein »amerikanische[s] Pianola samt 73 Notenrollen und Spielbänkchen«[22] von Herrn Otto Götz, Taubergasse 66, Wien 17 (Abb. 2). Er erhielt dafür 200 Reichsmark und im Tauschweg »ein nicht spielbares altes Phonola, das zurzeit

---

17 Klösch, Christian: Der gestohlene Austro Daimler ADR – auf der Spur eines ungeklärten Provenienzfalls, in: Blimlinger, Eva / Schödl, Herinz (Hrsg.): … (k)ein Ende in Sicht. 20 Jahre Kunstrückgabegesetz, Wien 2018, S. 337–354 (Onlinezugang: www.vr-elibrary.de/doi/10.7767/9783205201274.337, letzter Abruf 10. 2. 2022) sowie Datenbankeintrag zu Austro Daimler ADR Motornummer 24001 (Onlinezugang: www.technisches-museum.at/kfz-datenbanken, letzter Abruf 17. 2. 2022).

18 Kunstauktionshaus »Kärntnerstraße« / Nagler, Ferdinand (Hrsg.): Katalog Kunstauktion vom 7. bis 10. 3. 1944, S. 5 und S. 35–37. Für die Auffindung und Überlassung des Katalogs danke ich Mag. Leonhard Weidinger, Provenienzforscher des Museums für angewandte Kunst (MAK).

19 Es handelt sich dabei um folgende Objekte: Kerzenleuchter, Katalognummer 690, Inv. Nr. 16.122, 149,50 RM; gerahmte Plakette mit Christus, Katalognummer 708, Inv. Nr. 16.123, 103 RM; zwei Devotionalien, Hände, Katalognummer 725, Inv. Nr. 16.125 /1-2, 57 RM; runde Plakette, weibliches Antlitz, Katalognummer 728, Inv. Nr. 16.126, 57 RM; vier Siegelabgüsse, Katalognummer 731, Inv. Nr. 16.127/ 1–4, 115 RM; Armband, Katalognummer 736, Inv. Nr. 16.128, 149,50 RM; Armband und Halskette, Katalognummer 737, Inv. Nr. 16.129/ 1–2, 199,50 RM; ovale Plakette, bemalter Offizierskopf, vermutlich Katalognummer 704, Inv. Nr. 16.131, 80 RM; gerahmte Plakette, Herrenbildnis, vermutlich Katalognummer 707, Inv. Nr. 16.135, 100 RM; Schmuckständer mit Korb, Firma Glanz, Wien, vermutlich Katalognummer 707, Inv. Nr. 16.136, 40 RM; Devotionalie, Fuß, Katalognummer 724, Inv. Nr. 16.124, 34,50 RM; runder Schild mit Gestalt aus der griechischen Mythologie, vermutlich Katalog Nr. 684, Inv. Nr. 16.132, 300 RM; Statuette, Inv. Nr. 16.133, 50 RM; durchbrochener Teller, Firma Glanz, Wien, vermutlich Katalog Nr. 698 oder 699, Inv. Nr. 16.134, 80 RM.

20 Katalog Kunstauktion (wie Anm. 18), S. 4 und S. 37.

21 Zwei Eisenplaketten: Paulus und Petrus, Katalognummer 744, Inv. Nr. 16.130/ 1–2, 138 RM.

22 Fellner, Manuela / Pilz, Barbara: Provenienzforschung im Technischen Museum, Ordner Provenienz 1938, P.Z. 448/1944, unveröffentlichter Bericht, Wien 2000.

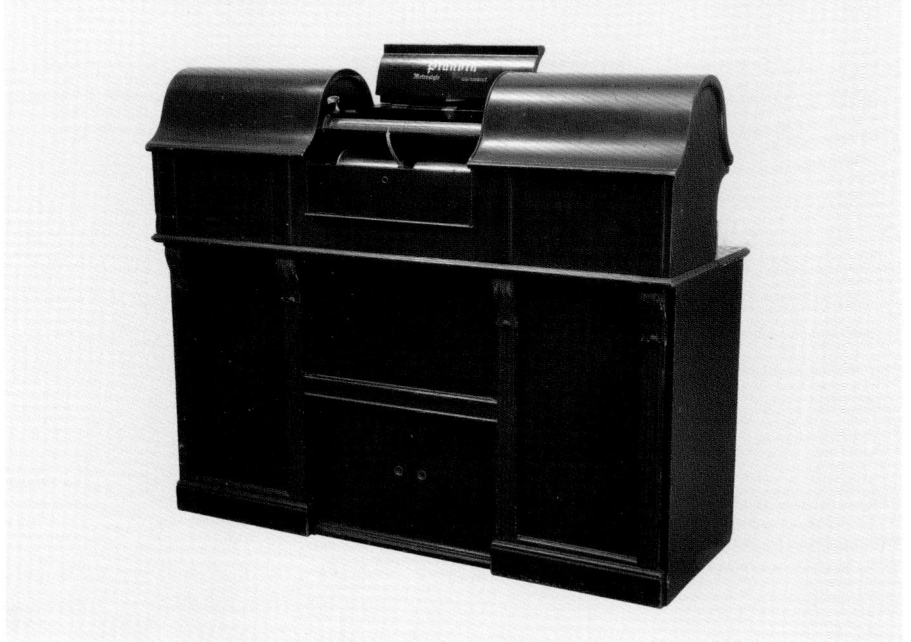

2 Ein Pianola (TMW, Inv. Nr. 16144), erworben 1944 bei der arisierten Möbelhandlung Götz.
Foto: Archiv des Technischen Museums Wien.

im Besitz des Technischen Museums ist«.[23] Der Möbelverkäufer Otto Götz und die private Geldgeberin Anna Maschek arisierten im Juni 1938 das Möbelgeschäft »Möbel-Winter«, Stadtbahnviadukt 23, Wien VIII.[24] Götz war im Geschäft von Erwin Winter beschäftigt gewesen. Da er nicht über die nötigen Barmittel zur »Arisierung« verfügte, gewann er Anna Maschek und ihren Verlobten, den SS-Mann und Rechtsanwalt Dr. Josef Haffner (Opernring 1, Wien I), als Geldgeber für die Arisierung. Wie sich nach 1945 herausstellte, übte Götz mit Hilfe des SS-Mannes, der auch die Verhandlungen bei der Übernahme führte, großen Druck auf Erwin Winter aus. Beide drohten ihm mit Verhaftung und Einweisung in ein Konzentrationslager. Winter erklärte sich schließlich bereit, das Geschäft um 14 000 Reichsmark zu verkaufen, obwohl es einen Wert von 150 000 Reichsmark darstellte.[25] Ihm gelang mit seiner Frau Elisabeth die Flucht nach New York.[26] Am 1. März 1946 verhaftete die Polizei die Ariseure der Möbelhandlung Winter, nämlich Otto Götz, Josef und Anna Haffner, die mittlerweile ihren Verlobten geheiratet hatte, in Wien. Alle drei wurden vor dem Volksgericht Wien angeklagt. Am 16. März 1950 schlossen der weiterhin im New Yorker Exil lebende Erwin Winter und der verurteilte Otto Götz einen Rückstellungsvergleich, durch den sämtliche Betriebsstätten des Unternehmens wieder in das Eigentum von Erwin Winter übergingen.[27] Winter blieb im New Yorker Exil und veräußerte seine restituierte Möbelhandlung.

23 Ebd.

24 Gedächtnisprotokoll, 11. 6. 1938, in: Österreichisches Staatsarchiv, Archiv der Republik, Vermögensverkehrsstelle, Arisierungsakt Erwin Winter, S. 7945.

25 Notiz in: Österreichische Zeitung vom 16. 3. 1946, S. 3.

26 Vgl. Angaben zu Elise Winter, in: Österreichisches Staatsarchiv, Archiv der Republik, Vermögensverkehrsstelle, Vermögensanmeldung 39212.

27 Wiener Stadt und Landesarchiv, Vermögensanmeldeverordnung, 8. Bez., 911, Otto Götz, Vergleichsausfertigung 52RK 65/47-55.

Angesichts dieser Geschehnisse erscheint die Erwerbung des Musikinstruments durch das Technische Museum in mehrfacher Hinsicht problematisch: Einerseits könnte das Pianola bereits vor 1938 im Lagerbestand des damaligen Möbelgeschäfts Winter gewesen sein. In diesem Fall müsste es den Erbinnen Erwin Winters zurückgegeben werden. Anderseits besteht die Möglichkeit, dass es aus der Zeit der Geschäftstätigkeit des Ariseurs Otto Götz, den Jahren 1938 bis 1944, stammt. Dann wäre wiederum die Wahrscheinlichkeit sehr groß, dass dieses Musikinstrument aus einer der rund 60 000 arisierten Wohnungen stammt. Wahrscheinlich werden sich die Hintergründe um die Erwerbung des Pianolas niemals klären lassen: Es ist in der Schausammlung des Museums in der Ausstellung zur Provenienzforschung »Inventarnummer 1938« ausgestellt.

Die Musikinstrumente aus der arisierten Musikhandlung Sternberg

Neben den Schallplatten aus der Österreichischen Mediathek konnte nur noch eine Erwerbung aus dem (Kunst-)Handel der NS-Zeit im Sinne des Kunstrückgabegesetzes positiv abgeschlossen werden. Bereits am 2. Juli 1936 übernahm das Museum Musikinstrumente aus der »Europa-Musikinstrumenten-Gesellschaft, Theodor Sternberg« in der Gumpendorfer Straße 109, Wien VI – insgesamt 16 Instrumente, darunter fünf Geigen mit Geigenbögen – als Leihgaben.[28] Diese hatten laut Aufstellung vom 1. Juli 1936 einen Wert von 830 Schilling.[29] Sie dienten als Ausstellungsstücke für die damals neu eingerichtete Geigenbauerwerkstätte in der Schausammlung.

Die »Europa-Musikinstrumenten-Gesellschaft« stand im Besitz des am 6. März 1892 in Budapest geborenen jüdischen Kaufmanns Theodor Sternberg. Jener verlegte 1937 seine Musikalienhandlung in die Mariahilferstraße 53, Wien VI. Nach dem »Anschluss« Österreichs an das Deutsche Reich konnte Sternberg als ungarischer Staatsbürger nach Ungarn ausreisen und ließ sich vorübergehend in Budapest nieder. Von dort aus versuchte er, sein Wiener Geschäft zu verkaufen. Allerdings hatte die von den neuen Machthabern ins Leben gerufene »Vermögensverkehrsstelle«[30] bereits die Verwaltung des Geschäfts übernommen und als kommissarischen Verwalter Karl Honza eingesetzt. Seine Aufgabe war es, die Musikalienhandlung für die »Vermögensverkehrsstelle« abzuwickeln und die noch lagernden Musikinstrumente abzuverkaufen. Allen Besitzern von Leihinstrumenten – auch dem Technischen Museum Wien – bot er in Briefen die Instrumente zum Kauf an.[31] Ende Dezember 1938 erwarb das Museum die

---

28 Siehe Inventarbuch des TMW sowie TMW-Archiv, Korrespondenz Gruppe 26: P.Z. 1777/1936 u. P.Z. 1779/1936.

29 Theodor Sternberg, 1.7.1936, in: TMW-Inventarverwaltung, Anmeldeschein, Lieferschein der Europa-Musikinstrumenten-Gesellschaft.

30 Zum Aufbau und Funktion dieser Behörde siehe: Vermögensverkehrsstelle, in: Lexikon der österreichischen Provenienzforschung (LÖPF) (Onlinezugang: www.lexikon-provenienzforschung.org/vermoegens-verkehrsstelle, letzter Abruf 14.2.2022).

31 Brief Theodor Sternbergs, undatiert, in: TMW-Inventarverwaltung, Anmeldeschein, Lieferschein der Europa-Musikinstrumenten-Gesellschaft.

Instrumente zu einem Pauschalpreis von 160 Reichsmark .[32] Zweifellos ein gutes Geschäft für das Museum, da dieser Preis, verglichen mit der Wertangabe aus dem Leihvertrag von 1936, um fast zwei Drittel günstiger war.

Das wenige, das von Sternbergs Geschäft nach der Verwertung durch Honza noch übrigblieb, erwarb die Klavierfabrikationsfirma Rudolf Reisinger von der Vermögensverkehrsstelle.[33] Theodor Sternberg ging leer aus; ihm gelang es, von Ungarn aus in die USA zu emigrieren. Von dort aus bemühte er sich nach Kriegsende – letztendlich erfolgreich – um die Rückstellung seiner ehemaligen Musikalienhandlung in Wien, die er nach erfolgter Restitution weiterverkaufte.[34] Er selbst kehrte nicht mehr nach Europa zurück und verstarb 1979 in Norfolk, Virginia.

2007 empfahl der Kunstrückgabebeirat die Rückstellung der Instrumente an die Erben und Erbinnen Theodor Sternbergs. Durch die Israelitische Kultusgemeinde Wien konnte dessen Sohn in den USA ausfindig gemacht werden. Es sollte aber bis zum April 2018 dauern, bis ihm die noch im Museum vorhandenen zwölf Musikinstrumente sowie die fünf Geigenbögen übergeben werden konnten. Die restlichen vier Instrumente waren im Zuge der Kriegswirren im Jahr 1945 verloren gegangen.[35]

Schluss

Die hier vorgestellten Beispiele von Erwerbungen aus dem (Kunst-)Handel in der NS-Zeit zeigen die Schwierigkeiten der Provenienzforschung von Objekten in technischen Museen. Meist handelt es sich dabei um Alltagsgegenstände, deren Provenienzketten nur in Ausnahmefällen gut dokumentierbar sind. Die größte Chance, NS-Raubgut zu identifizieren, ergibt sich dann, wenn der Erwerb durch das Museum in zeitlicher Nähe zum Entzug stattfand. Erwerbungen aus dem (Kunst-)Handel nach 1945 lassen sich aufgrund der mangelnden überlieferten Dokumentation kaum mehr nachvollziehen.

Die Identifizierung von NS-Raubgut kann in den meisten Fällen nur durch die Erschließung von externem Quellenmaterial erfolgen. Durch die Forschung werden viele Fälle, auch wegen der inzwischen vergangenen 80 Jahre, nicht mehr geklärt werden können. Angesichts der ungeheuren Dimension des NS-Raubs von Kultur- und Alltagsobjekten durch das NS-Regime in ganz Europa lassen sich die möglichen Verdachtsfälle vielfach nicht mehr dokumentieren und nur in den seltensten Fällen durch Rückgabe an die rechtmäßigen Eigentümer*innen lösen.

32 Ebd., 1. 7. 1936.

33 Vgl. Lehmanns Wohnungsanzeiger für das Jahr 1941, in: Wiener Adressbuch.

34 Wiener Stadt und Landesarchiv, Vermögensanmeldeverordnung, 6. Bez., C200, Sternberg Theodor, Erkenntnis 50RK 416/59-32, 14. 6. 1951.

35 Siehe Musikhandlung Sternberg in: Lexikon der österreichischen Provenienzforschung (LÖPF) (Onlinezugang: www.lexikon-provenienzforschung.org/vermoegensverkehrsstelle, letzter Aufruf 10. 2. 2022).

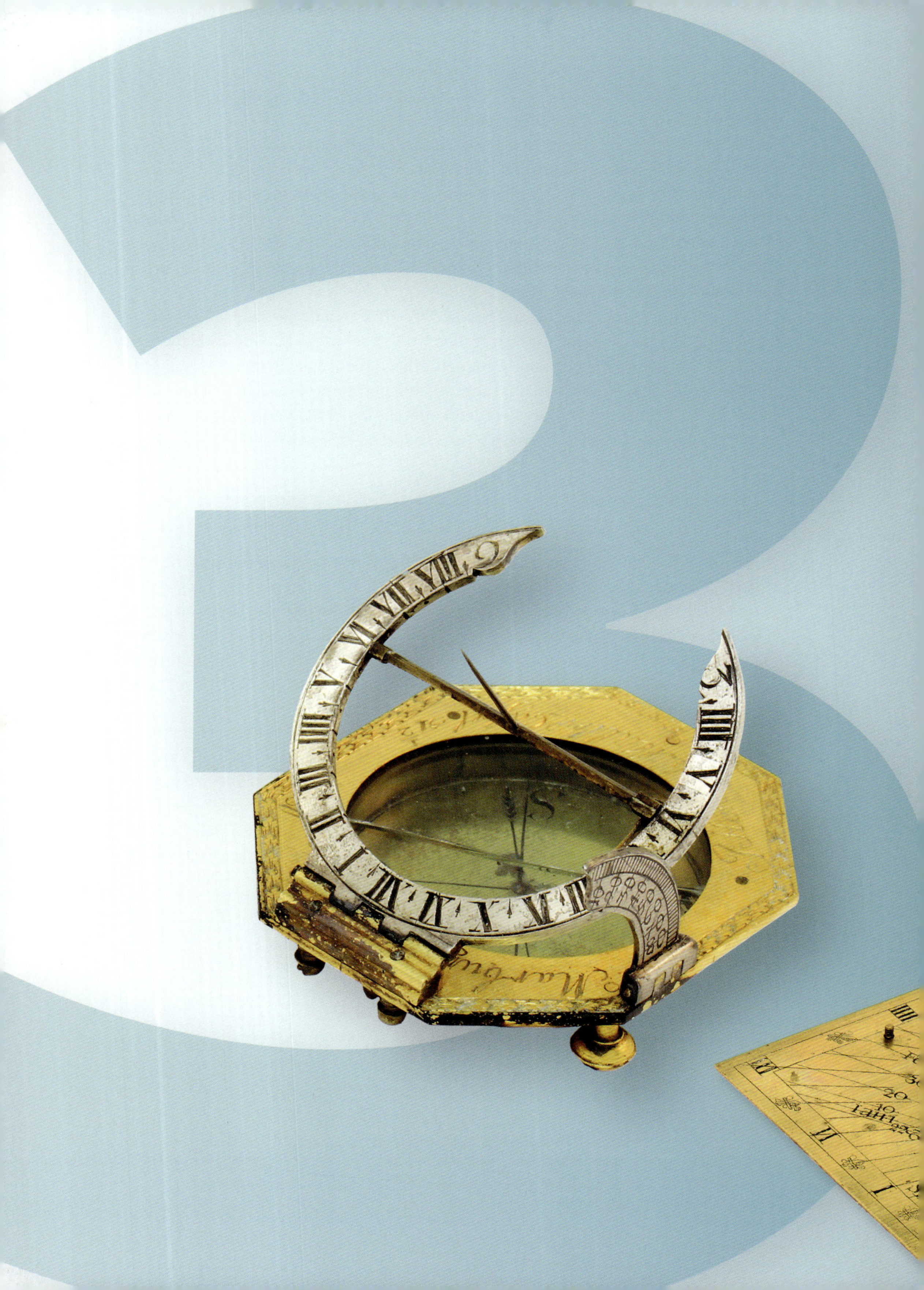

Fallbeispiele aus dem Deutschen Optischen Museum

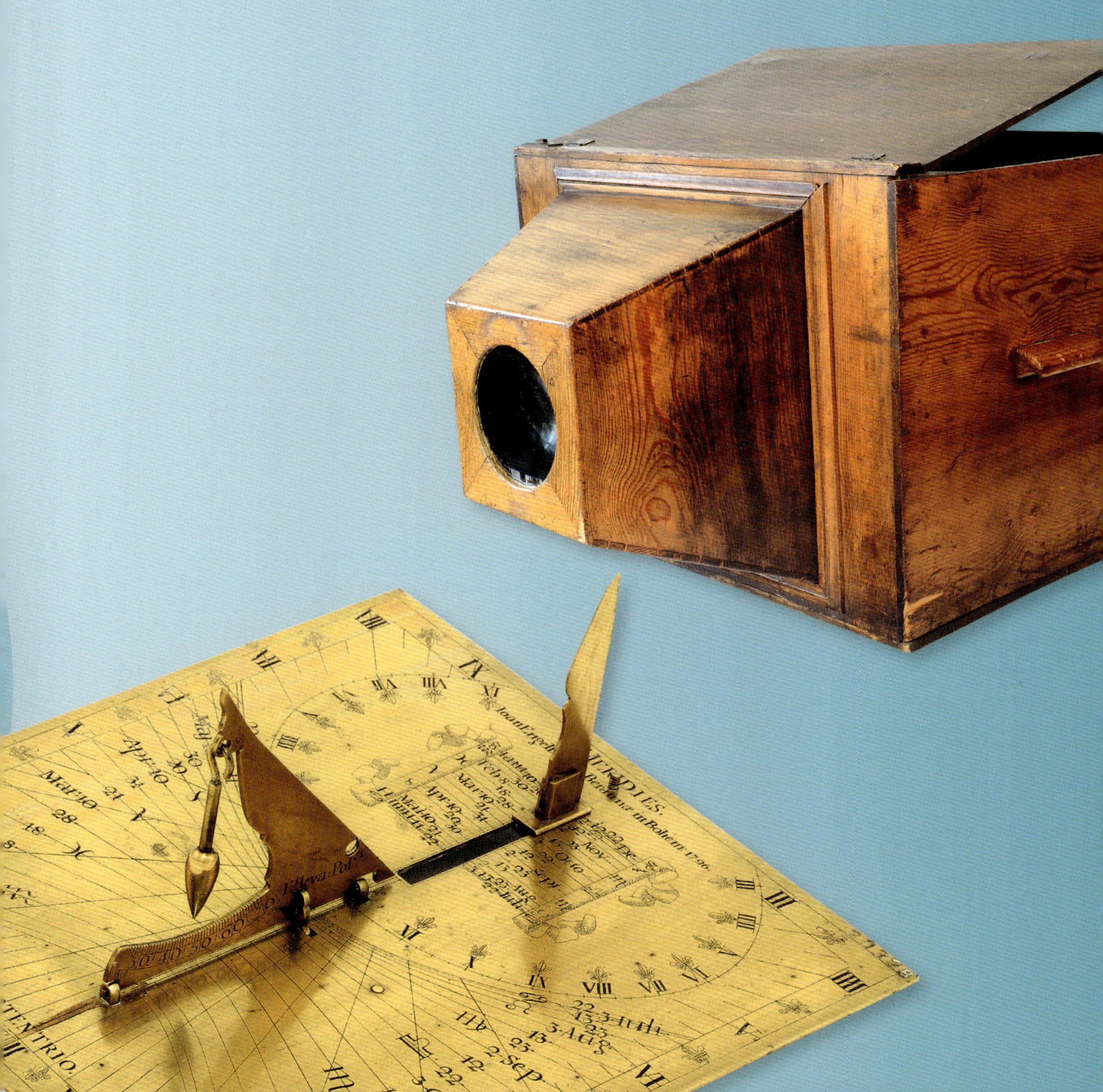

Die Guckkastenbildersammlung des Deutschen Optischen Museums

Sammlungsgenese, Erwerbungsrekonstruktion und Objektidentifizierung

SÖREN GROSS | DEUTSCHES OPTISCHES MUSEUM, JENA

Forschungsansatz

Mit über 1 300 Guckkastenbildern besitzt das Deutsche Optische Museum (D.O.M.) eine der größten Guckkastenbildersammlungen in Deutschland. Die Exemplare der Sammlung reichen von seltenen biblischen Szenen des flämischen Kupferstechers Nicolas de Bruyn (1571–1656) über weit verbreitete Ansichten des bekannten Augsburger Verlages von Georg Balthasar Probst (1732–1801) bis zu Steindrucken und Fotografien des 19. Jahrhunderts. Als optisch-technische Vorführmedien erlangten die Guckkastenbilder von der zweiten Hälfte des 18. bis ins beginnende 19. Jahrhunderts nicht nur große Beliebtheit, sondern auch eine massenmediale Verbreitung innerhalb Europas. Diese oftmals für den Export bestimmten Waren wiesen zwar ursprünglich keine besonderen Erkennungsmerkmale auf, allerdings haben Sammler und Guckkästner[1] auf diesen oftmals ihre individuellen Spuren hinterlassen. Am Beispiel der Provenienzrecherchen zur Guckkastenbildersammlung des D.O.M. soll im Folgenden eine Möglichkeit aufgezeigt werden, um bei der Objektidentifizierung in größeren Sammlungen gezielt vorgehen zu können und den Überblick zu vielen Details nicht zu verlieren. Einzelne Hinweise in den Ankaufskorrespondenzen konnten damit effizient gefiltert werden und führten zur Identifizierung mehrerer Ankaufsposten, die als neue Anhaltspunkte zur Identifizierung umliegender Erwerbungen dienten.

Der sukzessive Erwerb von Guckkastenbildern zum Aufbau dieser inzwischen auch kultur- und kunsthistorisch bedeutungsvollen Sammlung folgte in den 1920er und 1930er Jahren einem technischen Interesse zur ganzheitlichen Erforschung der historischen Entwicklung optischer Betrachtungsapparate. Durch die Beachtung perspektivischer Gesetze und verschiedener optischer Wirkungen weckten die weit verbreiteten

---

1 Berufsbezeichnung aus der zweiten Hälfte des 18. Jahrhunderts für einen Vorführer von Guckkastenbildern mittels eines Guckkastens. Oftmals führten diesen Beruf Kriegsinvaliden oder ehemalige Seeleute aus, reisten durch verschiedene Städte und zeigten als Attraktion auf Jahrmärkten Guckkastenbilder ferner Orte.

Guckkastenmodelle als optisch-technische Vorführgeräte das Interesse der Betrachter auf Jahrmärkten und in adligen Salons.[2] Über den Blick in die dunkle Kammer des Guckkastens vermittelten die Guckkastenbilder durch verschiedene Formen der Beleuchtung eine originelle Tiefenanschauung und Lebhaftigkeit. Die Beleuchtung durch einen Planspiegel, die binokulare Betrachtung der Guckkastenbilder durch eine Sammellinse oder über einen Spiegel in seitenverkehrter Anschauung verstärkten zusätzlich die Wirkung angewandter optischer Gesetze. Lange Straßen oder große Plätze mit perspektivischen Verkürzungen, ferner Häuser und Fensterreihen, verzweigte Lustgärten oder aneinanderstoßende Innenräume wurden demnach besonders häufig als Darstellungen ausgewählt.[3] Beeindruckt von dem perspektivischen Einfallsreichtum der Künstler, Kupferstecher und Lithografen sowie der technischen Nutzung in optischen Betrachtungsapparaten entwickelte der Leiter des Optischen Museums – Moritz von Rohr (1868–1940) – ein besonderes Sammlungsinteresse zum Aufbau einer Guckkastenbildersammlung. Im Sinne der Erforschung der Geschichte der Optik rückte von Rohr den Guckkasten als optisches Instrument im Jahr 1925 als Erster in den Fokus der Wissenschaft.[4] Speziell im Zeitraum zwischen 1936 und 1938 forcierte von Rohr den Ankauf von Guckkastenbildern, um die geschichtliche Bedeutung des Guckkastens sowie seiner Bilderserien als optisch-technische Vorführmedien zu untersuchen.

Die Rekonstruktion und Überprüfung der Sammlungsgenese dieser umfangreichen Guckkastenbildersammlung auf eventuelle NS-Unrechtskontexte nahm das seit 2020 am D.O.M. laufende Provenienzforschungsprojekt »INSIGHT D.O.M.« zu Ankäufen, Erwerbungen und Schenkungen zwischen 1933 und 1945 als einen Schwerpunkt. Bereits im Zuge einer ersten Sichtung der erhaltenen Ankaufskorrespondenzen konnten Erwerbungen einzelner Sammlungsstücke und deren Einlieferer nachverfolgt werden.[5] In den überlieferten Ankaufslisten tauchte der Name des jüdischen Kunsthändlers Julius Carlebach (1909–1964) auffällig häufig auf. Aus den Berichten vorangegangener Provenienzforschungsprojekte anderer Museen[6] war bereits bekannt, dass Carlebach vom NS-Regime verfolgt wurde, er gezwungen war, sein Geschäft an einen »arischen« Kunsthändler abzugeben und im November 1937 nach New York emigrierte.[7] Wenige Monate, bevor er das Deutsche Reich verließ, verkaufte er in mehreren großen Posten an das damalige Optische Museum insgesamt 825 Guckkastenbilder. Seine zunächst im Deutschen Reich zurückgebliebene Frau – Josefa Carlebach (1901–2000) – vermittelte weitere zehn Exemplare, um ihrem Mann in die Emigration nachfolgen zu können.

---

2 Von Rohr, Moritz: Zur Anlage der Jenaer optischen Sammlungen (6. Mitteilung: Alte Guckkastenbilder), in: Deutsche Optische Wochenschrift, 13. Jg. (1927), Nr. 11, S. 137–142, hier S. 138.

3 Ebd., S. 139.

4 Von Rohr, Moritz: Zur Entwicklung der dunklen Kammer (camera obscura), in: Hans Harting (Hrsg.): Sammlung optischer Aufsätze, Heft 6, Berlin 1925, S. 2–23.

5 Erste Forschungsansätze zur Rekonstruktion der Erwerbungen und Identifizierung einzelner Ankaufsposten erfolgten im Jahr 2021 durch Sandra Mühlenberend.

6 Beispielsweise das Germanische Nationalmuseum (Nürnberg), das Deutsche Ledermuseum (Offenbach) oder das Märkische Museum (Berlin); siehe hierzu die Abschlussberichte in der Datenbank Proveana (Onlinezugang: www.proveana.de, letzter Abruf 25. 3. 2022).

7 Saalmann, Timo: Erwerbungen aus Julius Carlebachs Berliner Kunsthandlung »Die Volkskunst«, in: Anne-Cathrin Schreck (Hrsg.): Gekauft – Geraubt – Getauscht? Erwerbungen des Germanischen Nationalmuseums zwischen 1933 und 1945, Nürnberg 2019, S. 51–61.

Bereits zu Beginn der Untersuchung im Jahr 2020 lagen damit erste Hinweise auf NS-Verfolgungs- und mögliche Unrechtskontexte vor. Die Aufarbeitung der Genese der Guckkastenbildersammlung, die Rekonstruktion der Erwerbungen sowie die Objektidentifizierung zählen folglich zu den zentralen Aufgaben der Provenienzforschung am D.O.M. Von den insgesamt 1 372 inventarisierten Objekten der Guckkastenbildersammlung ließen sich zwischen 1933 und 1945 insgesamt 1 148 Sammlungseingänge nachweisen. Damit umfasst die Objektgruppe der Guckkastenbilder knapp über 75 Prozent aller ca. 1 500 rekonstruierbaren Erwerbungen des Optischen Museums in der Zeit des Nationalsozialismus. Das Vorhaben zur Identifizierung der mit den einzelnen Einlieferern verbundenen Guckkastenbilder war durch die Größe der Sammlung, die Vielzahl an Doppelstücken und die oft fehlende Fachkenntnis der Einbringer zur sachgemäßen Beschreibung der betreffenden Grafiken allerdings vor besondere Herausforderungen gestellt. Die Vorgehensweise dieses umfangreichen Aufarbeitungsprozesses und die dabei verfolgten methodischen Ansätze zur Identifizierung einzelner Guckkastenbilder in einer über 1 000 Stück umfassenden Sammlung sollen im Folgenden ebenso dargestellt werden wie die dabei wiederholt auftretenden Herausforderungen und noch offene Forschungsfragen.

Phasen der Sammlungsgenese und Inventarisierungssysteme

Die Genese der Guckkastenbildersammlung war durch den Wechsel mehrerer Sammlungsleiter,[8] die unterirdische Auslagerung der Guckkastenbildersammlung während des Zweiten Weltkriegs, deren Rückführung nach 1945 und Instandsetzung sowie die Vergabe weiterer Altinventarnummern durch zahlreiche »historische Brüche« geprägt, die zunächst nur an einzelnen Indizien zu vermuten waren. Als Basis für weitere Provenienzrecherchen schien daher die Rekonstruktion der Sammlungsgenese und des Inventarisierungssystems elementar. Hierzu waren zunächst umfangreiche Recherchen zu den Grundlagen notwendig. Als Ergebnis stellte sich heraus, dass sich der Aufbau der Sammlung und das Inventarisierungssystem in fünf Phasen einteilen lässt. Diese spiegeln charakteristische Abschnitte der Erwerbungen und der Inventarisierung wider.

Erste Phase: 1924 bis 1927
Entscheidende Hinweise zum anfänglichen Aufbau der Guckkastenbildersammlung lieferten die frühen Veröffentlichungen des Sammlungsleiters Moritz von Rohr, der die Sammlung des Optischen Museums seit Beginn der 1920er Jahre bis zu seinem Tode im Jahr 1940 betreute. Während dieser Zeit verfasste von Rohr zahlreiche wissenschaftliche Aufsätze über die verschiedenen historisch-optischen Sammlungsbereiche. In einer Veröffentlichung aus dem Jahr 1927 behandelte er explizit das Entstehen und die wissenschaftliche Anlage der Jenaer Guckkastenbildersammlung. Darin beschrieb er das erste Guckkastenbild der Sammlung – einen handkolorierten Kupferstich mit dem Titel »VUE

---

8 Bezüglich der Sammlungsgenese der Guckkastenbildersammlung zählen hierzu besonders Moritz von Rohr (1924–20.6.1940), Hans Boegehold (12.9.1940–30.3.1946) und Fritz Ortlepp (1.4.1946–2.4.1958); siehe zu den Sammlungsleitern: Ernst-Abbe-Stiftung (Hrsg.): Schatzkammer der Optik. Die Sammlungen des Optischen Museums Jena, Jena 2013, S. 36–38.

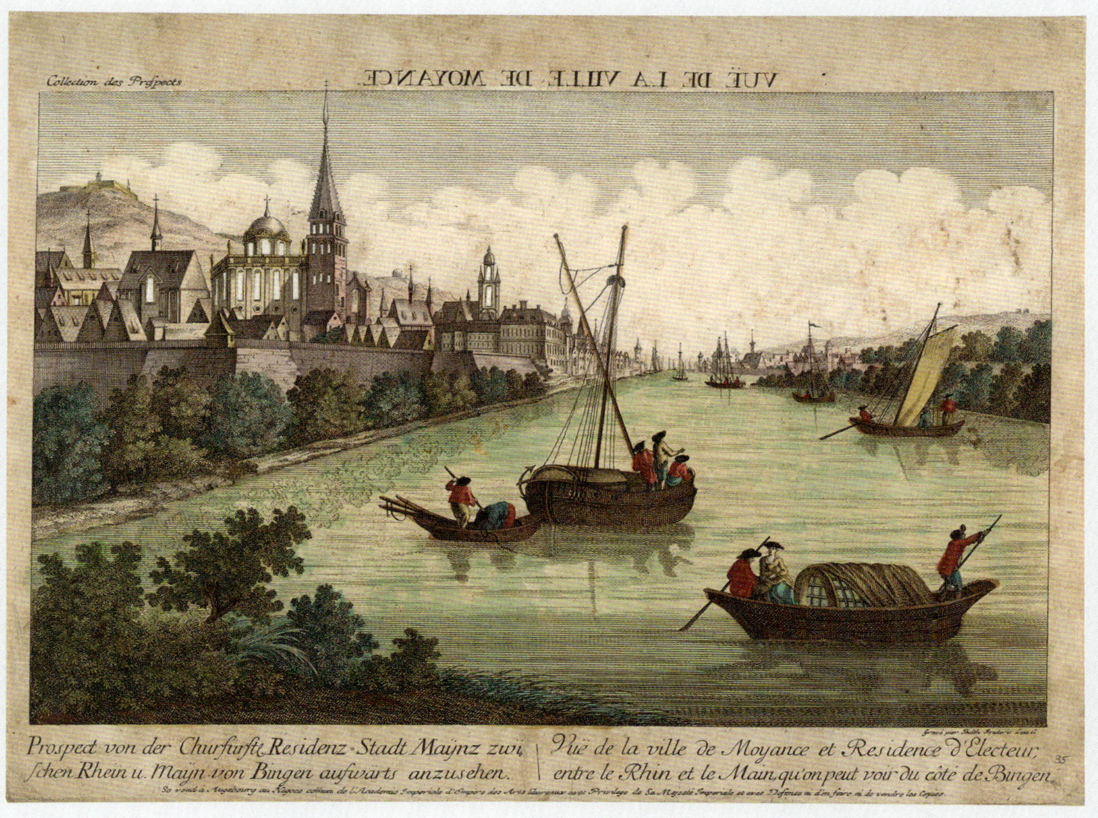

1 Spiegelverkehrte Ansicht der Kurfürstlichen Residenzstadt Mainz mit durchbrochenen Fenstern von der »Kaiserlich Franciscischen Akademie der Freien Künste und Wissenschaften« in Augsburg, gestochen von Balthasar Frederic Leizel um 1780 (DOM, Inv.Nr. 8736100013242). Scan: Stiftung Deutsches Optisches Museum.

DE LA VILLE DE MOYANCE« (Abb. 1).[9] Mit dem nachfolgenden Ankauf weiterer 60 Guckkastenbilder aus der Sammlung des Münchener Mediziners Adolf Seitz (1861–1929), darunter Kupferstiche deutscher, französischer und englischer Hersteller, nahm die Anlage der Sammlung im Jahr 1923 ihren Ursprung. Von Rohr entschied sich für den Ankauf, da er die Bedeutung des Guckkastens und der dazugehörigen Vorführmedien als Bestandteile optischer Betrachtungsapparate in der Forschung und in Lehrbüchern für »ungekannt«[10] und »mißachtet«[11] hielt. Demnach folgte die Anlage der Guckkastenbildersammlung dem reinen Forschungsinteresse von Rohrs. Für diese entwarf von Rohr ein eigens entwickeltes und wissenschaftlich fundiertes Inventarisierungssystem. In zwei Bereiche gegliedert, umfasste der Bereich »A« alle in Deutschland – fast ausschließlich in Augsburg – und »B« die ausländischen – vornehmlich in Paris – gefertigten Guckkastenbilder.

9 Von Rohr: Anlage (wie Anm. 2), S. 137.

10 Ebd.

11 Ebd.

Der Bereich »A« unterteilte sich zunächst in zwei Bereiche deutscher Hersteller. Beginnend mit dem Augsburger Verlag von Georg Balthasar Probst (1732–1801) im Altinventarnummernbereich 1 bis 30 entwickelte von Rohr für diesen ein speziell angepasstes Ordnungssystem: zunächst chronologisch nach den vom Verlag vergebenen Seriennummern und innerhalb dieser nach den laufenden Bildnummern. Da die Guckkastenbilder häufig für den Gebrauch beschnitten wurden, waren die Serien- und Bildnummern sowie der Herstellername oder der Bildtitel für eine konkrete Zuordnung oft nicht mehr verfügbar. Dieses anfängliche Ordnungs- und Inventarisierungssystem der Sammlung erwies sich somit als sehr komplex und erforderte eine intensive wissenschaftliche Betreuung. Durch die Analyse von typischen Gemeinsamkeiten[12] der von Probst verlegten Guckkastenblätter versuchte von Rohr, diese zunächst einzugrenzen und den bekannten Seriennummern zuzuordnen. Chronologisch geordnet begann die Altinventarnummer 1 der Guckkastenbildersammlung folglich mit der kleinsten in der Sammlung vorhandenen Seriennummer 12. Die Bildnummer zu diesem Guckkastenbild war allerdings nicht bekannt und lediglich mit einem Fragezeichen versehen. Anschließend wurden die nachfolgenden Seriennummern inventarisiert und innerhalb dieser nach – falls bekannten – Bildnummern geordnet.

Dass dieses System anfangs durchaus sinnvoll war, belegen die Guckkastenbilder mit den 1927 zugeschriebenen Altinventarnummern 16 bis 26. Diese elf Exemplare stellen die Bildnummern 185 bis 196 der Serie 48 des Verlages Probst dar. Diese Nummernfolge der Serie 48 ergab in der Sammlung eine inhaltlich aufeinander aufbauende biblische Geschichte – die sogenannte Josephsgeschichte (1. Buch Mose, Kap. 37–50). Lediglich die Bildnummer 193 fehlte in der Sammlungsserie. Ein weiteres Guckkastenbild konnte zwar dieser Serie eindeutig zugeschrieben werden, die Bildnummer blieb jedoch ungeklärt.[13] Über die Vervollständigung dieser Bilderserie in der Sammlung des Optischen Museums publizierte 1932 der Wissenschaftshistoriker und Chemiker Harald Elsner von Gronow, der sich mit Moritz von Rohr intensiv über die optikgeschichtliche Bedeutung von Guckkästen und Guckkastenbildern austauschte.[14] In seiner Schrift verweist von Gronow folglich lobend auf das wissenschaftliche Interesse der Sammlung und die Inventarisierung der Probst'schen Guckkastenbilderserie.[15] Mittels dieses Sammlungssystems war es nicht nur möglich, die Chronologie der Serien nachzuverfolgen, sondern innerhalb dieser noch fehlende Stücke zu rekonstruieren.

Neben Werken aus dem Verlag von Probst umfasste die anfängliche Sammlung im Bereich »A« sechs weitere Guckkastenbilder der Augsburger »Kaiserlich Franciscische Akademie der Freien Künste und Wissenschaften« (auch »Académie Impériale« genannt) mit den Altinventarnummern 31 bis 36.[16] Diese stammen aus einer Vereinigung von städtischen Kunsthandwerkern, die sich Mitte des 18. Jahrhunderts zu einem akademischen

---

12 Hierzu zählen beispielsweise: französischer Bildtitel in Spiegelschrift, typische Bildgrößen (26 × 39,5 cm) der Darstellung, viersprachige Bildunterschriften (Latein/Englisch, Französisch, Italienisch/Spanisch, Deutsch) oder wiederkehrende Namen bekannter Kupferstecher; siehe hierzu von Kapff, Sixt: Guckkastenbilder aus dem Augsburger Verlag von Georg Balthasar Probst (1732–180), Weißenhorn 2010.

13 Durch die vorangeschrittenen Forschungen lässt sich dieses Guckkastenbild inzwischen als Bildnummer 195 des Verlages Probst zuordnen; siehe hierzu ebd., S. 446.

14 Elsner von Gronow, Harald: Guckkästen und Guckkastenbilder, Berlin-Dahlem 1932, S. 3.

15 Ebd., S. 37.

16 Von Rohr: Anlage (wie Anm. 2), S. 138.

Gemeinschaftsunternehmen zusammengeschlossen hatten. Der Name »Kaiserliche Akademie« bzw. »Académie Impériale« bezog sich auf einen Schutzbrief des römisch-deutschen Kaisers Franz I. (1708–1965), worin allen Angehörigen des Unternehmens die akademische Würde – und zum Teil sogar höfische Ehrungen, einschließlich der Anrede »Edler von« – verliehen wurde. Charakteristisch für die Erzeugnisse der »Académie Impériale« ist, dass die händische Kolorierung oftmals sorgfältiger als bei Probst erfolgte und keine Serien- oder Bildnummern vergeben wurden. Als wichtiges Erkennungsmerkmal findet sich links oben neben dem Titel der Aufdruck »Collection des Prospects«. Ein spezielles Ordnungssystem wie bei den Probst'schen Guckkastenbildern ließ sich für von Rohr daher nicht ableiten. Das bereits erwähnte erste in der Sammlung vorhandene Guckkastenbild stammte von diesem Hersteller und bekam 1927 die Altinventarnummer 33 zugeschrieben. Da man den betreffenden Kupferstich – der bereits vor dem Ankauf der Sammlung Seitz vorhanden war – nicht vorzog, belegt, dass eine chronologische Inventarisierung innerhalb der Teilbereiche nicht verfolgt wurde.

Der Bereich »B« umfasste 23 Guckkastenbilder ausländischer Herstellung. Bemerkenswert erscheint hierbei, dass von Rohr diesen nochmals in drei Teilbereiche untergliederte. Zunächst folgten jene, deren exakte lokale Zuordnung noch ungewiss war:

> >> Ich zähle zuerst die 4 Blätter ohne Bezeichnung der Herkunft auf, wobei es freilich ungewiß ist, ob alle auch wirklich aus dem Ausland stammen; bei den ähnlichen Ausmaßen von Nr. 40 und Nr. 42 könnte man freilich auch an eine deutsche Herkunft denken. << [17]

Der zweite Teilbereich von »B« enthielt 16 Pariser Kupferstiche, die nach den Verlegernamen Daumont, Huquier fils, Mondhare, Maillet, Chereau, Pasquier, Carcano, Basset und Ve. Beauvais in der Nummernfolge 43 bis 58 inventarisiert wurden. Ein städtischer Zusammenschluss von Kupferstechern – wie im Falle der Augsburger »Académie Impériale« – erschien von Rohr im Hinblick der verschiedenen Bildgrößen und eigener Bildnummern demnach unwahrscheinlich.[18]

Drei englische Kupferstiche bildeten den dritten Teilbereich. Deren Besonderheit ist die Angabe des Ausgabedatums, sodass diese chronologisch nach den Jahreszahlen 1749 (Alt-Inv. Nr. 59), 1751 (Alt-Inv. Nr. 60) und 1761 (Alt-Inv. Nr. 61) inventarisiert wurden.[19]

Mittels dieses Inventarisierungssystems gelang es von Rohr, signifikante Merkmale der verschiedenen Hersteller und Aussagen zu deren Qualität und Verbreitung abzuleiten.

Zweite Phase: 1928 bis April 1937
Wie die historischen Nachweisbücher belegen, wurde die wissenschaftlich angelegte Inventarisierung der Sammlung in der Folgezeit nicht beibehalten.[20] Mit einem Anwachsen der Sammlung hätten die neuerworbenen Serien- und Bildnummern von Probst beispielsweise alle nachfolgenden Altinventarnummern verschoben. Daher

---

17 Ebd.

18 Ebd., S. 139.

19 Ebd.

20 Inventarisierungslisten der Altinventarnummern 1–62, in: Deutsches Optisches Museum (im Folgenden: DOM), Inv.Nr. 8736100025948 (NB Guckkastenbilder), Bl. 1–11.

entschied man sich spätestens ab 1928, die Neuerwerbungen innerhalb der angekauften Posten nach Themen und Orten – insoweit diese nachvollziehbar waren – vorzusortieren und entsprechend zu inventarisieren. Im selben Zug wurde die ursprüngliche Inventarisierung der bereits vorhandenen 62 Guckkastenbilder teilweise neu angepasst. Den englischen Kupferstich von 1761 (Nr. 61) setzte man beispielsweise nun als Altinventarnummer 2 zwischen die Augsburger Guckkastenbilder mit englischen Darstellungen.

Ebenso wurde ein Kupferstich (Nr. 34) mit biblischem Motiv der »Académie Impériale« als Altinventarnummer 28 in die Bibelmotiv-Serie des Verlages Probst neu eingeordnet. Folglich verschoben sich damit anfänglich vergebene Altinventarnummern und das nach Herstellern gegliederte Ordnungssystem ging verloren. Zudem stellte sich während der Rekonstruktion dieses Inventarisierungssystems heraus, dass die Sortierung nach Ländern und Orten in vielen Fällen nicht konsequent umgesetzt wurde. Vermutlich waren auf den beschnittenen Guckkastenbildern die Orte für Moritz von Rohr, dessen Sekretärin Käthe Jahn (später Jahn-Jubelt) und den Sammlungspfleger Carl Poppe[21] (1872–1947) nur schwer zu lokalisieren. Die nachfolgenden Erwerbungen weisen daher eine Inventarisierung nach eingehenden Ankaufsposten auf. Dies erfolgte jedoch nur in groben Zügen chronologisch nach dem Ankaufsdatum. Dabei sind kleine Verschiebungen von Posten, die unmittelbar nacheinander angekauft wurden, deutlich erkennbar. So konnten beispielsweise Posten an Guckkastenbildern mit niedrigeren Altinventarnummern aus unmittelbar späteren Ankäufen festgestellt werden. Diese Erkenntnis lässt vermuten, dass die erworbenen Guckkastenbilder zunächst separat nach Eingangsposten abgelegt wurden. Im Anschluss inventarisierten die Mitarbeitenden diese zwar zeitnah, jedoch konnte es zwischen den einzelnen Posten zu zeitlichen Verschiebungen kommen.

Eine mögliche Begründung hierfür könnte die Prüfung der angebotenen und erworbenen Posten auf Doppelstücke in der Sammlung sein. Diese Prüfung benötigte viel Zeit und musste möglichst zeitnah durchgeführt werden, bevor neue Angebote und Erwerbungen eingingen. Moritz von Rohr übergab zunächst die zur Ansicht übersandten Guckkastenbilder an den Sammlungspfleger Carl Poppe. Poppe überprüfte anschließend die Ansichtssendungen auf bereits vorhandene Doppelstücke in der Sammlung. Im Anschluss meldete er von Rohr, wie viele für einen Ankauf infrage kamen.[22] Bereits bei einer ersten Sichtung zur Untersuchung der Sammlung war erkennbar, dass – trotz Prüfung – mehrere Doppelstücke inventarisiert wurden. Daraus ließ sich Folgendes schließen: mittels Überprüfung der Angebote auf bereits in der Sammlung vorhandene Exemplare konnte nicht nur der unnötige Erwerb von Doppelstücken vermieden werden, sondern es sollte zugleich überprüft werden, ob bereits in der Sammlung vorhandene Guckkastenbilder durch qualitativ bessere Exemplare desselben Bildes ersetzbar waren. Mit dem Anwachsen der Sammlung wurde die Überprüfung auf Doppelstücke jedoch äußerst zeitintensiv. Jedes angebotene Guckkastenbild musste praktisch einzeln auf ein Vorhandensein und dessen Qualität in der Sammlung überprüft werden.

21 Zu Carl Poppe siehe Ernst-Abbe-Stiftung: Schatzkammer (wie Anm. 8), S. 36.

22 Schreiben von Moritz von Rohr and Julius Carlebach, 11. 9. 1937, in: DOM, Inv.Nr. 8736100013818 (OM 6), Bl. 119.

Dritte Phase: April 1937 bis Januar 1941

Aus einem archivierten Abrechnungsbrief zum Geschäftsjahr 1936/1937 geht hervor, dass der Ausbau der Guckkastenbildersammlung ab diesem Zeitraum mit verstärktem Interesse betrieben wurde:

> » Sehr geehrter Herr Geheimrat!
> Mit nachstehendem gestatte ich mir, die Abrechnung für das vergangene Geschäftsjahr in bezug auf die geschichtliche Sammlung und die Fortführung der Forschungen zur Geschichte der Optik abzustatten. Hoffentlich werden sie sehen, daß wir uns hier nach Kräften Mühe gegeben haben, die Sammlung zu vervollständigen. Mir scheint das besonders im Hinweis auf die Guckkastenbilder auch gelungen zu sein. Vermutlich haben wir eine der größten Sammlungen dieser Art, und ich möchte gern in späteren Jahren, wenn meine Arbeitsfähigkeit nicht eher abgeschnitten wird, darüber eine zusammenfassende Darstellung veröffentlichen. « [23]

Von Rohrs Bemühungen, die Sammlung an Guckkastenbildern zu vervollständigen und diesbezüglich einigen Anbietern gezielt Hinweise auf sein Sammlungsinteresse zu vermitteln, zeigte besonders im Jahr 1937 große Erfolge. Bestimmte Einlieferer meldeten sich kontinuierlich mit neuen Angeboten diverser Posten. Um diese Angebote effizient auf Doppelstücke in der Sammlung zu überprüfen, entschied sich die Sammlungsleitung für ein neues System der Inventarisierung. Ab der Altinventarnummer 656 lässt sich eine systematische Sortierung feststellen, die bis zur Nummer 1 123 erfolgte: zunächst nach biblischen Themen[24] und anschließend nach Ländern,[25] die in sich wiederum alphabetisch[26] nach Städtenamen geordnet sind. Jene Auffälligkeit ließ vermuten, dass in diesem Bereich angekaufte Posten zunächst sortiert und anschließend inventarisiert wurden. Demnach wurden die Ankaufsposten nicht mehr zusammenhängend inventarisiert.

Erst mit der Altinventarnummer 1 124 zeigt sich ein deutlicher »Inventarisierungsbruch«. Dieser reicht bis zur Altinventarnummer 1 139 und weist keine geografische oder thematische Sortierung auf, wodurch sich in diesem Bereich ein zeitlich nachfolgender Ankauf vermuten lässt. Anschließend stellt die Altinventarnummernfolge 1 140 bis 1 212 eine erneute Fortsetzung der Sortierung nach Ländern und Themen dar.

Mit der kriegsbedingten Auslagerung der Sammlung im Januar 1941 endete die Inventarisierung mit der Altinventarnummer 1 212. [27] Hierbei handelt es sich um eine Leinwandbilderrolle bestehend aus 41 Lithografien, die im Februar 1938 angekauft wurde.

---

23 Geschäftsjahresbericht des Optischen Museums 1936/1937 von Moritz von Rohr an Hans Harting, 1.10.1937, in: ZEISS Archiv (im Folgenden BACZ) 20130, Nachlass Moritz von Rohr (ohne Paginierung).

24 Historische Inventarisierungsliste der Guckkastenbildersammlung, in: DOM, Inv.Nr. 8736100025948 (NB Guckkastenbilder), Bl. 80–84.

25 Deutschland (Alt-Inv.Nr. 681–760), Österreich (Inv.Nr. 761–774), damalige Tschechoslowakei (Alt-Inv.Nr. 775–782), Schweiz (Alt-Inv.Nr. 783–790), Belgien (Alt-Inv.Nr. 791–800), Niederlande (Alt-Inv.Nr. 801–853), Italien (Alt-Inv.Nr. 854–974), Spanien (Alt-Inv.Nr. 975–992), England (Alt-Inv.Nr. 993–1026), Frankreich (Alt-Inv.Nr. 1027–1096), Russland (Alt-Inv.Nr. 1097–1102), Schweden (Alt-Inv.Nr. 1103–1107), Dänemark (Alt-Inv.Nr. 1108), China (Alt-Inv.Nr. 1109–114), Türkei (Alt-Inv.Nr. 1115–1123); siehe hierzu die Altinventarnummern 681–1123, in: ebd., Bl. 84–135.

26 Bis auf die Ansichten von Städten und Landschaften der Schweiz, da zunächst eine Ansicht von Zürich inventarisiert wurde und somit keine alphabetische Ordnung vorliegt; siehe hierzu die Altinventarnummern 783–790, in: ebd., Bl. 97.

27 Siehe hierzu die Altinventarnummern 656 bis 1212, in: ebd., Bl. 80–146.

Vierte Phase: Februar 1941 bis September 1945

Angesichts der kriegsbedingten Luftangriffs- und Brandgefahr wies die Geschäftsleitung der Carl-Zeiss-Stiftung im Februar 1941 den verantwortlichen Sammlungsleiter Hans Boegehold (1876–1965) an, erste Ausstellungsgegenstände für eine geplante Auslagerung in Holzkisten verpacken zu lassen.[28] Ein großer Teil der Kisten – darunter vermutlich auch einige mit Guckkastenbildern – wurde im Folgemonat im Jenaer Südwerk der Firma Carl Zeiss untergebracht.[29] Anschließend lagerte man die Kisten aus dem städtischen Gebiet aus. Ein Teil wurde in die nahe Jena gelegene Gemeinde Laasdorf[30] und ein weiterer ins Lager Silberthal[31] bei Bürgel transportiert. Durch mangelnden Schutz vor Feuchtigkeit und Feuergefahr konnten diese lediglich als Zwischenlager dienen. In kriegsbedingter Eile stopfte man die Ritzen in den Kisten mit Sperrhölzern und verschlug sie provisorisch mit Dachpappe.[32] Hierbei kam es zu Objektbeschädigungen, von denen einige dokumentiert sind und Hinweise zur Objektidentifizierung anhand der heute noch nachvollziehbaren Schäden und Reparaturen liefern. Nach einer umfangreichen Besichtigung der nahe Kahla gelegenen Rothensteiner Höhlen im Oktober 1942 entschied man sich, die in Kisten verpackte Sammlung umgehend dorthin zu verlegen.[33] Ein erhöhter Schutz vor Luftangriffen und Brandgefahr waren die maßgeblichen Gründe hierfür.[34] Erste Befürchtungen eventueller Feuchtigkeitsschäden der verpackten Kupferstiche bestätigten sich durch die Kontrollen geöffneter Kisten bis Mai 1943 zunächst nicht.[35]

Mittels der Einlagerungsprotokolle ist belegt, dass nachfolgende Sammlungseingänge an Guckkastenbildern nachträglich – zusammen mit anderen Objekten – in einer verschließbaren Kiste in das unterirdische Depot der Rothensteiner Höhlen eingelagert wurden. Darunter befanden sich die letzten Erwerbungen der Guckkastenbildersammlung aus den Jahren 1942 und 1943: fünf gerahmte Guckkastenbilder aus der Sammlung Borchardt und der bekannte Auricher Guckkasten »Das Buch der Welt«[36] mit 45 zugehörigen Lithografien.[37]

Unter den insgesamt 95 Kisten[38] besaß die nachgelagerte Kiste, die nicht nur zugenagelt war, sondern zwei Vorhängeschlösser aufwies, ein für Diebe besonders an-

---

28 Niederschrift von Hans Boegehold in Sachen des Museumsdiebstahls, 30.3.1944, in: DOM, Inv.Nr. 8736100025935 (OM 15), Bl. 30–33, hier Bl. 30.

29 Schreiben von Hans Boegehold, 26.9.1942, in: ebd., Bl. 21.

30 Ebd.

31 Feuerversicherung für die Gegenstände des Optischen Museums, 24.9.1942, in: DOM, Inv.Nr. 8736100025935 (OM 15), Bl. 13.

32 Schreiben von Hans Boegehold, 26.9.1942, in: ebd., Bl. 21.

33 Schreiben von Hans Boegehold zur Wertangabe des Optischen Museums, 25.2.1943, in: ebd., Bl. 26.

34 Besichtigungsbericht der Rothensteiner Höhlen von Hans Boegehold, 29.10.1942, in: ebd., Bl. 24.

35 Schreiben von Hans Boegehold zur Wertangabe des Optischen Museums, 25.2.1943, in: ebd., Bl. 26; Niederschrift von Hans Boegehold in Sachen des Museumsdiebstahls, 30.3.1944, in: ebd., Bl. 30–33, hier Bl. 32.

36 Bereits 1932 fand der Auricher Guckkasten Erwähnung in der Publikation von Elsner von Gronow: Guckkästen (wie Anm. 14), S. 34.

37 Inhaltsverzeichnis der verschließbaren Kiste, o. J., in: DOM, Inv.Nr. 8736100025935 (OM 15), Bl. 37–39, hier Bl. 37 und Bl. 39.

38 Darunter 91 mit aufgeklebten Zetteln nummerierte Kisten, die am 7.5.1943 zusätzlich mit dem Stempel »Opt. Mus.« und Nummern versehen wurden, sowie zwei Kisten ohne Nummern, eine Kiste mit historischen Zeiss-Katalogen und eine verschließbare Kiste, die nachträglich eingelagert wurde; siehe hierzu Niederschrift von Hans Boegehold in Sachen des Museumsdiebstahls, 30.3.1944, in: ebd., Bl. 30–33, hier Bl. 32.

ziehendes Alleinstellungsmerkmal.[39] Als man diese Kiste im Mai 1943 öffnete, fand man deren Inhalt umhergeworfen und geplündert. Neben einer Vielzahl fehlender Objekte waren die darin befindlichen fünf gerahmten Guckkastenbilder aus der Borchardt'schen Sammlung für die Plünderer hingegen uninteressant und blieben vollständig vorhanden.[40] Obwohl bis nachweislich Juni 1945 wiederauftretende Plünderungen in einigen weiteren Kisten feststellt wurden,[41] kann jedoch davon ausgegangen werden, dass die Guckkastenbilder davon verschont blieben und der Fokus eher auf Objekten aus Edelmetallen lag.

Dass alle Objekterwerbungen ab spätestens März 1941 nicht mehr inventarisiert werden konnten, da sich die Inventarlisten in den verpackten Kisten befanden, stellte eine wichtige Erkenntnis für die spätere Objektidentifizierung dar. Da die verpackte Inventarliste der Guckkastenbildersammlung nur bis zur Altinventarnummer 1212 reichte, konnte sich die Identifizierung der Erwerbungen nach 1941 demnach nur auf die nach Kriegsende vergebenen Altinventarnummern beziehen.

Fünfte Phase: Oktober 1945 bis August 1946
Nach Beendigung des Zweiten Weltkrieges versuchte die Sammlungsleitung ab Oktober 1945, mit den sowjetischen Besatzern über eine Umlagerung der Sammlungskisten aus den Rothensteiner Höhlen zu verhandeln. Mittels einer bereitgestellten Lastwagenkolonne sollten die Kisten auf dem Dachboden der Optikerschule eingelagert werden.[42] Insgesamt 92 Kisten, darunter die Guckkastenbildersammlung, wurden schließlich im Dezember 1945 erfolgreich ins Optische Museum im Gebäude der Optikerschule zurückgebracht.[43]

Erste Instandsetzungsarbeiten an der seit März 1942 unterirdisch eingelagerten Sammlung begannen im Mai 1946.[44] Bereits beim Öffnen einiger Kisten und den durcheinander geratenen Objekten bestätigte sich die Vermutung des 1946 neu eingesetzten Sammlungsleiters Fritz Ortlepp[45] (1897–1959), dass ein Großteil der Museumsgegenstände seit Ausbruch des Zweiten Weltkrieges weder erfasst noch inventarisiert war. In Bezug auf die Guckkastenbilder lässt sich diese Aussage in den historischen Inventarbüchern für alle nach der letzten vergebenen Altinventarnummer 1212 folgenden Objekte bestätigen.

Obwohl aus museologischer Perspektive der Erhalt der Objekte Vorrang besessen hätte, zog man es strategisch vor, den Fokus zunächst auf Inventarisierungsarbeiten zu richten. Ein mögliches Interesse der Besatzer für wiederhergestellte Objekte wollte man nicht riskieren. Nachdem die Demontagekommission der Meinung war, dass das Optische Museum der Forschungshauptleitung der Firma Carl Zeiss unterstehe, und daraufhin im Oktober 1947 einige Kisten auf dem Dachboden der Optikerschule

---

39 Ebd.

40 Ebd.

41 Schreiben an Carl Poppe, 2.6.1946, in: ebd., Bl. 50.

42 Mitteilungsschreiben von Friedrich Schomerus, 1.10.1945, in: ebd., Bl. 52.

43 Wo die drei übrigen von den insgesamt 85 Kisten eingelagert wurden, ist leider nicht dokumentiert; vgl. hierzu Schreiben von Hans Boegehold an Carl Poppe, 16.1.1946, in: ebd., Bl. 54.

44 Zusammenfassender Jahresbericht über die Wiederherstellungsarbeiten beim Optischen Museum im Kalenderjahr 1947 von Fritz Ortlepp, 20.1.1948, in: BACZ 28264, Verzeichnisse über Auslieferungen an das Betriebsarchiv (1947–1955) (ohne Paginierung).

45 Siehe Ernst-Abbe-Stiftung: Schatzkammer (wie Anm. 8), S. 38.

besichtigt hatte, erhielt der Sammlungsleiter Ortlepp folgenden Auftrag: die Museumsgegenstände in Kisten zu verpacken, diese auf Grundlage mündlicher Anweisung zu bezeichnen und für den alsbaldigen Abtransport in die UdSSR vorzubereiten.[46]

Durch teilweise Überschreitung seiner Befugnisse gelang es Ortlepp, die Demontagekommission erfolgreich davon zu überzeugen, dass das Museum nicht der Firma Carl Zeiss, sondern der Carl-Zeiss-Stiftung unterstehe, keinerlei Kriegsgerät sammle, ausschließlich kulturellen Zwecken diene und im Hinblick des Zustandes der lange Zeit unterirdisch eingelagerten Objekte kaum damit zu rechnen sei, dass diese in einem verwendungsfähigen Zustand in der UdSSR ankommen würden.[47] Dem engagierten Auftreten des Sammlungsleiters ist es demnach zu verdanken, dass die wertvolle optikgeschichtliche Sammlung von einer Verbringung in die UdSSR verschont blieb. Dies erforderte allerdings, die Instandsetzungsarbeiten möglichst gering zu halten (bis die Demontage im Zeiss-Werk abgeschlossen war) und die Kisten weiterhin unauffällig auf dem Dachboden der Optikerschule zu verwahren.[48] Somit standen die Arbeiten zur Wiederherstellung der Sammlung von Oktober 1946 bis zu Beginn des Jahres 1947 unter dem hemmenden Einfluss der Demontage der Firma Carl Zeiss Jena.

Als umfangreichere Instandsetzungsarbeiten ab März 1947 umgesetzt werden konnten, stellte sich heraus, dass »fast kein Gegenstand mehr museumsreif« war.[49] Große Schäden erhielt die Sammlung zunächst in den Rothensteiner Höhlen durch den verheerenden Einfluss von langanhaltender Feuchtigkeit. Bereits während der Einlagerung stellte man eine Luftfeuchtigkeit von 85 Prozent fest, die durch den Ausfall der künstlichen Belüftung zu Beginn der »Feindbesetzung« im April 1945 noch verstärkt wurde. Die Einlagerung der Guckkastenbilder auf dem Dachboden der Optikerschule während der Winterhalbjahre 1945 bis 1947 verstärkte den Verfallsprozess zusätzlich:

>> Die Guckkastenbilder sind derart von Schimmel überzogen und die Holzrahmen hierzu, soweit die Bilder sich in solchen befinden, sind vollkommen auseinandergefallen, so dass auch hier die Wiederherstellung nur langsame Fortschritte macht, wenn man der Beurteilung die Quantität zugrunde legt. Bemerkt werden muss jedoch, dass die braunen Flecke, die durch Schimmelbildung auf den Kupferstichen entstanden sind, nicht vollkommen beseitigt werden können. Alle bisher verwandten Mittel haben die Beseitigung der braunen Flecke nicht gebracht. Durch die Schimmelbeseitigung wird auf jeden Fall erneuten Schädigungen der Bilder vorgebeugt, sofern und solange eine trockene Lagerung und Aufbewahrung der Bilder gesichert ist. Im Hinblick auf die langwierige Schimmelpilzbeseitigung von den Guckkastenbildern ist vorerst auch von der vorgesehenen Heranziehung der Buchbinderei für diese Arbeit abgesehen worden. << [50]

---

46 Zusammenfassender Jahresbericht über die Wiederherstellungsarbeiten beim Optischen Museum im Kalenderjahr 1947 von Fritz Ortlepp, 20. 1. 1948, in: BACZ 28264, Verzeichnisse über Auslieferungen an das Betriebsarchiv (1947–1955) (ohne Paginierung).

47 Ebd.

48 Ebd.

49 Ebd.

50 Tätigkeitsbericht von Fritz Örtlepp zu den Instandsetzungsarbeiten im Oktober 1947, 3. 11. 1947, in: ebd. (ohne Paginierung).

Nur durch ein kaum vorstellbares Engagement im Ringen gegen voranschreitende Schäden gelang es dem Sammlungsleiter und den Museumsmitarbeitenden, große Teile der bedeutenden Sammlung zu retten und wieder instand zu setzen.[51] Allein im Jahr 1937 konnten sieben Pakete mit insgesamt 700 Guckkastenbildern instand gesetzt werden.[52] In diesem Zuge wurden das Büttenpapier und die Papprahmen von Schimmel befreit oder mussten, von Zerfall geprägt, neu beschnitten oder bezogen werden. Durch die Beschneidungen könnten wichtige Erkennungsmerkmale wie angebrachte Sammlungsnummern der Vorbesitzer, Bildtitel oder -unterschriften in einzelnen Fällen verloren gegangen sein. Auch ist demnach anzunehmen, dass einige der in den Angebotslisten geschilderten Maße, die für eine Identifizierung wichtig sein könnten, heute nicht mehr in jedem Fall identisch sind.

Im Zuge der Instandsetzungsarbeiten wurden die Guckkastenbilder bis zum Sommer 1948 systematisch neu erfasst und für die komplette Sammlung eigene Karteikarten angelegt:

>> Die systematische Erfassung (Verkartung) der noch nicht verzeichneten Museumsgegenstände wurde weiter erfolgreich fortgeführt. Z. Zt. werden Bestände der Guckkastenbilder (Kupferstiche) aufgenommen. << [53]

Diese Aussage belegt zugleich, dass die Anlage der heute noch vorhandenen historischen Karteikarten erst 1948 erfolgte und sich darunter auch Guckkastenbilder aus Objekteingängen vor 1945 befinden. Mit einer beeindruckenden Geschwindigkeit konnten allein im Monat April 1948 insgesamt 148 noch nicht verzeichnete Guckkastenbilder erfasst und inventarisiert werden. Da das historische Inventarbuch der Guckkastenbildersammlung zu dieser Zeit bekannt war und bis zur Altinventarnummer 1 212 reichte, kann es sich demnach nur um die vergebenen Folgenummern handeln. Eine erste Sichtung der Karteikarten im Bereich 1 213 bis zur letzten Altinventarnummer 1 372 hat ergeben, dass sich darunter viele Doppelstücke der Sammlung befinden. Da der damalige Sammlungsleiter Moritz von Rohr (Phase 1 bis 3 der Sammlungsgenese) vorrangig an unbeschnittenen und nicht hinterklebten Exemplaren interessiert war, wurden schlechter erhaltene Exemplare vermutlich durch nachfolgende Erwerbungen ausgewechselt und die abgelegten Doppelstücke zunächst nicht als Teil der Sammlung inventarisiert.[54]

Ob die neue Sammlungsleitung nun entschied, deren Inventarisierung vorzunehmen, weil man vor neuen Aufgaben stand und der Ausbau der Guckkastenbildersammlung als abgeschlossen angesehen wurde, oder dies lediglich mit dem Ziel der kompletten Erfassung aller Objekte im Zusammenhang stand, muss Spekulation bleiben.

---

51 Ebd.

52 Zusammenfassender Jahresbericht über die Wiederherstellungsarbeiten beim Optischen Museum im Kalenderjahr 1947 von Fritz Ortlepp, 20. 1. 1948, in: ebd. (ohne Paginierung).

53 Tätigkeitsbericht von Fritz Ortlepp zu den Instandsetzungsarbeiten im März 1948, 1. 4. 1948, in: ebd. (ohne Paginierung).

54 Schreiben von Moritz von Rohr an Julius Carlebach, 11. 2. 1937, in: DOM, Inv.Nr. 8736100013818 (OM E), Bl. 215.

Um zunächst die infrage kommenden Objekterwerbungen innerhalb der Guckkastenbildersammlung eingrenzen zu können, war eine Auswertung der archivierten Ankaufsliste notwendig. Diese ist allerdings nur für die Geschäftsjahre 1935 bis 1944 erhalten. Aus deren Analyse gingen bereits Ankaufsdaten, die Namen der Einlieferer, die Anzahl der angekauften Guckkastenbilder und Postenpreise hervor.[55] Als Ergänzung findet sich hierzu in den hauseigenen Archivalien ein Versicherungsverzeichnis mit den Anschaffungskosten aller bis zum September 1942 erworbenen Objekte.[56] Die Erstellung dieses Verzeichnisses basierte auf der Anweisung der Carl-Zeiss-Stiftung, um im Fall der Zerstörung historisch wertvoller Sammlungsgegenstände durch Kriegsereignisse eine Schadensersatzforderung gegen den Staat geltend machen zu können. Darin wurden der Anschaffungswert und die Eingangsdaten der bis dahin erworbenen Guckkastenbilder, Guckkästen und Faltgerähme dezidiert für jeden Ankauf festgehalten. Der Einkaufswert bemaß sich zu dieser Zeit auf insgesamt 5 764,65 Reichsmark.[57] Durch den Fund dieser Liste konnten bisherige Erkenntnisse ergänzt und alle einzelnen Objektankäufe zwischen 1933 und 1944 von insgesamt zehn Einlieferern chronologisch nach Ankaufstagen in einer tabellarischen Erwerbungschronik rekonstruiert werden. Eine Zuordnung der Objekteingänge in die einzelnen Phasen der Sammlungsgenese und dem entsprechenden Inventarisierungssystem konnte ebenso erfolgen und damit gleichzeitig Hinweise zur Objektidentifizierung liefern.

Weitergehende Objekthinweise zu Bildtiteln, Ansichten oder Herstellern ließen sich den archivierten Listen nicht entnehmen. Durch die Angabe der Namen von Einliefernden war es jedoch möglich, eine gezielte Aktenrecherche nach näheren Objektbeschreibungen in den alphabetisch geordneten Ankaufskorrespondenzen durchzuführen. Neben konkreten Maßangaben der eingelieferten Guckkastenbilder konnte der Autor eine archivierte Angebotsliste mit 90 Bildtiteln in den hauseigenen Archivbeständen finden. Diese sollte später als wichtiges Schlüsseldokument zur Objektidentifizierung – und damit verbunden der Rekonstruktion des Inventarisierungssystems – dienen. Ebenso ging aus den Ankaufskorrespondenzen hervor, dass bestimmte Einlieferer wiederkehrende Begriffe zur Beschreibung der zur Ansicht übersandten Guckkastenbilder verwendeten. Begrifflichkeiten wie »beschnitten«, »gerahmt«, »mit geschwärzten Rahmen«, »auf Leinwand aufgezogen« wurden häufig verwendet oder in Bezug auf die verlangten Preise wurde zwischen älteren Kupferstichen und Lithografien des 19. Jahrhunderts differenziert. Auch die zu den Guckkastenbildern gehörigen Guckkästen wurden teilweise skizzenhaft beschrieben, sodass eine Zuordnung mittels der Größe der einzusetzenden Holzrahmen oder Bildmaße vielversprechend schien. Um Hinweise für Identifizierungsmerkmale zu gewinnen, wurden diese Schlüsselbegriffe aus den jeweiligen Ankaufskorrespondenzen herausgefiltert. Diese Angaben konnten in der Erwerbungschronik ergänzt werden (Abb. 2).

Aus dieser gingen nun das Ankaufsdatum, die Anzahl der Guckkastenbilder, die Einlieferer, der Ankaufspreis sowie wichtige Objektmerkmale zu jedem Ankauf hervor. Durch jenes methodische Vorgehen konnte eine theoretische Basis für die anknüpfende Identifizierung der zwischen 1933 und 1945 erworbenen Guckkästen und Guckkastenbilder generiert werden.

55 Liste der Einkäufe für das Optische Museum in den Jahren 1935–1945, in: DOM, Inv.Nr. 8736100026001 (OM 21).

56 Aktennotiz zur Feuerversicherung für die Gegenstände des Optischen Museums, 24. 9. 1942, in: DOM, Inv.Nr. 8736100026012 (OM 12), Bl. 1.

57 Ebd.

Datum	Einbringer	Anzahl	Titel	Preis	Quelle	Objekthinweise in den Archivalien
10.8.1936	Ernst Heinecke, Woyrschstr. 45, Berlin	41	Guckkasten-bilder zum Guckkasten	200 RM	OM 6, Bl. 399 bis 410	Bl. 408: Hinweis zu Größen der Guckkastenbilder: ■ 19:28 cm: 10 Ansichten Schweiz und Frankreich ■ 35:55 cm: 3 (inkl. Deckelblatt) Versailles, Genf ■ 27:36 cm: 7 Paris ■ 31:44 cm: 5 Frankreich; …
26.2.1937	Julius Carle-bach, Berlin	50	Guckkasten-bilder	262 RM	OM 6, Bl. 210, 215, 198	1. Teil einer größeren Guckkasten-bildersammlung → Titelliste mit 90 Guckkastenbil-dern, erste Sendung 50 Stück
11.3.1937	Julius Carle-bach, Berlin	40	Guckkasten-bilder	210 RM	OM 6, Bl. 190 bis 192, 210	2. Teil einer größeren Guckkasten-bildersammlung → Titelliste mit 90 Guckkastenbil-dern, zweite Sendung 40 Stück
2.4.1937	Julius Carle-bach, Berlin	20	Guckkasten-bilder	114 RM	OM 6, Bl. 179 bis 184	Bl. 183 – Hinweis zu Orten und Ankaufspreisen: ■ 10 ausländische zu 5 Reichsmark ■ 4 spanische zu 5,50 Reichsmark ■ 6 deutsche zu 7 Reichsmark
11.2.1938	Galerie Prestel, Frankfurt am Main	13	Guckkasten-bilder	86 RM	OM 7, Bl. 397 bis 399	Bl. 397 – Hinweise zu den Ankaufspreisen: ■ 9 Stück für 6 Reichsmark ■ 4 Stück für 8 Reichsmark

2 Ausschnitt aus der erstellten Erwerbungschronik.

Exemplarische Objektidentifizierungen von Guckkastenbildern

Auf der Grundlage der Forschungsergebnisse zur Genese der Guckkastenbildersamm-lung des D.O.M. und den in der Erwerbungschronik festgehaltenen Objekthinweisen war es zur Entwicklung eines geeigneten Identifizierungsansatzes zunächst notwendig, einen Überblick über die Sammlung und deren Zustand zu gewinnen. Im Rahmen einer umfangreichen, sich über mehrere Wochen erstreckenden Sortierungsaktion wurden zunächst die Guckkastenbilder numerisch nach den auf den Rückseiten angebrachten Altinventarnummern von 1 bis 1372 ausgehoben, begutachtet und sortiert. Die Sortie-rung nach den noch vorhandenen Altinventarnummern sollte die Basis für eine syste-matische Sichtung der Guckkastenbilder darstellen. Während der Sortierung fand zeit-gleich eine Erstbegutachtung statt, bei der signifikante Unterschiede zwischen den Guckkastenbildern sowie aus den Ankaufskorrespondenzen bekannte Erkennungs-merkmale festgestellt wurden: rückseitige Holzrahmen, geschwärzte Bildrahmen, Lein-wand- und Papierbezüge, historische Sammlungsnummern und -stempel oder anno-tierte Preisangaben. Da diese über die komplette Sammlung verteilt auftraten, mussten jene für eine konkrete Identifizierung weiter differenziert werden. Demnach war die Erstellung einer chronologisch nach Altinventarnummern geführten Exceltabelle mit verschiedenen Identifizierungsparametern notwendig (Abb. 3).

Alt-Inv Nr.	Titel (Spiegelschrift)	Darstellung	Ort	Technik	Maße in cm
848	VUE DU MAIL D'UTRECHT	Utrecht mit dem schönen Haus, nach der Maillien Baan zu gesehen	Utrecht	Kupferdruck, nachkoloriert	39,5×24,5
849	VUE DE L'EGLISE NEUF DIT DOOPSGEZINDE A UTRECHT	Doopsgezindekirche und Weesbrücke nebst Domturm von Utrecht	Utrecht	Kupferdruck, nachkoloriert	40,5×27,5
850	VUE DU PONT DE ST. MARTIN A UTRECHT	St. Martinsbrücke, Fischmarkt und Rathaus von Utrecht	Utrecht	Kupferdruck, nachkoloriert	40,5×27
851	VUE DE LA PLACE DE STe. MARIE A UTRECHT	Der St. Marienplatz bei der Sadelstrasse mit Blick auf das Domtor von Utrecht	Utrecht	Kupferdruck, nachkoloriert	40,5×27

3 Ausschnitt aus der erstellten Exceltabelle zur Sammlung von Objektmerkmalen.

Die Eintragung der Daten zu jedem Guckkastenbild war zwar zeitaufwendig, stellte jedoch die Grundlage für eine systematische Suche nach bekannten Identifizierungsmerkmalen aus der Erwerbungschronik dar. In der Ankaufskorrespondenz benannte Hersteller, Stechernamen, Bildtitel, Maße von angekauften Posten sowie Posten mit annotierten Preisen konnten somit gezielt in der Sammlung herausgefiltert werden. Durch die Auswertung der Exceltabelle in Verbindung mit einer tiefergehenden Quellenanalyse der Ankaufskorrespondenz waren nun signifikante Merkmale der Guckkastenbilder bestimmter Einlieferer auffällig, die zur Identifizierung der Ankaufsposten dienten. Wie die einzelnen Erkenntnisse aus den Bereichen Sammlungsgenese, Erwerbungschronik und Objekthinweise zusammengreifen sowie letztlich zu einer gezielten Identifizierung verschiedener Postenankäufe führten, wird im Folgenden anhand von drei ausgewählten Beispielen aufgezeigt.

Drei Ankaufsposten vom jüdischen Kunsthändler Julius Carlebach

Der bedeutendste Quellenfund zur Identifizierung eines herausragenden Teils in der Sammlung enthaltener Guckkastenbilder war eine vierseitige Angebotsliste mit 90 Bildtiteln. Diese Liste sandte der jüdische Kunsthändler Julius Carlebach am 5. Februar 1937 zusammen mit den ersten 50 Ansichtsexemplaren an den Leiter des Optischen Museums.[58] Neben einer großen Serie von niederländischen und belgischen Ansichten umfasst diese nach Ländern geordnet ebenso Stadt-, Schloss- und Landschaftsszenen aus Italien, Spanien, Österreich, Böhmen, Russland und Frankreich sowie einige exotische Stücke (Abb. 4).

Eine zusammenhängende Sammlung alter Guckkastenbilder in dieser Größe war selten auf dem Kunstmarkt zu finden. Im Interesse der Sammlung sah Moritz von Rohr daher darüber hinweg, dass die Guckkastenbilder stark für den Gebrauch im Guck-

---

58 Schreiben von Julius Carlebach an Moritz von Rohr, 5. 2. 1937, in: DOM, Inv.Nr. 8736100013818 (OM 6), Bl. 216–217 und Bl. 202v–203r.

Verlag	Stecher	Gesamttext	Vermerk des Verlages	Ansicht
Georg Balth. Probst	Frederic Leizelt	»Prospect von Utrecht von dem schönen Haus nach der Maillien Baan gesehen […]«		
Geog Balth. Probst		»Gezicht van de Nieuwe Doopsgezinde Kerk, de Weesbrug en Domstorren te Utrecht […]«	»Med. fol. No. 72 / I. van Hiltrop del. ad. viv. / Cum Gratia et Privilegio Sac:Caes:Majestatis«	Gebäude
Geog Balth. Probst		»Gezicht van de St. Maartens Brug Vischmarkt en het Stadt-Huys te Utrecht […]«	»Med. fol. No. 72 / I. van Hiltrop del. ad. viv. / Cum Gratia et Privilegio Sac:Caes:Majestatis«	Stadt
Georg Balth. Probst	G. G. Winckler	»Gesigt van de St. Marie Plaaz na de Sadel-Straat en Doms tooren te Utrecht. / Vue de la Place de Ste. Marie pres de rue Sadel, vers. la Porte Cathedrale á Utrecht […]«	»Med. Fol. No. 72 / I. van Hiltrop. del. ad. viv. / Cum Gratia et Privilegio Sac:Caes:Majestatis«	Stadt

kasten beschnitten waren und mit farbigem Papier hinterklebte Durchbrüche zur Hinterleuchtung der Szenen aufwiesen.[59] Für 5,50 Reichsmark pro Stück bot Carlebach die Guckkastenbilder ihm zudem als »sehr billig« an.[60] Hierzu ist aus der Ankaufskorrespondenz bekannt, dass Carlebach nicht Eigentümer dieser recht großen Sammlung an Guckkastenbildern war. Diese bekam er von einem Vermittler angeboten, den er als »kleinen Agenten und Händler«[61] sowie »Vertrauensmann«[62] beschrieb. Nach der Vermutung Carlebachs bezog dieser die Guckkastenbilder wiederum direkt vom Eigentümer. Laut Carlebach war jener Händler ein »schrecklich schwerfälliger Trottel«[63], der aufgrund seiner »Kapitalknappheit«[64] nur ungern Objekte zur Ansicht übergab. Da Carlebach ihn nicht gut genug einschätzen konnte, um ihm zur Finanzierung der Objekte Geld »vorzuschießen«[65], bereitete ihm dieser »sehr viel[e] Schwierigkeiten«[66], um an die versprochene Ware zu gelangen.[67] Bei Abnahme eines größeren Postens versprach Carlebach zusätzlich, den Preis gegenüber dem Händler um 0,25 Reichsmark pro Stück »drücken«[68] zu können.

59 Schreiben von Moritz von Rohr an Julius Carlebach, 11. 2. 1937, in: ebd., Bl. 215.

60 Schreiben von Julius Carlebach an Moritz von Rohr, 5. 2. 1937, in: ebd., Bl. 216 – 217, hier Bl. 217.

61 Schreiben von Julius Carlebach an Moritz von Rohr, 8. 3. 1937, in: ebd., Bl. 193 – 194, hier Bl. 194.

62 Schreiben von Julius Carlebach an Moritz von Rohr, 19. 2. 1937, in: ebd., Bl. 210.

63 Ebd.

64 Ebd.

65 Ebd.

66 Ebd.

67 Konkret benennt Carlebach, dass dieser ihm optische Instrumente aus fürstlichem Besitz in Aussicht stellte. Hier könnte ein Zusammenhang mit der Herkunft der vom selben Vermittler angebotenen Guckkastenbildersammlung gegeben sein.; vgl. hierzu Schreiben von Julius Carlebach an Moritz von Rohr, 8. 3. 1937, in: ebd., Bl. 193 – 194, hier Bl. 194.

68 Schreiben von Julius Carlebach an Moritz von Rohr, 5. 2. 1937, in: ebd., Bl. 216 – 17.

Oesterreich

Templum S Petri Viennae
Platea et Templum Scotorum Viennae

Nordische Länder

St. Catharinen Kirche in Stockholm
Das Zeughaus in Stockholm
Die Graff Pippers Straße in Stockholm
Der Banco in Stockholm
Palais Royale à Copenhague
Christians Burg à Copenhagen
Residenz Christiansburg Copenhagen

Böhmen

kleine Ringe Prag
Altstädter Ring oder Markt Prag
Altstädter Rathaus in fischmarkt Prag
Platz Neustädter Rathaus Prag

Rußland

Prospektus de Neva t Petersbourg
Apotheka Aulica fontacka Petersbourg
Alicougus Spath Petersburg
L'Amirauté sur da Neva à Petersburg
Jardin de la comptesse Bestoucheff a
Prosp. collegiorum imperialum Petersburg

4 Ausschnitt aus der vierseitigen Angebotsliste mit insgesamt 90 Bildtiteln von Julius Carlebach vom 5.2.1937, in: DOM, Inv.Nr. 8736100013818 (OM 6), Bl. 203v. Scan: Stiftung Deutsches Optisches Museum.

Beeindruckt von der Größe dieser Guckkastenbildersammlung äußerte von Rohr schließlich sein Interesse am Ankauf der kompletten Sammlung. Da sich Carlebach und von Rohr in ihrem Briefwechsel über die Guckkastenbilder auch inhaltlich austauschten, konnte ermittelt werden, dass es sich um Kupferstiche von Pariser und Augsburger Herstellern handelte – einige davon mit Bildunterschriften in lateinischer und spanischer

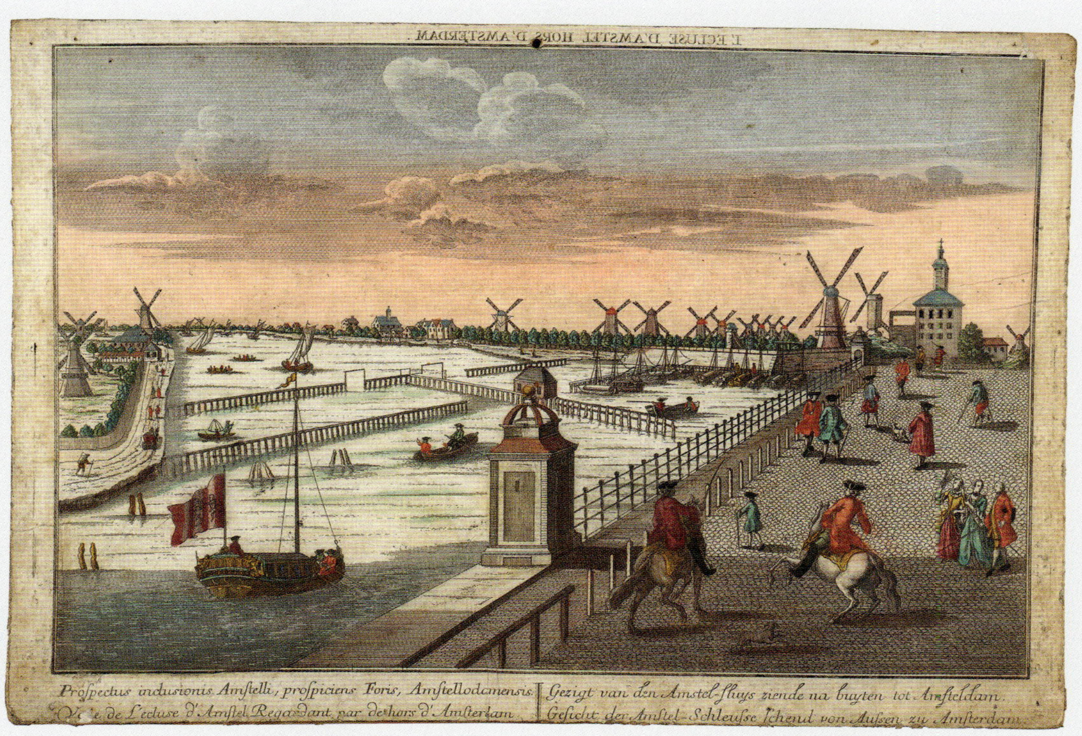

5 Die Vorderseite des Guckkastenbildes mit der Altinventarnummer 1323 (DOM, Inv.Nr. 8736100014034) mit oben mittig durchbohrtem Loch, das vermutlich vom ursprünglichen Eigentümer der Sammlung zum Ein- und Aussetzen in den Guckkasten angebracht wurde und eine Schlaufe trug. Scan: Stiftung Deutsches Optisches Museum.

Sprache. Zur Abwicklung des Ankaufs empfahl Carlebach von Rohr zunächst, ihm den Betrag für die ersten 50 zugesandten Ansichtsexemplare per Postanweisung zukommen zu lassen. Erst nachdem Carlebach dem »Agenten« den Betrag überreichte, sollte dieser bereit sein, ihm die weiteren 40 Guckkastenbilder der Sammlung zur Weiterleitung an von Rohr zu übergeben. Hinzufügend äußerte Carlebach, dass im Anschluss der »Agent« auch zu einer dritten Sendung bereit wäre. Nach diesem vereinbarten Vorgehen übersandte Moritz von Rohr am 26. Februar 1937 zunächst 262,50 Reichsmark für den ersten Posten im Umfang von 50 Guckkastenbildern.[69] Nach Eingang des weiteren Postens von 40 Stück erreichte Carlebach der zweite Betrag von 210,60 Reichsmark.[70]

Mithilfe der in der Ankaufskorrespondenz erhaltenen Titelliste konnten insgesamt 89 Bildtitel mittels der erstellten Exceltabelle gezielt in der Sammlung herausgefiltert werden. Hierbei traten jedoch zunächst Doppelungen und sogar dreifach in der Sammlung vorhandene Bildtitel auf. Aus der Analyse dieser Treffer war ersichtlich, dass sich zusammenhängende Posten an Altinventarnummern im Bereich 367 bis 399

---

69 Zahlungsanweisung an die Einkaufsabteilung durch Moritz von Rohr, 26. 2. 1937, in: ebd., Bl. 197.

70 Schreiben von Moritz von Rohr an Julius Carlebach, 11. 3. 1937, in: ebd., Bl. 190.

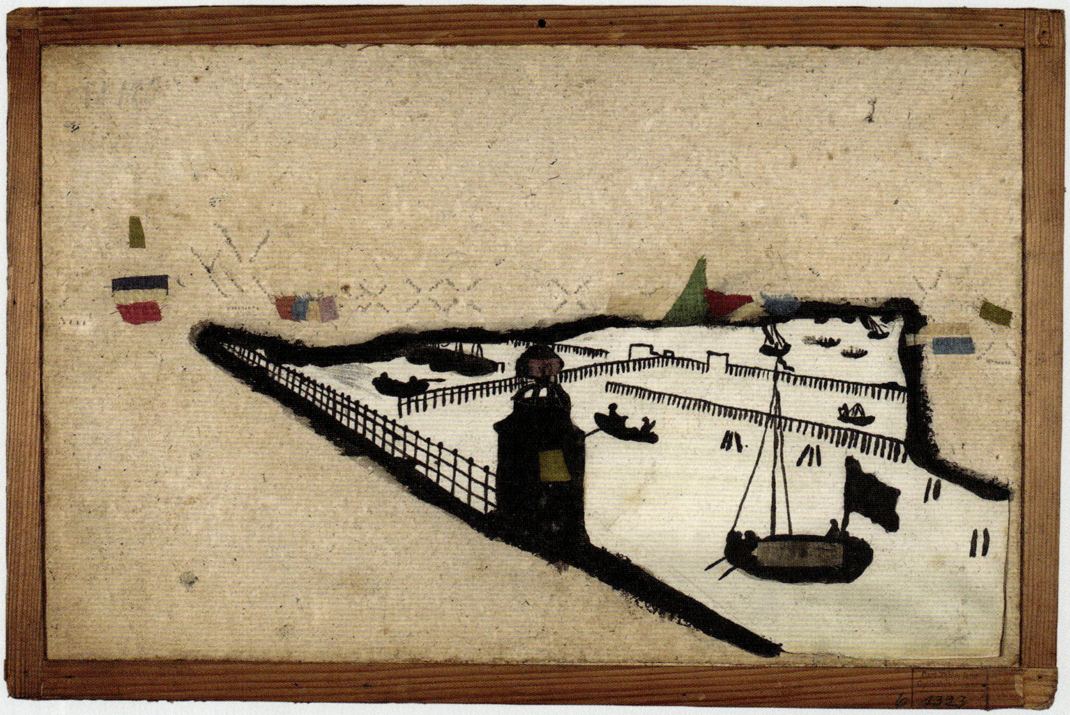

6   Die Rückseite des Guckkastenbildes mit der Altinventarnummer 1 323 (DOM, Inv. Nr. 8736100014034) kennzeichnen starke Bearbeitungen zur Benutzung in einem Guckkasten: ausgeschnittene Fenster, die farblich mit dünnem Papier hinterklebt wurden, geschwärzte Bildelemente, einen angebrachten Leinwandbezug sowie eine Holzrahmenverstärkung. Scan: Stiftung Deutsches Optisches Museum.

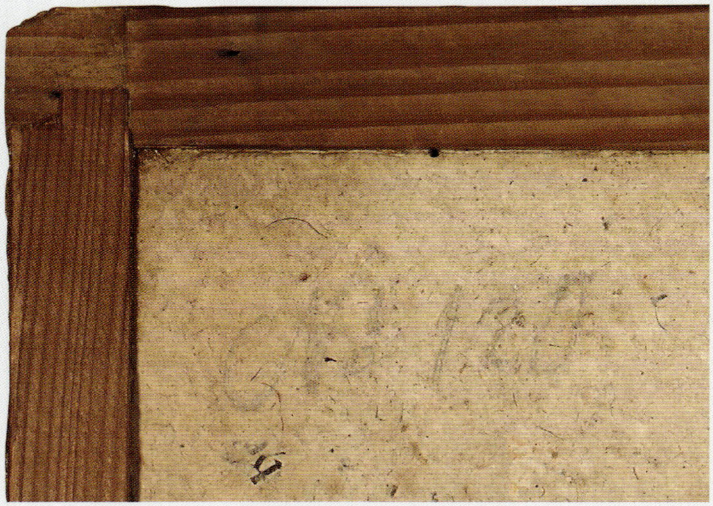

7   In der oberen linken Ecke ist die für den Ankaufsposten typische mit Bleistift auf dem Pappbezug angebrachte Sammlungsnummer des vormaligen Eigentümers zu erkennen. Scan: Stiftung Deutsches Optisches Museum.

(33 Stück), 413 bis 418 (6 Stück) und 426 bis 475 (50 Stück) bildeten. Doppelte Titel traten lediglich vereinzelt und weit versprengt auf, vorwiegend im Altinventarnummernbereich über 1 000. Anschließend wurden die herausgefilterten Posten auf gemeinsame Merkmale untersucht. Bis auf das Guckkastenbild mit der Altinventarnummer 451 weisen diese alle dieselben Merkmale auf: starke Beschneidungen, farblich hinterklebte Durchbrüche und Papprückwände sowie einen rückseitig angebrachten Holzrahmen gleicher Maße mit durchbohrtem Loch. Ebenso besitzen diese auf der Rückseite stets an denselben Stellen eine händisch angebrachte Sammlungsnummer des Vorbesitzers. Unter den einzelnen Guckkastenbildern finden sich ebenso die von Rohr benannten Pariser und Augsburger Hersteller sowie Bildunterschriften in lateinischer und spanischer Sprache. Durch weitere Forschungen zum Guckkastenbild mit der Altinventarnummer 451 konnte ermittelt werden, dass hierzu ein Doppelstück mit der Nummer 1 323 existiert.[71] Dieses Doppelstück weist alle eben beschriebenen Merkmale inklusive des typischen Holzrahmens und der historischen Sammlungsnummer der Vorbesitzer auf (Abb. 5/6/7).

Auf diese Weise ließ sich rekonstruieren, dass dieses ursprünglich die Altinventarnummer 451 besaß und später durch eine besser erhaltene Erwerbung ausgewechselt wurde. In der Phase 2 im Jahr 1937 mit der Nummer 451 inventarisiert, durch einen späteren Ankauf ausgewechselt und zunächst abgelegt sowie 1948 in der Phase 5 als Nummer 1 323 erneut inventarisiert, steht dieses Guckkastenbild folglich im Zusammenhang mit gleich zwei Phasen der Sammlungsgenese. Auch wenn über die Objekttitel bestimmte Guckkastenbilder identifiziert werden konnten, musste hierbei über bestimmte Merkmale der Ankaufsposten ein Austausch durch etwaige Doppelstücke überprüft werden.

Warum die zwei Ankaufsposten von Julius Carlebach, die in die Phase 2 der Sammlungsgenese fallen, allerdings nicht geschlossen, sondern in drei Bereiche aufgeteilt inventarisiert wurden, schien zunächst ungeklärt. Gleichzeitig eröffnete sich die Möglichkeit, die nun dazwischen liegenden Altinventarnummern 400 bis 412 (13 Stück) und 419 bis 425 (7 Stück) näher zu untersuchen. Diese Untersuchung lieferte schließlich das Ergebnis, dass es sich hierbei um die von Carlebach benannten zehn ausländischen, sechs deutschen und vier spanischen Darstellungen handelt. Die zwei dazwischen liegenden Posten konnten demnach als die von Carlebach nachfolgend am 2. April 1937 angekauften und in der Ankaufskorrespondenz beschriebenen 20 Guckkastenbilder identifiziert werden. Da ersichtlich war, dass diese exakt dieselben Erkennungsmerkmale wie die zuvor angekauften 90 Guckkastenbilder aufweisen, konnte es sich nur um die von Carlebach erwähnte »dritte Sendung« als Teil einer größeren Sammlung handeln.[72] Folglich konnten somit insgesamt 109 Guckkastenbilder aus drei Ankaufsposten von dem jüdischen Kunsthändler Julius Carlebach einer ursprünglich zusammengehörigen Sammlung identifiziert werden. Diese bilden gleichzeitig eine geschlossene Altinventarnummernfolge (Alt-Inv.Nr. 367–475) innerhalb der Phase 2 der Sammlungsgenese. Die Erkenntnis, dass innerhalb dieser Phase die von Februar bis April 1937 erworbenen Guckkastenbilder in diesem Nummernbereich inventarisiert wurden, lieferte zugleich entscheidende Hinweise für die Identifizierung vorangegangener und nachfolgender Erwerbungen der Guckkastenbildersammlung.

---

71 Hierzu konnte durch umfangreiche Objektautopsien ermittelt werden, dass sich in der Altinventarnummernfolge 1 314 bis 1 325 durchgängig Doppelstücke befinden, die durch den späteren Ankauf besser erhaltener Guckkastenbilder in der Sammlung ausgewechselt wurden.

72 Schreiben von Julius Carlebach an Moritz von Rohr, 22. 3. 1937, in: DOM., Inv.Nr. 8736100013818 (OM 6', Bl. 184.

Da aufgrund mangelnder Informationen oder Hinweise weder der frühere Eigentümer noch der erste Zwischenhändler bislang ermittelbar sind, wird die Einstufung der Provenienz zunächst auf den Einlieferer bezogen. Die Erwerbungen der Posten von Julius Carlebach erfolgten nach dessen Ausschluss aus der Reichskulturkammer am 28. August 1935[73] und und dessen endgültigem Berufsverbot[74] als Kunst- und Antiquitätenhändler im Mai 1936. Von den NS-Behörden überwacht und in wirtschaftliche Not gedrängt, versuchte Carlebach weiterhin, geschäftlich tätig zu sein.[75] Offiziell gab Carlebach an, lediglich mit nach 1850 gefertigten Möbeln zu handeln, die demnach nicht unter den Bereich Kulturgüter fielen.[76] Durch Informanten und Polizisten, die in Carlebachs Geschäft Besichtigungen durchführten, wurde dem Landesleiter der Berliner Polizei und letztlich der Reichskulturkammer gemeldet, dass Carlebach mit Kunst- und Kulturgütern weiterhin verdeckt handelte. Der Kunsthändler Hans Driese berichtete beispielsweise, dass in Carlebachs Geschäft »dauernd die Bestände wechseln« und »aus seiner Privatwohnung alte Kulturgegenstände zum Zwecke des Verkaufs in das Geschäftslokal als Verkaufsobjekte gebracht werden.«[77] Mit der Verfügung gegen Julius Carlebach wegen Verstoßes gegen §4 der ersten Verordnung zur Durchführung des Reichskulturkammergesetzes vom 1. November 1933 geriet dieser ab dem 6. Oktober 1936 zunehmend unter NS-Beobachtung und -Verfolgung.[78] Die polizeilichen Ermittlungen gegen Carlebach und der wirtschaftliche Druck führten schließlich dazu, dass er am 1. April 1937 gezwungen war, sein Geschäft aufzugeben und umzuziehen.[79] Durch den Verfolgungsdruck des NS-Regimes ließ sich Carlebach jedoch nicht einschüchtern. In mehreren Eingaben gegen die Einleitung der Maßnahmen bezog er gegenüber der Leitungsebene der Reichskammer der bildenden Künste selbstbewusste Standpunkte:

> » Im Anschluss an unsere telephonische Unterredung möchte ich nochmals bemerken, dass mir ihr Schreiben vom 6.10. unverständlich ist. Bevor ich nicht weiss, worum es sich überhaupt handelt, kann ich nicht gut zu einer Ordnungsstrafe Stellung nehmen. Ferner hätte ich gern Aufklärung darüber, ob Arbeiten jüdischer Künstler Kulturgut in ihrem Sinne sind oder nicht? « [80]

Dass sich Julius Carlebach vom NS-Regime nicht »wegduckte«, sondern bis zu seiner Emigration versuchte, als Geschäftsmann tätig zu sein, beweisen die Postenverkäufe

---

73 Durchschrift des Schreibens an den Präsidenten der Reichskammer der bildenden Künste bezüglich der Beschwerde Carlebachs, 28. 4. 1937, in: Bundesarchiv Berlin Lichterfelde (im Folgenden BArch), R 9361-V, 99165 (ohne Paginierung).

74 Schreiben des Präsidenten der Reichskammer der bildenden Künste an Julius Carlebach bezüglich der Erteilung des Berufsverbotes mit sofortiger Wirkung, 14. 5. 1936, in: Bundesarchiv Berlin Lichterfelde (im Folgenden BArch), R 9361-V, 99165 (ohne Paginierung).

75 Schreiben der Staatspolizeileitstelle Charlottenburg, 24. 6. 1936, in: ebd. (ohne Paginierung).

76 Schreiben des Obermeisters der Berliner Schutzpolizei, 13. 7. 1936, in: ebd. (ohne Paginierung).

77 Auszugweise Abschrift des Schreibens des Kunsthändlers Hans Driese, 10. 8. 1936, in: ebd. (ohne Paginierung).

78 Schreiben des Präsidenten der Reichskammer der bildenden Künste zur Festsetzung einer Ordnungsstrafe gegen Julius Carlebach, in: ebd. (ohne Paginierung).

79 Schreiben des Landesleiters der Reichskammer der bildenden Künste an den Präsidenten der Reichskammer der bildenden Künste, 29. 4. 1937, in: ebd. (ohne Paginierung).

80 Schreiben von Julius Carlebach an die Reichskammer der bildenden Künste, 8. 10. 1936, in: ebd. (ohne Paginierung).

der Guckkastenbilder an das Optische Museum. Mit Zunahme des staatlichen Repressionsdrucks intensivierte Carlebach sogar den geschäftlichen Kontakt zu Moritz von Rohr und suchte gezielt nach Guckkastenbildern und Instrumenten für den Ausbau der musealen Sammlung. Für dieses Vorgehen existieren gleichzeitig mehrere Gründe. Als nichtstaatliches Museum entging dieses der Gleichschaltung seiner Personalstrukturen durch die NS-Behörden. Demnach besaß die Sammlungsleitung gewisse Freiräume bezüglich der Geschäftsbeziehungen zu den jeweiligen Einliefernden und schließlich der Erwerbungen. Während andere Geschäftskontakte für Carlebach endeten und Versuche des Absatzes über Auktionen durch die sofortige Beschlagnahmung der Auktionserlöse durch den NS-Staat für Carlebach scheiterten, pflegte von Rohr das freundschaftliche Geschäftsverhältnis zu ihm weiterhin. Vor diesem Hintergrund begannen ein reger Briefaustausch, persönliche Treffen und das Suchen Carlebachs nach bestimmten optischen Objekten, die das Interesse des damaligen Sammlungsleiters Moritz von Rohr trafen. Carlebachs jüdische Herkunft und dessen Ausgrenzung durch das NS-Regime waren für Moritz von Rohr kein Grund, von seinem Geschäftspartner abzurücken – im Gegenteil: er lieferte Hinweise zum Sammlungsinteresse des Optischen Museums, sendete die zu zahlenden Beträge per Post an Bekannte Carlebachs oder händigte bar aus und bot nötige Unterstützung. Beispielsweise ging von Rohr auf die Anfrage Carlebachs zur Erstellung eines Referenzschreibens für einen behördlichen Einspruch gegen den Ausschluss aus der Reichskulturkammer ein. Als »Fachmann«,[81] der auch in bestimmten Fällen mit dem Leiter des Optischen Museums »fachliche Auseinandersetzungen […] sachlicher und geschichtlicher Art«[82] führte, bescheinigte von Rohr ihm damit ein Spezialwissen im Kunsthandel und somit eine Sonderstellung. Auf dieser Basis entstand zugleich auch ein persönliches Verhältnis zwischen beiden, das Carlebachs Emigration überdauerte und zwischen New York und Jena kooperativ fortgeführt wurde.

Obwohl Carlebach unter Verfolgung stand, sein Geschäft aufgeben musste und er vermutlich die Erlöse seiner Verkäufe für die Emigration benötigte, muss das kooperative Verhalten Moritz von Rohrs zur Beurteilung der Ankäufe am Optischen Museum besonders gewichtet werden. Eine abschließende Beurteilung der Provenienz befindet sich noch im wissenschaftlichen Diskurs.

Ein Guckkasten mit zugehörigen Guckkastenbildern vom Kunsthändler Ernst Heinecke

Am 10. August 1936 erwarb das Optische Museum von dem Berliner Kunsthändler Ernst Heinecke (1898 – ?)[83] einen Guckkasten mit dazugehörigen 37 Lithografien und vier bearbeiteten Fotografien für insgesamt 238 Reichsmark.[84] Die Analyse der Ankaufskorrespondenz zu dieser Erwerbung lieferte weitere Hinweise zu nötigen Objektmerkmalen. Darin wird der Guckkasten als primitiv, recht gut erhalten, mit einem alten Spiegel versehen und aus dem Anfang des 19. Jahrhundert, stammend beschrieben.[85] Aus-

---

81 Schreiben von Moritz von Rohr an Julius Carlebach, 27. 5. 1936, in: DOM, Inv.Nr. 8736100013818 (OM 6), Bl. 281.

82 Ebd.

83 Eintrag zu Ernst Heinecke in der zentralen Personenkartei der Deutschen Dienststelle (WASt), in: BArch, 563-1 KARTEI/H-631/671.

84 Liste der Einkäufe für das Optische Museum in den Jahren 1935 – 1945, in: DOM, Inv.Nr. 8736100026001 (OM 21), Bl. 1r.

85 Schreiben von Ernst Heinecke an Moritz von Rohr, 4. 7. 1936, in: DOM, Inv.Nr. 8736100013817 (OM 6), Bl. 410.

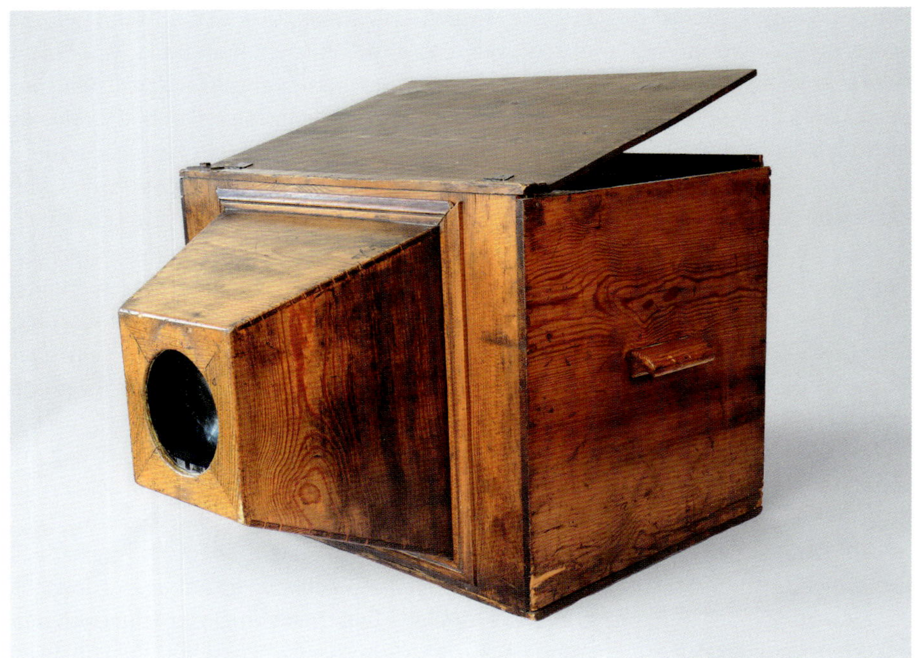

8   Zu dem Ankaufsposten von 41 Guckkastenbildern gehöriger Guckkasten
(DOM, Inv.Nr. 8736100037154), den das Optische Museum 1936 von Ernst Heinecke erwarb.
Foto: Stiftung Deutsches Optisches Museum, Silke Groß.

schlaggebend für die Identifizierung war jedoch eine dem Angebotsschreiben beige-
fügte Skizze des Guckkastens.[86] Mittels dieser ließ sich der Guckkasten zügig im Sammlungsbestand identifizieren (Abb. 8). Während der anschließenden Objektautopsie
wurde besonders darauf geachtet, weiterführende Hinweise zu den einzusetzenden
Guckkastenbildern zu gewinnen. Besonders auffällig waren drei jeweils seitlich im Guckkasten angebrachte Einschubvorrichtungen aus Holz. Mittels dieser konnten die Guckkastenbilder über eine Einschubleiste in verschiedenen Abständen zur Betrachtungs-
linse von oben eingesetzt werden. Einen entscheidenden Hinweis zur Identifikation der
zum Guckkasten gehörigen Lithografien lieferten zudem die Angaben des Einlieferers
bezüglich der entsprechenden Bildmaße (in Zentimetern) sowie die Zuordnung von
Ländern, Städten und Themen (Abb. 9).

Da die Erwerbung zeitlich in die Phase 2 der Sammlungsgenese fällt, war davon
auszugehen, dass der Posten dieser 41 Lithografien geschlossen inventarisiert wurde.
Ebenso konnte vermutet werden, dass sich die hierfür vergebenen Altinventarnummern
im darunterliegenden Bereich im Vergleich zu den bereits identifizierten Posten von
Julius Carlebach vom Februar/April 1937 befinden. Da auf den historischen Karteikarten
aus der Sammlungsphase 5 bei jedem Guckkastenbild die Maße, Ortsangaben und Bild-
arten eingetragen sind, konnte der Ankaufsposten zügig identifiziert werden. Ein be-
deutender Hinweis waren dabei die vier historischen Fotografien von Rom (2 Stück),

---

86   Bleistiftskizze von Ernst Heinecke zum angebotenen Guckkasten, 10. 7. 1936, in: ebd., Bl. 408 – 407, hier
Bl. 407.

ERNST HEINECKE

TELEFON:
B 2 Lützow **4773**
BANKKONTO :
Darmstädter und Nationalbank,
Kommanditgesellschaft auf Aktien.
Depositenkasse Kurfürstendamm 26 a
Ecke Fasanen-Straße. Berlin W 15
POSTSCHECKKONTO :
Berlin **145329**

BERLIN W 35, den *10 Juli 1936*

~~GENTHINERSTR. 30~~
Woyrschstr. 45

Firma

Carl Zeiss
Optisches Museum,

Jena

Sehr geehrter Herr Professor,

ich habe soeben Ihren Brief vom 9.ds. erhalten, und ersehe daraus zu meinem grössten Bedauern, dass ich Ihnen Mühe gemacht habe durch die unrichtige Anschrift und ich bitte Sie sehr um Entschuldigung.In Zukunft wird es nun nicht mehr vorkommen.

Gestatten Sie mir, Sehr geehrter Herr Professor Ihnen zu sagen,dass mich Ihre Altersmitteilung nach der von Ihnen mit mir geführten so lebendigen und für mich sehr lehrreichen Korrespondenz,überrascht hat,in meiner Vorstellung waren Sie etwa 10 Jahre älter als ich(ich bin im 38. Jahre) .

Das Blatt habe ich in diesem Augenblick zurück-erhalten.

Von dem Guckkasten lege ich Ihnen eine kleine Skizze bei.

```
                    Es sind insgesamt 41 Blätter und zwar:
    19:28  cm.  Ansichten Schweiz und Frankreich   10 Stück
    35:55   "   3 (incl.Deckelblatt) Versailles,Genf
    27:36   "   7 Paris
    31:44   "   5 Frankreich
                1 Neapel
ca.     "    "  2 Italien
                1 Versailles
    16:24   "   5 Schweiz
                1 Italien
    13:20   "   1 Genua
                1 Seestück
                1 Kircheninneres
    26:33   "   4 alte Fotos (Rom,Zürich,Venedig)die bei Licht
                bunt erscheinen.
```

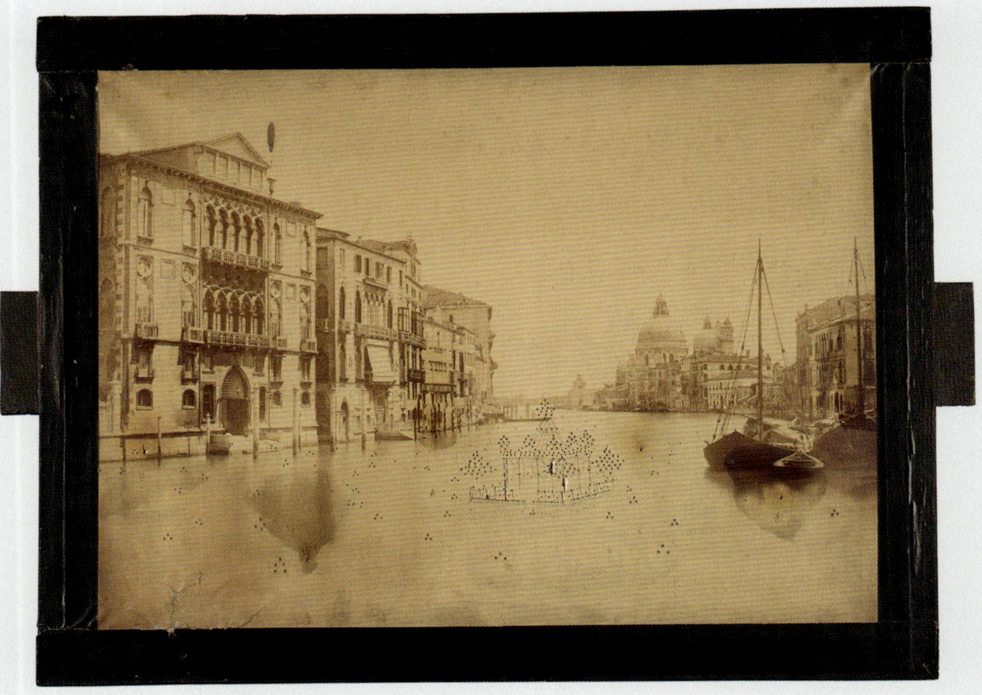

10 Die Vorderseite des Guckkastenbildes mit der Altinventarnummer 292 (DOM, Inv.Nr. 8736100017089) zeigt eine frühe Fotografie des Canal Grande in Venedig, in die mit Nadelstichen eine zusätzliche Gondel angedeutet wurde und die den Betrachtenden bei rückseitiger Beleuchtung bunt erscheint.
Scan: Stiftung Deutsches Optisches Museum.

Zürich und Venedig. Die Verwendung historischer Fotografien als Guckkastenbilder ist nur einmalig in diesem Posten in der Sammlung vorhanden. Typisch für die Phase 2 der Sammlungsgenese ergab sich erneut eine geschlossene Altinventarnummernfolge des Ankaufspostens (Alt-Inv.Nr. 285 – 325).

Während der Objektautopsie konnte festgestellt werden, dass die Guckkastenbilder umfangreiche Bearbeitungen zur Verwendung in einem Guckkasten aufweisen. Die Bildtitel wurden abgeschnitten und auf ein händisch mit Tinte beschriebenes Papierstück auf den rückseitig verstärkenden Leinwandbezug geklebt. Zum Ein- und Auswechseln in den Guckkasten sind alle Guckkastenbilder auf Holzrahmen befestigt. Alle Rahmen wurden zur Verstärkung der Bildwirkung vom Vorbesitzer zusätzlich vorderseitig geschwärzt. Damit auch kleinere Bildgrößen sich passgenau in die Einschubvorrichtung einsetzen lassen, befinden sich an den Seiten des Holzrahmens zusätzliche Holzquader als Halterung (Abb. 10/11).

Sehr auffällig für diesen Posten sind Holzschlaufen, die sich zum Einsetzen und Herausziehen der Guckkastenbilder oben mittig am Holzrahmen auf der Rückseite befinden oder von denen noch Spuren ihrer Anbringung erkennbar sind. Um den Vorgang des Ein- und Aussetzens in den Guckkasten sowie die Wirkung der einzelnen Bildbearbeitungen auch nachvollziehbar machen zu können, wurden einige Guckkastenbilder

11   Der Bildtitel wurde vom früheren Eigentümer händisch mit Tinte auf einem angeklebten Zettel auf der Rückseite des Guckkastenbildes mit der Altinventarnummer 294 (DOM, Inv.Nr. 8736100017086) vermerkt. Typische Erkennungsmerkmale des Ankaufspostens sind ebenso die beidseitigen Halterungen und der rückwändige Leinwandbezug, der auf den Rahmen geklebt wurde. Scan: Stiftung Deutsches Optisches Museum.

ausgewählt und eingesetzt. Durch ein nicht zu weites Öffnen des Deckels und einen sich langsam steigernden Öffnungswinkel der Rückseite als Hintergrundbeleuchtung erscheinen den Betrachtenden plötzlich leuchtend bunte Laternen auf einer fahrenden Gondel auf dem Canal Grande in Venedig.

Vor dem Ankauf dieses Postens teilte Ernst Heinecke von Rohr am 23. Mai 1936 bereits mit, dass der jüdische Kunsthändler Julius Carlebach mit Berufsverbot belegt worden sei und er dessen Geschäftsverbindungen übernommen habe.[87] Hierbei handelte es sich jedoch nicht um eine staatlich organisierte »Arisierung«. Vielmehr existieren Hinweise, dass die Geschäftsübernahme in Absprache mit Carlebach erfolgte. Heinecke informierte beispielsweise Carlebach über die Weiterführung von Geschäftskontakten und die ersten Objektverkäufe. Kurz nachdem von Rohr Heinecke den Ankauf des Guckkastens zusagte und noch bevor er den Betrag am 10. August überweisen konnte, war Carlebach darüber bereits von Heinecke informiert.[88] In einem Schreiben an von Rohr teilte Carlebach ihm am 29. Juli mit:

87 Angebotsschreiben von Ernst Heinecke an Moritz von Rohr, 23. 5. 1936, in: ebd., Bl. 415.

88 Schreiben von Moritz von Rohr an Ernst Heinecke, 18. 7. 1936, in: ebd., Bl. 404; Ankaufsanweisung an die Einkaufsabteilung, 10. 8. 1936, in: DOM, Inv.Nr. 8736100013817 (OM 6), Bl. 400.

» Ich höre heute, daß Sie von meinem Freund den schönen Guckkasten erworben haben und freue mich darüber. Es ist wirklich ein interessantes und preiswertes Stück. « [89]

Diese Aussage lässt vermuten, dass nach Carlebachs Ausschluss aus der Reichskulturkammer und Berufsverbot Heinecke das Geschäft im Sinne Carlebachs übernahm und zwischen beiden ein kommunikatives und freundschaftliches Verhältnis bestand. Beide scheinen sich intensiv über die Verkäufe an bestimmte Abnehmer ausgetauscht zu haben. So bot Heinecke beispielsweise im Juni gezielt vier Laterna-Magica-Bilder an. Von Rohr erstattete hierzu Hans Harting (1868–1951) aus der Geschäftsführung der Carl-Zeiss-Stiftung einen »Bericht«[90] und warb dafür, die angebotenen vier Bilder »für die Zauberlaterne«[91] als Gegenstücke zu prachtvolleren Exemplaren aus London zu übernehmen. Die Inhalte dieses Berichtes, die zum Ankauf führten, sind leider nicht überliefert. Einige Indizien sprechen dafür, dass Heinecke nach Carlebachs Berufsverbot den Geschäftskontakt im Sinne Carlebachs fortführte und von ihm über bekannte Abnehmer und deren Interessen informiert war.[92] Ebenso ist auffällig, dass beide – Heinecke und Carlebach – im Folgejahr 1937 verstärkt Guckkastenbilder anboten. Es ist demnach gut möglich, dass Heinecke als Strohmann Carlebachs agierte und dessen Geschäft nach außen formell übernahm, während Carlebach noch gewisse Einflussmöglichkeiten »hinter der Ladentür« offengehalten wurden. Inwieweit diese Vermutung zutreffend ist, müssen weitere Forschungen klären.

Da noch nicht abschließend beurteilt werden kann, inwieweit Ernst Heinecke als Profiteur des NS-Regimes einzuordnen ist und Hinweise auf einen NS-verfolgungsbedingten Entzug vorliegen, muss die Herkunft der Guckkastenbilder weiterhin prioritär erforscht werden. Bis dies abgeschlossen ist, wird empfohlen, die Provenienz der Guckkastenbilder zunächst als »bedenklich« (orange) einzustufen.[93]

Erwerbungen aus der Frankfurter Kunsthandlung F.A.C. Prestel

Aus der Ankaufskorrespondenz ließ sich rekonstruieren, dass die noch heute existierende Frankfurter Kunsthandlung F.A.C. Prestel am 7. Februar 1938 einen Posten von 15 Guckkastenbildern dem Optischen Museum anbot und zur Ansicht übersandte.[94] Nähere Angaben zu den Darstellungen, Orten, Titeln etc. wurden nicht genannt. Lediglich eine Differenzierung der Angebotspreise zwischen sechs und acht Reichsmark konnte als Identifizierungsmerkmal analysiert werden. Nach einer Überprüfung der angebotenen Exemplare entschied von Rohr sich für den Ankauf von 13 Stück – darunter neun für sechs und vier für acht Reichsmark, sodass sich ein Gesamtpreis von 86 Reichs-

---

89 Schreiben von Julius Carlebach an Moritz von Rohr, 29. 7. 1936, in: DOM, Inv.Nr. 8736100013818 (OM 6), Bl. 270v.

90 Schreiben von Moritz von Rohr an Ernst Heinecke, 1. 7. 1936, in: DOM, Inv.Nr. 8736100013817 (OM 6), Bl. 411.

91 Ebd.

92 Erwerbungszusage von Moritz von Rohr an Julius Carlebach, 30. 3. 1936, in: DOM, Inv.Nr. 8736100013818 (OM 6), Bl. 298.

93 Vgl. hierzu Baresel-Brand, Andrea / Scheibe, Michaela / Winter, Petra: Ergebnisse der Provenienzforschung in: Deutsches Zentrum Kulturgutverluste u. a. (Hrsg.): Leitfaden Provenienzforschung, S. 83–100, hier S. 89.

94 Angebotsschreiben der Kunsthandlung F.A.C. Prestel an Moritz von Rohr, 7. 2. 1938, in: DOM, Inv.Nr. 8736100017085 (OM 7), Bl. 399.

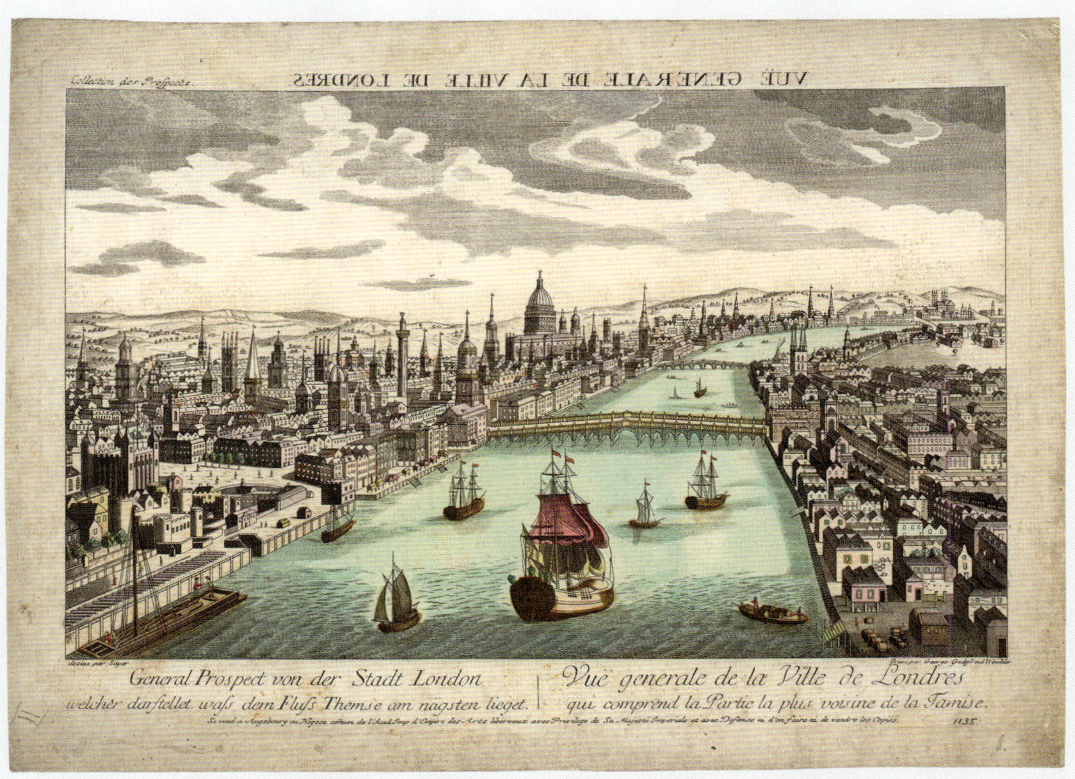

12 Das Guckkastenbild mit der Altinventarnummer 1135 (DOM, Inv.Nr. 8736100012712) zeigt eine Stadtansicht von London mit Blick auf die Themse, gestochen von Georg Friedrich Winckler (1704–1762). Im unteren rechten Rand ist die mit Bleistift angebrachte Preisangabe »8,-« der Kunsthandlung F.A.C. Prestel zu erkennen. Scan: Stiftung Deutsches Optisches Museum.

mark summierte.[95] Diese Angaben boten für eine Identifizierung zunächst wenig Anhaltspunkte. Während der Sichtung der kompletten Guckkastenbildersammlung konnte jedoch festgestellt werden, dass einige wenige Sammlungsstücke auf den Vorder- und Rückseiten Preisangaben aufweisen. Diese Hinweise wurden zusammen mit den anderen Daten in die bereits beschriebene Exceltabelle eingetragen. Während der Datenauswertung der Spalte »Preisangaben« wurde nun ersichtlich, dass sich einige Posten in der Sammlung befinden, die annotierte Preise der Verkäufer aufweisen. Hierbei ließ sich feststellen, dass die Altinventarnummern 1128 bis 1140 eine auffällige Gruppe von 13 Guckkastenbildern bilden. Neun von diesen besitzen in der rechten unteren Ecke der Vorderseite die handschriftliche Annotation »6,-«, die sich als Preisangabe auf sechs Reichsmark bezieht. Auf vier weiteren Guckkastenbildern in dieser Nummernfolge findet sich an gleicher Stelle die Annotation »8,-« (Abb. 12).

95 Ankaufsschreiben von Moritz von Rohr an die Kunsthandlung F.A.C. Prestel, 11. 2. 1938, in: ebd., Bl. 397.

Da die Kunsthandlung F.A.C. Prestel in dem Angebotsschreiben lediglich Preisunterschiede angab und keine weitere Erklärung hinzufügte, für welche Stücke dieses Postens der jeweilige Preis berechnet wurde, lag die Vermutung nahe, dass die Preise auf den Guckkastenbildern notiert waren. Zudem bildet diese Altinventarnummernfolge eine einheitliche Gruppe, die sich von den umliegenden Nummernfolgen deutlich abhebt. Diese Gruppe beinhaltet ausschließlich unbeschnittene Kupferstiche der »Kaiserlich Franciscischen Akademie der Freien Künste und Wissenschaften«, deren Kolorierung sehr hochwertig und präzise ausgeführt wurde. Auf den 13 Guckkastenbildern finden sich die Namen jener Stecher, die am häufigsten auf den Erzeugnissen jener Vereinigung zu finden sind: Balthasar Friedrich Leizel (teilweise auch »Leizelt« geschrieben) (1727–1802) und Benedikt Winckler (1727–1797). Dass die Kunsthandlung F.A.C. Prestel bestrebt war, hochqualitative Grafiken anzubieten, bestätigten die Indizien der Identifizierung. Die Inventarisierung des Postens in dem Bereich 1128 bis 1140 der Phase 3 der Sammlungsgenese verweist zusätzlich auf den Ankauf dieses Postens als einen der letzten vor Auslagerung der Sammlung 1941. Durch die gesammelten Indizien gelang es, den im Februar 1938 erworbenen Posten von 13 Guckkastenbildern zu identifizieren, obwohl lediglich die Stückzahl und Preisangaben überliefert waren.

Zur Herkunft der von F.A.C. Prestel am 11. Februar 1938 an das Optische Museum in Jena verkauften 13 Guckkastenbilder existieren keine näheren Informationen. In der Korrespondenz findet sich nur die Angabe, dass die Kunsthandlung diese erst kürzlich »erhalten«[96] habe, was ausschließt, dass es sich hier um ältere Lagerbestände der Firma F.A.C. Prestel handelte. Auch die Objektautopsie konnte keine weiteren Hinweise auf die Vorbesitzer oder die Zugehörigkeit zu einer Sammlung ausfindig machen. Erwähnenswert scheint jedoch, dass einige Jahre zuvor, am 5. Oktober 1935, die Kunsthandlung einen Kulissenguckkasten mitsamt 41 Guckkastenbildern an das Optische Museum verkauft hatte. Nach den Angaben des Geschäftsinhabers Albert Voigtländer-Tetzner (1875–1936) wurde dieser Guckkasten zwischen 1810 und 1820 für eine »Altfrankfurter Familie«[97] als Einzelstück gefertigt. Um welche Familie es sich dabei handelte und ob der Guckkasten anschließend weiterhin in deren Besitz blieb, konnte nicht ermittelt werden. Daraus lässt sich jedoch vermuten, dass die Frankfurter Kunsthandlung F.A.C. Prestel erneut Guckkastenbilder regional erwarb und diese dem Optischen Museum als bekanntem Abnehmer anbot. Aufgrund der nur wenigen biografischen Informationen, die zu den Geschäftsinhabern Albert und Peter Voigtländer-Tetzner vorliegen, ist es schwer, zu ihrem Verhalten in der Zeit des Nationalsozialismus eine Einschätzung zu treffen. Der Umstand, dass die Firma F.A.C. Prestel auch nach 1933 mit wirtschaftlichen Schwierigkeiten zu kämpfen hatte und Peter Voigtländer-Tetzner (1909–1995) das Unternehmen bei der Geschäftsübernahme verkleinerte, spricht eher gegen die Vermutung, dass sie als Profiteure des NS-Regimes einzustufen sind.[98] Leider

---

96 Schreiben von Peter Voigtländer-Tetzner an Moritz von Rohr, 7.2.1938, in: ebd., Bl. 399.

97 Albert Voigtländer-Tetzner an Moritz von Rohr, 9.11.1935, in: DOM, Inv.Nr. 8736100013819 (OM 5), Bl. 508.

98 Personendokumentation Albert Voigtländer-Tetzner, in: ISG Frankfurt S2/4777; Personendokumentation Peter Voigtländer-Tetzner, in: ISG S2/12.411; Voigtländer-Tetzner, Erika: Vorwort, in: Voigtländer-Tetzner, Erika / Voigtländer-Tetzner-Laubenstein, Gabriele (Hrsg.): 1936–1995. Die Arbeit des Frankfurter Galeristen und Kunsthändlers Peter Voigtländer-Tetzner (16.8.1909–11.5.1995). Eine Ausstellung von Arbeiten der Künstler, für die er sich besonders einsetzte, Frankfurt am Main 1995, S. 2–3; Voigtländer-Tetzner-Laubenstein, Gabriele: Der Auktionator und Kunsthändler Albert Voigtländer-Tetzner, in: Bartetzko, Dieter (Hrsg.): 1910–2010. 100 Jahre Voigtländer-Tetzner in F.A.C. Prestel: ein Bilderbuch, Frankfurt am Main 2010, S. 82–86.

konnten keine näheren Angaben ermittelt werden, woher die von F.A.C. Prestel an das Optische Museum verkauften Objekte stammten. Da Provenienzlücken bestehen, muss die Herkunft weiterhin erforscht werden. Eine vorläufige Einstufung wird daher als »nicht zweifelsfrei unbedenklich« (gelb) empfohlen.[99]

Resümee

Als optisch-technische Vorführmedien erlangten die Guckkastenbilder von der zweiten Hälfte des 18. bis ins beginnende 19. Jahrhundert nicht nur große Beliebtheit, sondern auch eine massenmediale Verbreitung innerhalb Europas. Diese Verbreitung lässt sich auf nur wenige Hersteller und Verlage zurückführen, die sich auf die Fertigung von Guckkastenbildern spezialisierten. Vorrangig lassen sich diese auf die Städte Augsburg, Paris und London lokal eingrenzen. Obwohl deren oftmals für den Export bestimmte Massenwaren keine besonderen Erkennungsmerkmale aufweisen, haben Sammler und Guckkästner auf diesen oftmals ihre individuellen Spuren hinterlassen. Teilweise stark nachbearbeitet mit ausgeschnittenen und farblich hinterklebten oder geschwärzten Elementen, eigens angebrachter Holzrahmen oder Schlaufen, händisch angebrachten Titeln und Sammlungsnummern oder Annotationen lassen sich heute noch zusammengehörige Posten ehemaliger Eigentümer rekonstruieren. Kleine Einzelhinweise können dabei entscheidend sein, um die verschieden inventarisierten Guckkastenbilder wie Puzzlestücke einer ehemaligen Sammlung oder bestimmten Einlieferern zuordnen zu können.

Der vorgestellte methodische Ansatz liefert eine Möglichkeit – auch bei größeren Sammlungen mit verschiedenen Inventarisierungssystemen, bei der Objektidentifizierung gezielt vorgehen und dabei gewisse »Inventarisierungsbrüche« oder den Austausch von Doppelstücken beachten zu können. Um den Überblick zu vielen Details in großen Guckkastenbildersammlungen nicht zu verlieren, bieten sich das Erstellen einer Erwerbungschronik und das Sammeln von Objektmerkmalen in einer Exceltabelle besonders an. Einzelne Hinweise in der Ankaufskorrespondenz konnten damit effizient gefiltert werden und führten letztlich zur Identifizierung mehrerer Ankaufsposten. Diese dienten im Kontext der rekonstruierten Sammlungsgenese zugleich als neue Anhaltspunkte zur Identifizierung umliegender Erwerbungen.

Lassen sich mittels dieses Vorgehens zwar die Einlieferer ermitteln, sind über die früheren Eigentümer jedoch bislang kaum Informationen bekannt. Während Privatpersonen Guckkastenbilder häufig aus alten Familienbeständen anboten, hielten Vermittler oder Händler ihre Warenquellen oft bedeckt. Woher diese letztlich ihre Ware bezogen, bleibt im Falle der Guckkastenbildersammlung des D.O.M. eine noch offene Frage für künftige Forschungen.

---

99 Vgl. hierzu Baresel-Brand / Scheibe / Winter: Ergebnisse (wie Anm. 96), S. 89.

»Der Mann ist für unsere Sammlung recht wichtig …«
Das Optische Museum in Jena und der Frankfurter Kunsthändler Walter Carl

RON HELLFRITZSCH | DEUTSCHES OPTISCHES MUSEUM, JENA

Das Deutsche Optische Museum verfügt über eine der deutschlandweit größten Sammlungen historischer Sonnenuhren. Es handelt sich hierbei vornehmlich um Objekte aus der zweiten Hälfte des 18. Jahrhunderts. 53 der insgesamt 60 Sonnenuhren gehörten bereits vor Ende des Zweiten Weltkrieges zum Bestand des damaligen Optischen Museums in Jena.[1] Hierzu zählen wiederum 38 Objekte, die in der NS-Zeit erworben wurden. 16 der Sonnenuhren stammen von dem Frankfurter Kunsthändler Walter Carl (1884–1956).[2] Moritz von Rohr (1868–1940), der seit 1924 die geschäftsführende Leitung des Optischen Museums innehatte,[3] schrieb im September 1935 an seine Vorgesetzten bei der Carl-Zeiss-Stiftung: »Der Mann [Walter Carl] ist für unsere Sammlung recht wichtig; wir haben sehr schöne und gelegentlich besonders preiswerte Stücke von ihm erworben.«[4]

In der Tat befinden sich unter den bei Walter Carl angekauften Sonnenuhren einige recht bedeutende Objekte, zum Teil sogar Unikate. Es handelt sich überwiegend um Sonnenuhren aus der zweiten Hälfte des 18. Jahrhunderts, u. a. zwei Tischsonnenuhren des böhmischen Meisters Johann Engelbrecht aus Beraun, eine Augsburger Reisesonnenuhr, die von unbekannter Hand zur Tischsonnenuhr ausgebaut wurde und eine von Salomon Krigner in Marienburg in Preußen gefertigte ovale Büchsensonnenuhr mit eingebautem Federmechanismus.[5] Im Folgenden soll kurz berichtet werden, wie im

1 Ein Großteil des vor 1945 im Optischen Museum in Jena vorhandenen Bestandes an Sonnenuhren ist erfasst in: Zinner, Ernst: Deutsche und niederländische astronomische Instrumente des 11. bis 18. Jahrhunderts, München 1967. Die betreffenden Objekte sind dort jeweils mit dem Vermerk »Jena Zeiss-Sammlung« bzw. »Jena Zeiß Slg.« versehen.

2 Liste der Einkäufe für das Optische Museum in den Jahren 1935 bis 1944, in: Deutsches Optisches Museum (im Folgenden: DOM), Inv.Nr. 8736100026011 (OM 21), Bl. 1–4. Liste der durch das Optische Museum aus der Sammlung Thomas Henry Court erworbenen Objekte, Inv.Nr. 8736100025930, Bl. 136–137.

3 Eine konkrete Leitung oder Direktion des Optischen Museums Jena existierte seinerzeit nicht. Vielmehr gab es formell mehrere Verantwortliche, wobei aber Moritz von Rohr bis zu seinem Tod im Jahre 1940 de facto dessen eigentlicher Geschäftsführer und zugleich Sammlungsbetreuer war: Meinl, Hans: Das Optische Museum in Jena – Teil 1, in: Ernst-Abbe-Stiftung (Hrsg.): Schatzkammer der Optik. Die Sammlungen des Optischen Museums Jena, Jena 2013, S. 15–38, hier S. 29–32.

4 Moritz von Rohr an Hans Harting, 11. 9. 1935, in: Betriebsarchiv Carl Zeiss Jena (BACZ), 20130 (ohne Paginierung).

5 Nähere Angaben zu den betreffenden Sonnenuhren finden sich in: Zinner: Instrumente (wie Anm. 1), S. 307; Bobinger, Maximilian: Alt-Augsburger Kompassmacher. Sonnen-, Mond- und Sternuhren. Astronomische und

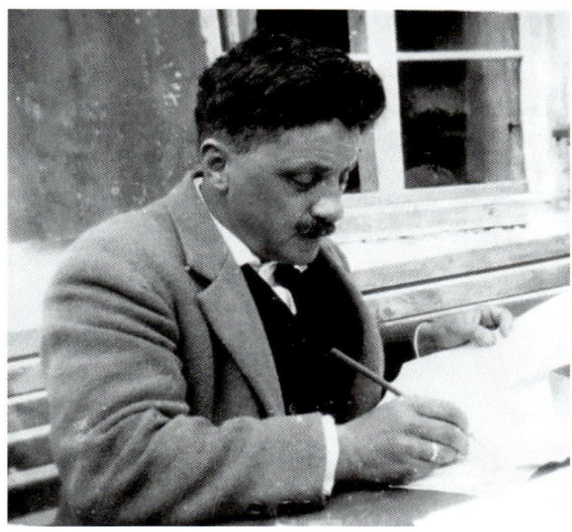

1 Walter Carl Mitte der 1930er Jahre. Foto: Privatbesitz Familie Carl.

Rahmen des Projekts »INSIGHT D.O.M.« die Erwerbungsgeschichte jener 16 Sonnenuhren erforscht wurde. Dabei galt es insbesondere zu klären, ob sich unter diesen Objekten möglicherweise NS-verfolgungsbedingt entzogenes Kulturgut befindet.[6]

Der Frankfurter Kunsthändler Walter Carl

Walter Carl (Abb. 1) ist der Forschung vor allem als Freund und früher Förderer des Malers Max Beckmann (1884–1950) bekannt.[7] Kaum erforscht ist hingegen, welche Aktivitäten Carl auf dem deutschen Kunst- und Antiquitätenmarkt, vor allem in den Jahren ab 1933, entwickelte. Der Verfasser ist in der glücklichen Situation, für den vorliegenden Beitrag auf einige bislang noch unbekannte Dokumente aus dem persönlichen Nachlass Walter Carls zurückgreifen zu können.[8] Hierdurch und auf Basis weiterer Quellenfunde konnten einige wichtige Informationen zur Biografie Walter Carls gesammelt werden. Der Sohn des Textilkaufmanns Julius Adam Carl (1852–1930)[9] betrieb seit Herbst 1919 in der Bockenheimer Landstraße 9 in Frankfurt am Main ein

mathematische Geräte. Räderuhren (= Abhandlungen zur Geschichte der Stadt Augsburg. Schriftenreihe des Stadtarchivs Augsburg, Bd. 16), Augsburg 1966, S. 374; Körber, Hans-Günther: Zur Geschichte der Konstruktion von Sonnenuhren und Kompassen des 16. bis 18. Jahrhunderts, Berlin 1965, S. 140–141, S. 157.

6 Siehe hierzu auch: Groß, Sören/Hellfritzsch, Ron: Verantwortung – Aufarbeitung – Erinnerung. Provenienzforschung am Deutschen Optischen Museum Jena, in: Hahn, Hans-Werner/Kreutzmann, Marko (Hrsg.): Jüdische Geschichte in Thüringen. Strukturen und Entwicklungen vom Mittelalter bis ins 20. Jahrhundert (Veröffentlichungen der Historischen Kommission für Thüringen. Kleine Reihe, Bd. 64), Wien/Köln 2022, S. 403–425.

7 Hansert, Andreas: Georg Hartmann (1870–1954). Biographie eines Frankfurter Schriftgießers, Bibliophilen und Kunstmäzens, Wien/Köln/Weimar 2009, S. 62–63; Walldorf, Esther: Von Weimar in die Schweizer Straße 3 – Max Beckmann und die »lieben Ugis«, in: 1822-Stiftung der Frankfurter Sparkasse (Hrsg.): Die Künstlerfamilie Battenberg, Frankfurt am Main 2007, S. 75–84, hier S. 83.

8 Der Enkelin Walter Carls, die dem Provenienzforschungsprojekt »INSIGHT D.O.M.« jene nach wie vor in Familienbesitz befindlichen Dokumente zur Verfügung stellte, sei an dieser Stelle nochmals für ihr großzügiges Entgegenkommen und für ihre Offenheit, sich auch kritischen Punkten der eigenen Familiengeschichte zu stellen, ganz herzlich gedankt.

9 Einträge im Ahnenpass Walter Carls, S. 18–19 (Privatbesitz Familie Carl).

Antiquitätengeschäft[10] und verfügte über ein ausgesprochen breites Warenangebot, mit dem er große Preisspannen bediente. Den größten Teil nahmen dabei antike Möbel sowie gotische und barocke Holzfiguren ein. Außerdem hatte Walter Carl Gemälde, Grafiken und kunstgewerbliche Gegenstände verschiedenster Art im Sortiment, u. a. Waffen, Musikinstrumente, Bilderrahmen, Chinoiserien, Textilien und technische Instrumente.[11] Carls besonderes Kapital als Kunst- und Antiquitätenhändler bildeten seine ausgesprochen großen und vielfältigen Lagerbestände, mit denen er seit Ende der 1930er Jahre in der Zeitschrift »Weltkunst« in großen Inseraten warb.[12] Woher Carl seine Objekte bezog, lässt sich nur schwer bestimmen. Offenbar stammten sie aus sehr unterschiedlichen Quellen: Neben Auktionen,[13] Museen – die bei Carl erworbene Objekte mit »Tauschware«[14] bezahlten – und Privatleuten kommen wohl nicht zuletzt Geschäftskollegen infrage.[15] Die Geschäftsanzeigen Walter Carls aus den 1930er Jahren enthalten häufig den Vermerk »Händlerbesuch erwünscht«[16] bzw. »Händlerbesuch erbeten«[17] (Abb. 2), was darauf schließen lässt, dass er mit seinen Lagerbeständen vor allem als eine Art Großhändler fungierte, bei dem andere Kunst- und Antiquitätengeschäfte Objekte zum Weiterverkauf erwarben. Nachweisbar ist, dass beispielsweise die Münchener Kunsthandlung Julius Böhler bei Carl antike Möbel erwarb.[18] Zugleich gehörten zum Kundenkreis der Kunst- und Antiquitätenhandlung Walter Carl bedeutende Museen, insbesondere Kunstgewerbemuseen, in ganz Deutschland. Belegt sind Verbindungen Carls u. a. zum Deutschen Museum in München,[19]

10 N.N.: Kunstmarkt, in: Kunstchronik und Kunstmarkt. Wochenschrift für Kenner und Sammler, Jg. 55, NF XXXI, Nr. 7 (14. 11. 1919), S. 148; Heilbrunn, Ludwig: Erinnerungen an das Frankfurt Max Beckmanns, S. 29 – 30, in: Institut für Stadtgeschichte Frankfurt (im Folgenden ISG Frankfurt), S5, 389 (ohne Paginierung).

11 Die ganze Bandbreite von Carls Warensortiment und der von ihm bedienten Preisspannen wird insbesondere in den Korrespondenzen deutlich, die er in den Jahren 1922 bis 1937 mit dem Deutschen Museum in München führte: Deutsches Museum Archiv, VA 0069/1; VA 1201/4; VA 1202/2; VA 127/1; VA 1230/1; VA 1286/1; VA 1287/1; VA 1288/1; VA 1290/1; VA 1528/2; VA 1638/1; VA 1767/1; VA 1869/4; VA 1965/1 (ohne Paginierung). Siehe auch: die Anzeigen Walter Carls in der »Weltkunst« vom 1. 1. 1937, vom 23. 5. 1937 und vom 14. 3. 1940; Heilbrunn: Erinnerungen (wie Anm. 10), S. 30; Korrespondenz Walter Carls mit der Direktion der Kunsthalle Mannheim, April 1928 bis April 1935, in: MARCHIVUM Mannheim, 2/2012_00465; Georg Kinsky an Ulrich Rück, 1. 7. 1933, in: Germanisches Nationalmuseum Nürnberg (GNM), NL Rück, I, C-0444d (ohne Paginierung).

12 Siehe u. a. die Anzeigen Walter Carls in der »Weltkunst« vom 23. 5. 1937 und vom 14. 3. 1940.

13 Annotiertes Handexemplar des Katalogs: Feulner, Adolf / Helbing, Hugo (Hrsg.): Aus den Beständen zweier deutscher Museen – Frankfurter und Darmstädter Privatbesitz: Steinzeug […], Frankfurt am Main, 5./6. Mai 1931, S. 42 (Onlinezugang: digi.ub.uni-heidelberg.de/diglit/helbing1931_05_05x/0047, letzter Abruf 18. 1. 2022). Daneben war Carl bei Auktionen auch als Einlieferer vertreten. Siehe u. a. das Versteigerungsbuch des Frankfurter Versteigerungshauses Otto Schwepphäuser, S. 159v, in: ISG Frankfurt, W3-280.

14 Carl an die Städt. Kunstsammlung Augsburg, 2. 9. 1937, in: Kunstsammlungen und Museen Augsburg (im Folgenden KUSA Augsburg), IV/343 Schriftwechsel mit Einzelpersonen bis 31. 12. 1946, IV/3430 A-E, 1932 bis 31. Dezember 1940 (ohne Paginierung). Dem hier zitierten Brief lässt sich entnehmen, dass Carl diese Option zumindest anbot. Ein Geschäftsabschluss kam in dem betreffenden Fall allerdings nicht zustande.

15 Vgl. die Angaben Carls zur Herkunft von ihm angebotener Objekte: Carl an Städt. Kunstsammlung Augsburg, 16. 5. 1938, in: ebd. (ohne Paginierung) und Carl an das Optische Museum in Jena, 20. 12. 1935, in: DOM, Inv.Nr. 8736100013819 (OM 5), Bl. 72.

16 Anzeige Walter Carls in »Weltkunst« vom 23. 5. 1937.

17 Anzeige Walter Carls in »Weltkunst« vom 15. 2. 1942.

18 Siehe hierzu folgende Karteikarten der Kunsthandlung Böhler, die im Zentralinstitut für Kunstgeschichte in München aufbewahrt werden: M_38-0221; M_41-0195; M_41-0196; M_41-0197; M_41-0198; M_27-0147; M_36-0276 (Onlinezugang: boehler.zikg.eu/wisski/navigate/202921/view, letzter Abruf 18. 1. 2022).

19 Korrespondenzen Carls mit dem Deutschen Museum München (wie Anm. 11). Siehe auch den Beitrag von Bernhard Wörrle in diesem Band.

WALTER CARL
Bedeutendes Lager in alten
ORIGINAL-MÖBELN
von 1500 - 1800, ungerichtet u. gerichtet
Sonderabteilung: Frühe Plastik
und Gemälde, Gläser und Rahmen
Händlerbesuch erwünscht
Frankfurt am Main — Paulsplatz 6
(gegenüber dem Römer und der historischen Paulskirche)

zu den Bayerischen Staatsgemäldesammlungen in München,[20] zur Kunsthalle Mannheim,[21] zur Badischen Kunsthalle in Karlsruhe,[22] zum Hessischen Landesmuseum in Kassel,[23] zu den Städtischen Kunstsammlungen Augsburg,[24] zum Museum für angewandte Kunst in Frankfurt am Main[25] und zum Museum für Kunst und Gewerbe in Hamburg. Im Fall des letzteren Museums erstreckten sich die Geschäftsbeziehungen mit der Kunst- und Antiquitätenhandlung Walter Carl über einen besonders langen Zeitraum, von 1924 bis ins Jahr 1957 hinein.[26]

Nicht zuletzt bediente Carl die Interessen von Museen mit besonderem Sammlungsfokus. So baute er etwa mit dem Deutschen Ledermuseum in Offenbach am Main seit 1922 eine sehr rege Geschäftsbeziehung auf, die sich über fast drei Jahrzehnte erstreckte.[27] Als 1927 ein Jüdisches Museum als eigener besonderer Ausstellungsbereich des Hessischen Landesmuseums in Kassel eingerichtet wurde,[28] trat Carl sogleich mit den dafür verantwortlichen Personen in Verbindung und bot Judaica-Objekte an.[29]

20   Korrespondenz Carls mit den Bayerischen Staatsgemäldesammlungen in der Zeit vom 8. 11. 1938 bis zum 30. 12. 1938, in: Bayerisches Hauptstaatsarchiv München, Nr. R0003 (ohne Paginierung).

21   Korrespondenz Walter Carls mit der Direktion der Kunsthalle Mannheim, April 1928 bis April 1935 (wie Anm. 11); Korrespondenz Walter Carls mit der Direktion der Kunsthalle Mannheim, Mai/Juni 1938, in: MARCHIVUM Mannheim, 2/2012_00471 (ohne Paginierung).

22   Korrespondenz Walter Carls mit der Direktion der Badischen Kunsthalle Karlsruhe, April 1930 bis Januar 1941, in: Landesarchiv Baden-Württemberg, Abt. Generallandesarchiv Karlsruhe, 441-3 Nr. 656 (ohne Paginierung).

23   Korrespondenz Carls mit dem Hessischen Landesmuseum in Kassel, in: Museumslandschaft Hessen Kassel-Archiv (im Folgenden: MHK-Archiv), Kauf und Tausch, Bd. 15 bis Bd. 39.

24   Korrespondenz Carls mit der Städtischen Kunstsammlung Augsburg, April 1934 bis April 1941, in: KUSA Augsburg, IV/343 Schriftwechsel mit Einzelpersonen bis 31. 12. 1916, IV/3430 A-E, 1932 bis 31. Dezember 1940 (ohne Paginierung).

25   Siehe die Angaben zu dem von August 2016 bis August 2019 am Museum für angewandte Kunst in Frankfurt am Main laufenden Provenienzforschungsprojekt: www.proveana.de/de/link/pro10000088, letzter Abruf 18. 1. 2022.

26   Siehe hierzu die Korrespondenzen in: Museum für Kunst und Gewerbe Hamburg (im Folgenden: MK&G) Archiv, Korr 7 (Gelehrte u. Interessenten Karton 3), Mappe C 1924–1933; MK&G Archiv, Anfr. 48 (1933); MK&G Archiv, Anfr. 49 (1934); MK&G Archiv, Anfr. 50 (1935); MK&G Archiv, Anfr. 57 (1952); MK&G Archiv, Anfr. 64 (1957). Für diesen Hinweis danke ich Frau Dr. Silke Reuther.

27   Auskunft Inez Florschütz, Deutsches Ledermuseum Offenbach, 18. 5. 2021.

28   Schmidberger, Ekkehard: Rudolf Hallo und das jüdische Museum in Kassel, in: Magistrat der Stadt Kassel (Hrsg.): Juden in Kassel. 1808–1933, Kassel 1986, S. 59–68.

29   Prof. Luthmer an Walter Carl, 24. 8. 1927, in: MHK-Archiv, Kauf und Tausch, E1 Bd. 15, S. 1; Walter Carl an Prof. Luthmer, 18. 12. 1927, in: MHK-Archiv, Auskünfte u. Aufnahmen, D 6 Bd. 7, S. 177; Prof. Luthmer an Walter Carl, 16. 5. 1928, in: MHK-Archiv, Kauf und Tausch, E 1 Bd. 16, S. 115.

Auch das 1922 gegründete Optische Museum in Jena gehört zur Kategorie Spezialmuseum,[30] so ist es kaum verwunderlich, dass Carl hier ebenfalls Objekte anbot. Was das Agieren Walter Carls in der Zeit des Nationalsozialismus betrifft, bleibt die Datenlage jedoch widersprüchlich. Auffällig ist, dass seine Kunst- und Antiquitätenhandlung nach 1933 deutlich expandieren konnte. Ende der 1930er Jahre war er in der Frankfurter Innenstadt unter gleich drei Adressen mit eigenen Geschäfts- und Depoträumen vertreten.[31] Ab 1936 warb Carl damit, dass potenzielle Kundinnen und Kunden in seinem in der Brauchbachstraße 34, nicht weit vom Paulsplatz und vom Römerberg entfernt, gelegenen Geschäft gleich »3 Stockwerke Antiquitäten«[32] besichtigen konnten. Laut einer Mitteilung des Finanzamtes Frankfurt Mitte aus dem Jahre 1946 gelang es Walter Carl, sein persönliches Einkommen im Zeitraum von 1934 bis 1943 annähernd zu vervierfachen. Bei Kriegsende verfügte er über ein Privatvermögen von über 100 000 Reichsmark.[33]

Im August 1947 musste Carl sich vor der Spruchkammer Landsberg am Lech einem Entnazifizierungsverfahren stellen. Die Klage hatte er selbst angestoßen, nachdem ihm durch die bayerischen Behörden mitgeteilt worden war, dass er ohne abgeschlossenes Entnazifizierungsverfahren keine neue Geschäftslizenz erhalten würde.[34] Leider sind die betreffenden Prozessunterlagen nur sehr lückenhaft erhalten, dennoch liefern sie ein recht eindrucksvolles Bild davon, wie Walter Carl schon vor Prozesseröffnung versuchte, jedweden Verdacht von sich abzuwenden, er sei ein aktiver Unterstützer, ja selbst nur Befürworter des NS-Regimes gewesen. In einem Brief an den öffentlichen Ankläger bei der Spruchkammer Landsberg am Lech vom 27. September 1946 sprach Carl sogar von einer »politischen antifaschistischen Tätigkeit«[35], der er bis Kriegsende nachgegangen sei. In einem weiteren Schreiben vom 28. Mai 1947 verwies er auf seinen »wirklich aktiven und absolut nicht ungefährlichen Widerstand [...]«[36], den er geleistet habe. Zudem behauptete Carl, er schreibe »seit 38 ›gegen‹ Raubkrieg und ›für‹ eine neue Ethik«. Möglicherweise bezieht sich diese Angabe u. a. auf einen Gedichtband, den Walter Carl Anfang September 1939 im Selbstverlag herausgebracht und persönlich »an Freunde und Freundinnen des Lebens« verschickt hatte. Darin wird deutlich, dass Carl zu diesem Zeitpunkt deutlich pazifistische Ansichten vertrat, die er mit dem Gebot christlicher Nächstenliebe begründete. Vor allem Carls Gedicht »Vom kommenden Kriege« kann als direkte Kritik an der vom NS-Regime betriebenen Aufrüstungs- und Expansionspolitik verstanden werden.[37] Wäre dieser Gedichtband in die falschen Hände

---

30 Hellfritzsch, Ron / Mappes, Timo: Jena. Die optische Sammlung, in: Grisko, Michael (Hrsg.): Moderne und Provinz. Weimarer Republik in Thüringen 1918–1933, Halle 2022, S. 147–151.

31 Carl besaß ein Haus in der Bockenheimer Landstraße 9. 1934 übernahm er weitere Räumlichkeiten am Paulsplatz 6, genau gegenüber der Frankfurter Paulskirche. 1936 bezog Carl, nicht mal 200 Meter vom Paulsplatz entfernt, zusätzlich ein großes Geschäftshaus in der Braubachstraße 34, das von nun an als Warenlager und Firmenzentrale diente, vgl. Amtliches Frankfurter Adreßbuch 1933, S. 95; Amtliches Frankfurter Adreßbuch 1934, S. 92; Amtliches Frankfurter Adreßbuch 1935, S. 94 sowie die Anzeigen Walter Carls in der Zeitschrift »Weltkunst« vom 1.1.1937 und vom 23.5.1937.

32 Anzeige Walter Carls in der »Weltkunst« vom 24.10.1937; Anzeige Walter Carls in der »Weltkunst« vom 13.4.1941.

33 Finanzamt Landsberg am Lech an den öffentlichen Kläger bei der Spruchkammer Landsberg am Lech, 29.11.1948, in: Staatsarchiv München (im Folgenden: StA München) K 3093, SpK 9093 (ohne Paginierung).

34 Walter Carl an die Spruchkammer Landsberg/Lech, 26.6.1947, in: StA München K 3093, SpK 9093, Bl. 29; Rechtsanwalt Dr. Albert Amend an die Spruchkammer Landsberg/Lech, 27.6.1947, in: ebd., Bl. 30.

35 Carl an den öffentlichen Ankläger bei der Spruchkammer Landsberg am Lech, 27.9.1946, in: ebd., Bl. 25.

36 Ebd., Bl. 28.

37 Ebd.

geraten, Carl hätte in der Tat mit Verhaftung, Gefängnis, wenn nicht gar Schlimmerem rechnen müssen. Ob er den betreffenden Band auch der Spruchkammer vorlegte, geht aus der Akte nicht hervor. Auf jeden Fall gelang es Walter Carl, von verschiedensten Personen schriftliche Aussagen beizubringen, die seine Behauptungen stützen sollten. Neben den sprichwörtlichen »Persilscheinen«, in denen Einwohner der Gemeinde Utting Carls ablehnende Haltung gegenüber dem Nationalsozialismus bezeugten, finden sich darunter auch einzelne Berichte über Widerstandshandlungen Walter Carls, die so konkret sind, dass sie nicht einfach als Schutzbehauptungen abgetan werden können. So enthält die Akte die Aussage eines litauischen Juden namens Berl-David Magid (1913 – 1995), der im KZ-Außenlager Kaufering inhaftiert gewesen war. Magid gab an, Carl habe ihn und andere jüdische Häftlinge mit Kleidung sowie Lebensmitteln versorgt.[38] Berl-David Magid lebte später in Israel, wo er seine Erinnerungen publizierte. Ein Hinweis auf Walter Carl und das oben genannte Spruchkammerverfahren ist darin allerdings nicht enthalten.[39] Allerdings sagten auch zwei Einwohnerinnen von Utting aus, Carl habe für jüdische Zwangsarbeiter Kleidung und Lebensmittel gesammelt.[40] Ob dies nun der Wahrheit entspricht oder ob es sich hierbei um eine äußerst geschickt eingefädelte Inszenierung handelt, muss offenbleiben. Bislang konnten weder Belege ausfindig gemacht werden, die die obigen Aussagen weiter verifizieren, noch konnten Belege gefunden werden, die sie widerlegen.

Besonders hervorzuheben ist allerdings eine weitere Zeugenaussage, die sowohl auf mutmaßliche Widerstandshandlungen Walter Carls verweist als auch Hinweise auf seine geschäftliche Tätigkeit in der Zeit des Nationalsozialismus liefert. Ein Frankfurter Schreiner namens Konrad Beutel (1906 – ?)[41] gab an, er sei wegen illegaler Tätigkeit für die KPD mehrfach in Schutzhaft genommen worden und habe daher Ende 1934 keine reguläre Tätigkeit mehr finden können. Um ihn dem Zugriff der Behörden zu entziehen, so Beutel, habe Walter Carl ihn für einige Jahre bei sich schwarz angestellt und kurz vor Kriegsbeginn sogar ganz offiziell als Mitarbeiter übernommen. 1935/1936 beschäftigte Carl, laut Beutels Aussage, überdies zwei KPD-Funktionäre, Paul Zylonka und Adolf Holzmann, die beide von der Gestapo verfolgt wurden.[42] Zugleich gab Konrad Beutel an, Carl habe »auch nach 1933 geschäftlichen Verkehr mit Juden unterhalten […] und von diesen sowohl gekauft als auch an sie verkauft«.[43] Bislang gibt es nur wenige Hinweise, wer jene jüdischen Geschäftspartner Carls gewesen sein könnten. Aus dem Jahr 1931 ist eine Ver-

---

38 Zitat aus dem selbstverfassten Vorwort, in: Walter Carl: Gedichte, Frankfurt am Main 1939, S. 3 (Privatbesitz Gisela Carl).

39 Dort heißt es beispielsweise: »Die einen reden von Erobern, die andern wollen einstig Unbill rächen. Doch manche Älteren sieht man nur die Köpfe senken, Soll nochmals in dem kurzen Leben der große Mäher unser Schicksal lenken? [ ] Für unser mächtig Volk, sagt wiederum ein Andrer, ist unser Lebensraum zu klein. Die Andern haben alles, die pferchen uns ja ein. […] Das Eine merkt ein Jeder, wie ihm das Atmen wird so schwer.«: Vom kommenden Kriege, in: ebd., S. 16 – 17, Zitate: S. 16.

40 Aussage von Berl-David Magid, 2. 1. 1946, in: StA München K 3093, SpK 9093, Bl. 22.

41 Magid, Berl-David: Vos ikh hob tsu dertseyln: bletlekh fun a leben, Tel Aviv 1992. Mein Dank gebührt an dieser Stelle Frau Stephanie Ligan (Berlin), die die betreffenden Passagen aus Magids Buch für mich übersetzt hat.

42 Aussage von Rosa Keller, Kunsthändlersgattin, 16. 12. 1945, in: StA München K 3093, SpK 9093, Bl. 21; Aussage Margot Bastian, 15. 12. 1945, in: ebd., Bl. 20.

43 Beutel zog am 5. 10. 1944 in die südlich von Frankfurt am Main gelegene Gemeinde Mörfelden, wo er noch bis in die 1950er Jahre als Schreiner arbeitete. Hierzu und zu den Lebensdaten Beutels: Auskunft Stadtarchiv Mörfelden-Walldorf, 28. 7. 2021. Der Korrespondenz Carls mit dem Optischen Museum aus den Jahren 1935 und 1936 lässt sich entnehmen, dass im Geschäft Walter Carls eine Sekretärin namens »Hilde Beutel« arbeitete. Gemäß der Familienüberlieferung der Familie Carl war Konrad Beutel wohl der Bruder von Hilde Beutel, was erklären könnte, wie der Kontakt zwischen ihm und Walter Carl zustande kam: Beutel für Walter Carl an Moritz

bindung Walter Carls zu dem Kasseler Uhrmacher Seligmann Nußbaum (1893 – ?) belegt. Wie lang diese Geschäftsbeziehung andauerte, konnte jedoch nicht ermittelt werden.[44] Vom Januar 1939 liegt ein Brief Walter Carls vor, worin er dem Hessischen Landesmuseum in Kassel »einen interessanten frühen Schrank«[45] anbot, den er, wie er schrieb, in der Gegend von Kassel »von Juden, die auswandern«[46] erworben hatte. Über die Vorbesitzer dieses Möbelstücks ist nichts bekannt.[47] Belegt ist, dass die Lager der Frankfurter Gebrauchtwarenhändler durch die vielen jüdischen Haushalte, die ab 1933 aufgelöst werden mussten, gut gefüllt waren. Ganze Zimmerausstattungen konnten zu Spottpreisen erworben werden.[48] In welchem Ausmaß Walter Carl in den Handel mit Gegenständen aus jüdischem Besitz involviert war, muss noch weiter erforscht werden. Die Rekonstruktion der Erwerbungshintergründe der 16 Sonnenuhren, die Walter Carl an das Optische Museum verkaufte, liefert hierfür einen weiteren wichtigen Baustein.

Erwerbungsgeschichte

Anfang März 1930 nahm Walter Carl mit Moritz von Rohr erstmals Kontakt auf. Nach mehreren Verkäufen brach er die Korrespondenz jedoch am 30. Januar 1933 plötzlich und unvermittelt ab. Erst im März 1934 erneuerte Walter Carl seine Verbindung zu Moritz von Rohr und übersandte von nun an bis ins Jahr 1940 fast wöchentlich mehrere Angebote. In dieser Zeit erwarb des Optische Museum bei Walter Carl insgesamt 21 Objekte, darunter die erwähnten 16 Sonnenuhren. Dass ein einzelner Händler in relativ kurzer Zeit eine große Zahl historischer Sonnenuhren anbieten konnte, ist außergewöhnlich. In Deutschland hatte sich spätestens Ende der 1920er Jahre ein kleiner Kreis privater Sammler derartiger Instrumente etabliert. Wahrscheinlich waren diese Personen recht gut miteinander vernetzt.[49] Im Kunsthandel tauchten historische Sonnenuhren allerdings eher selten auf und wenn, dann nur als Einzelstücke.[50] Dass größere Gruppen davon zum Verkauf kamen, bildete eher die Ausnahme. Nur gelegent-

von Rohr, 13. 3. 1935, in: DOM, Inv.Nr. 8736100013819 (OM 5), Bl. 138; Gespräche mit der Enkelin Walter Carls 20. 5. 2021, 24. 11. 2021 und 16. 12. 2021.

44 Aussage von Konrad Beutel, 18. 4. 1946, in: StA München K 3093, SpK 9093, Bl. 24.

45 Ebd.

46 Seligmann Nußbaum war nach der erzwungenen Schließung des Jüdischen Museums in Kassel im Jahre 1933 mit der Auflösung von dessen Sammlungen betraut, siehe hierzu Schmidberger: Rudolf Hallo (wie Anm. 28), S. 67–68. Im August 1934 floh er für einige Wochen nach Amsterdam, kehrte dann aber zurück. Noch bis Ende 1937 betrieb Seligmann Nußbaum in der Kasseler Innenstadt ein Geschäft für Uhren, Gold- und Silberwaren. Im Januar 1938 emigrierte er in die USA: Vermerk über die An- und Abreise Nußbaums in: Vremdelingenkaart Dalberg, in: Stadsarchief Amsterdam, Archief van de Gemeentepolitie (ohne Paginierung); Eidesstattliche Versicherung Seligmann Nußbaums vom 4. 2. 1956, in: Hessisches Hauptstaatsarchiv Wiesbaden, 518, 66473, Bl. 12–13.

47 Carl an die Direktion des Landesmuseums Kassel, 28. 1. 1939, in: MHK-Archiv, Kauf und Tausch, Bd. 36, S. 15.

48 Ebd.

49 Das Hessische Landesmuseum in Kassel erwarb den Schrank nicht. Sein Verbleib ist unbekannt. Für den Hinweis auf diesen Brief und weitere Auskünfte dazu danke ich Herrn Günther Kuss von der Museumslandschaft Hessen-Kassel.

50 Jung, Jenny / Zwilling, Jutta: Zuhause, in: Burkhardt, Benedikt / Gemeinhardt, Anne / Jung, Jenny / Zwilling, Jutta (Hrsg.): Eine Stadt macht mit. Frankfurt und der NS (= Schriften des Historischen Museums Frankfurt, Bd. 42), Petersberg 2022, S. 180–193, hier S. 184.

lich wurden große Privatsammlungen bzw. Teile davon veräußert. 1928 wurde die bedeutende Sonnenuhrsammlung des Aachener Lehrers Joseph Drecker (1853–1931) an einen niederländischen Sammler verkauft. Ein Großteil der betreffenden Uhren befindet sich heute in Besitz der Harvard University. Der Verbleib der übrigen Instrumente ist unbekannt.[51]

Ende der 1920er Jahre / Anfang der 1930er Jahre wurde eine der damals größten deutschen Uhrensammlungen, die Sammlung des Hannoveraner Uhrmachermeisters Wilhelm Triebold (1880 – ?), von ihrem Eigentümer teilweise aufgelöst. Die Stadt Augsburg erwarb daraus sieben mechanische Uhren sowie neun Sonnenuhren im Wert von mehreren Hundert Reichsmark pro Stück.[52] Einzelne Objekte aus den Sammlungen Drecker und Triebold könnten damals in den Kunsthandel gelangt sein. Ob hierzu auch Sonnenuhren gehörten, die später von Walter Carl an das Optische Museum in Jena verkauft wurden, ist nicht ausgeschlossen, jedoch gibt es für diese Annahme bislang keinen Beleg. Um an interessante Objekte zu gelangen, die er dem Optischen Museum anbieten konnte, nutzte Carl sein umfangreiches geschäftliches Netzwerk. Mit Sicherheit fragte er bei anderen Kunsthändlern diesbezüglich an. So offerierte er Ende Dezember 1935 ein nicht näher definiertes »Instrument«,[53] das nach seinen Worten »einem Kollegen«[54] gehörte.[55] Wie die Analyse der Geschäftskorrespondenz zwischen Walter Carl und Moritz von Rohr ergab, agierte Carl in fast allen Fällen, in denen er dem Optischen Museum Sonnenuhren anbot, als Vermittler der betreffenden Objekte. Im Hintergrund standen mindestens zwei Eigentümer, in deren Auftrag Carl Angebote unterbreitete. Wer diese Personen waren, geht aus dem vorliegenden Briefwechsel nicht hervor.

51 Einige Hinweise auf vor 1945 existente Privatsammlungen historischer Sonnenuhren liefert das 1956 erstmals erschienene Werk von Ernst Zinner »Deutsche und niederländische astronomische Instrumente des 11. bis 18. Jahrhunderts«, das auf einer Materialsammlung beruht, die größtenteils in den Vorkriegs- und Kriegsjahren angelegt wurde. Die Materialsammlung ist vollständig erhalten geblieben und befindet sich heute als Teil des »Nachlasses Zinner« im Universitätsarchiv Frankfurt. Dieser einzigartige und bislang kaum ausgewertete Dokumentenbestand wird aktuell neu erschlossen.

52 So tauchten wertvolle historische Sonnenuhren auf Auktionen meist dann auf, wenn Nachlässe adliger Familien zur Versteigerung kamen. Es handelte sich dabei oftmals nur um jeweils ein Objekt: Auktionshaus Albert Kende (Hrsg.): 44. Kunstauktion von Albert Kende, Wien, I., Kärntnerstraße Nr. 4. 3 Original-Gemälde von Anthonis van Dyck, Antiquitäten. Ölgemälde alter und neuerer Meister, Aquarelle, Miniaturen aus dem Besitze der Frau Sándor von Lonyay, Budapest, und aus gräflichem und Wiener Privatbesitz, Nachlass Eduard Springer, Wien; Versteigerung: Donnerstag, den 2. Mai 1918 und die darauffolgenden Tage (Katalog Nr. 44), Wien 1918, S. 41 Lot. 570; Kunsthaus Lempertz (Hrsg.): Antike Möbel, Gemälde alter Meister: Perser-Teppiche, Kunstgewerbe, ostasiatische Kunst aus verschiedenem Besitz. Versteigerung: 14. November 1928 (Katalog Nr. 273), Köln 1928, S. 5 Lot. 56; Helbing, Hugo (Hrsg.): Altes Kunstgewerbe, Keramiken, Gläser, Waffen, Elfenbein, Zinn, Ausgrabungen aus hochfürstlichem Besitz: im Anschluss eine Collection deutscher Porzellane aus dem Nachlass eines süddeutsch. Sammlers; Versteigerung in der Galerie Hugo Helbing, München, 9. und 10. April 1929, München 1929, S. 21–22 Lot. 288–290; Helbing, Hugo (Hrsg.): Altes Kunstgewerbe, Keramik, Metallarbeiten, Waffen, alte Gemälde u. Skulpturen, Möbel und Einrichtungsgegenstände: aus mittel- u. süddeutschem Privatbesitz u. a. B. Versteigerung 18. und 19. Sept. 1930, München 1930, S. 32 Lot. 585. Zum Handel mit historischen Uhren, einschließlich Sonnenuhren, siehe auch den Beitrag von Peter Plaßmeyer in diesem Band.

53 Andrewes, William: The Legacy of David Wheatland, in: Nuncius. Journal of the material and visual history of science, Vol. 16 (2001), No. 2, S. 687–701, hier S. 692.

54 Siehe hierzu die ausführlichen Korrespondenzen zwischen Wilhelm Triebold und dem Städtischen Maximilianmuseum Augsburg aus den Jahren 1928 bis 1935, in: Stadtarchiv Augsburg, 20909, HAV, Aktengebiet 5, 133 (ohne Paginierung).

55 Walter Carl an Moritz von Rohr, 20. 12. 1935, in: DOM, Inv.Nr. 8736100013819 (OM 5), Bl. 72.

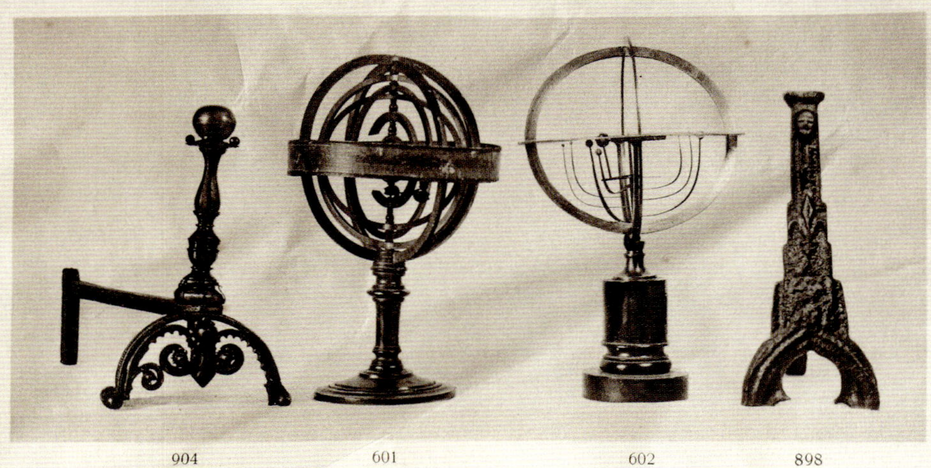
904
601
602
898

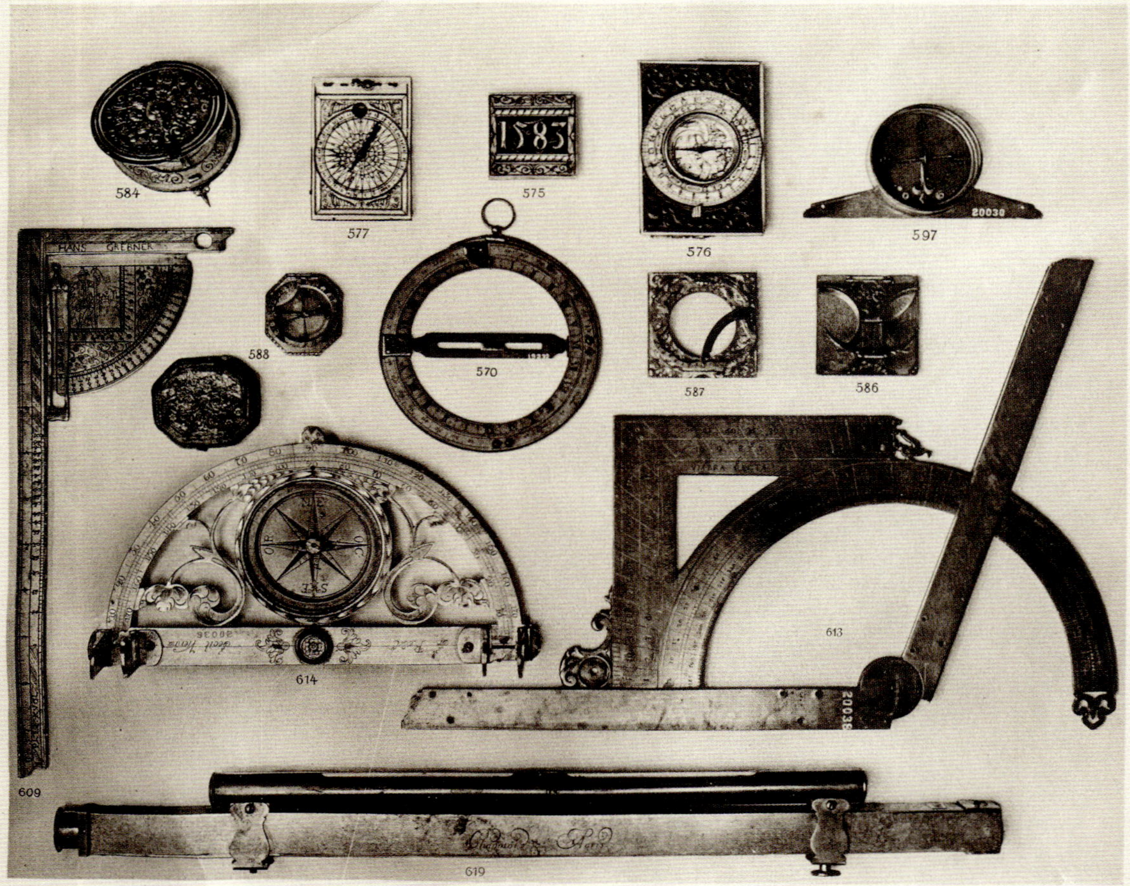

← **3**   Objekte mit fünfstelligen Inventarnummern des Kunstgewerbemuseums Düsseldorf; links im Bild ein Objekt mit der Lotnummer 588: Sonnenuhr mit Dose, am 15. Oktober 1935 von Walter Carl an das Optische Museum in Jena verkauft, heute in der Sammlung des D.O.M. befindlich; Tafel 14 des Auktionskatalogs »Aus den Beständen zweier deutscher Museen« vom Mai 1931. Eine vergrößerbare Version dieser Abbildung ist zugänglich unter: digi.ub.uni-heidelberg.de/diglit/helbing1931_05_05/0074/image.

Identifizierung und Autopsie der Objekte

Weitere wichtige Informationen lieferte die Autopsie der betreffenden Objekte. Voraussetzung hierfür war zunächst die Identifizierung der bei Walter Carl angekauften Gegenstände innerhalb der Sammlung des D.O.M.[56] Glücklicherweise haben sich in der Dokumentenüberlieferung des Optischen Museums in Jena einige Nachweisbücher erhalten, in denen seinerzeit erworbene Objekte verzeichnet wurden. Jedes Nachweisbuch umfasst eine bestimmte Objektart. So liegt u. a. ein Dokument mit dem Titel »Nachweisbuch über die vorhandenen Kompaße und Sonnenuhren« vor, in dem, wie sich nach und nach herausstellte, sämtliche vor 1945 durch das Optische Museum erworbene Sonnenuhren und Kompasse erfasst worden waren.[57] Vielfach sind zu den einzelnen aufgelisteten Objekten sogar Fotos enthalten. Anhand der in dem Briefwechsel zwischen Walter Carl und Moritz von Rohr zu einzelnen Sonnenuhren genannten Objektmerkmale (z. B. Herstellername, Material) konnten diese in der Liste ausfindig gemacht werden. Ebenfalls hilfreich war der in einem Brief Walter Carls vom 16. Februar 1938 enthaltene Hinweis, dass die Sonnenuhr, die er hier anbot, das »Gegenstück«[58] zu einer bestimmten Sonnenuhr sei, die in dem 1923 erschienenen Buch des Kunsthistorikers Alfred Rohde »Die Geschichte der wissenschaftlichen Instrumente« abgebildet ist. Durch Abgleich des betreffenden Fotos in Rohdes Abhandlung[59] mit den Fotos in dem Nachweisbuch des Optischen Museums konnte diese Sonnenuhr, sie war am 1. März 1938 erworben worden,[60] genau ermittelt werden.

Bei den Objektautopsien wurde festgestellt, dass manche der bei Walter Carl erworbenen Objekte fremde Inventarnummern tragen, die auf andere Sammlungen verweisen. Hierdurch konnte die Provenienz von drei der Sonnenuhren ermittelt werden. Den entscheidenden Hinweis lieferte eine Fotografie im Katalog zu einer im Mai 1931 vom Auktionshaus Otto Helbing durchgeführten Versteigerung von kunstgewerblichen Objekten: »Aus den Beständen zweier deutscher Museen«.[61] Auf dem Bild (Abb. 3) erkennt man mehrere Sonnenuhren und astronomische Instrumente, auf die mit weißem Lack fünfstellige Inventarnummern aufgetragen sind. Zwei der Sonnenuhren, die

---

56 Ebd.

57 Korrespondenz zwischen Walter Carl und Moritz von Rohr, 17. 12. 1935 bis 20. 12. 1935, in: ebd., Bl. 72–74. Das betreffende Objekt wurde allerdings nicht erworben.

58 Die Identifikation und Autopsie der 21 bei Walter Carl erworbenen Objekte ist in erster Linie das Verdienst von Serena Zanaboni, die bis Ende Dezember 2020 im Projekt »INSIGHT D.O.M.« zum Fall Walter Carl forschte.

59 Nachweisbuch über die vorhandenen Kompaße und Sonnenuhren welche sich im Optischen Museum der Carl Zeiss-Stiftung befinden: DOM, Inv.Nr. 8736100025914 (NB 3).

60 Walter Carl an Moritz von Rohr, 16. 2. 1938, in: DOM, Inv.Nr. 8736100013816 (OM 7), Bl. 79.

61 Rohde, Alfred: Geschichte der wissenschaftlichen Instrumente, Leipzig 1923, S. 32, Abb. 38.

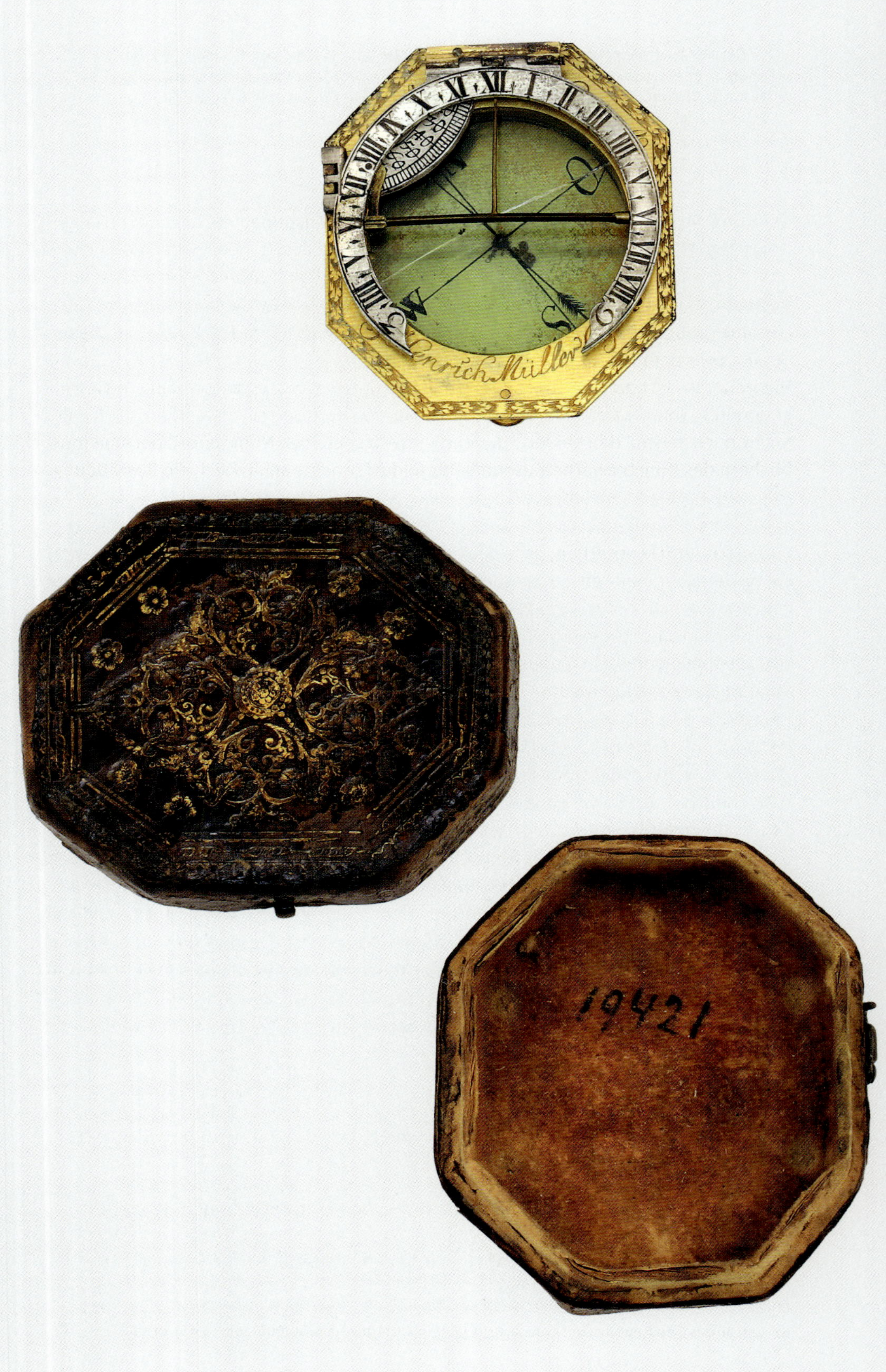

← **4**   Die auf Abb. 1 erkennbare Sonnenuhr mit Dose im heutigen Zustand; auf der unteren Hälfte des Behälters innenseitig die fünfstellige Inventarnummer 19421 des Kunstgewerbemuseums Düsseldorf (DOM, Inv.Nr. 8736100008591). Foto: Stiftung Deutsches Optisches Museum, Timo Mappes.

das Optische Museum bei Walter Carl erwarb – eine Tischsonnenuhr von Johann Engelbrecht von 1796 und eine Reisesonnenuhr mit Lederetui des Kasseler Kompassmachers Johann Heinrich Müller – tragen derartige Nummern (Abb. 4, Abb. 5, Abb. 6). Als er die Tischsonnenuhr anbot, hatte Carl zudem angegeben, dass diese »aus Museumsbesitz«[62] stamme. In der Tat führt der Katalog zwei Objekte auf, deren Merkmale mit d esen beiden Sonnenuhren übereinstimmen.[63]

Die weiteren Recherchen zu der betreffenden Versteigerung ergaben, dass die hier angebotenen Objekte aus den Kunstgewerbemuseen Köln und Düsseldorf kamen.[64] Eine Suche nach den auf den beiden Sonnenuhren angegebenen Nummern in den Inventarbüchern des Kunstgewerbemuseums Düsseldorf brachte schließlich die Bestätigung, dass diese beiden Instrumente ursprünglich von dort stammen.[65]

Anhand eines annotierten Exemplars des oben erwähnten Auktionskatalogs ließ sich überdies ermitteln, dass der Frankfurter Kunsthändler Otto Müller (1875 – 19?) die beiden Sonnenuhren 1931 erworben hatte.[66] Aus den Korrespondenzen Walter Carls mit dem Optischen Museum in Jena wird deutlich, dass Müller mit großer Wahrscheinlichkeit wohl jener nicht namentlich genannte Eigentümer sowohl der Tischsonnenuhr von Johann Engelbrecht als auch der Reisesonnenuhr von Johann Heinrich Müller war, die Carl als Vermittler an das Optische Museum verkaufte. Gemeinsam mit der Reisesonnenuhr aus der Werkstatt Johann Heinrich Müllers wurde zudem eine um 1690 von Johann Martin in Augsburg gefertigte Sonnenuhr erworben, die keinerlei fremde Signaturen aufweist. Da diese Uhr nach der Aussage von Walter Carl jedoch von demselben Eigentümer stammte wie die Sonnenuhr von Johann Heinrich Müller,[67] kann auch dieses Objekt auf Otto Müller zurückgeführt werden.

Der gelernte Schreiner Otto Müller betrieb seit 1903 in Frankfurt ein eigenes Geschäft, das sich auf die Restaurierung und den Verkauf von Antiquitäten, insbesondere Möbel spezialisiert hatte. Da antike Möbel, wie oben erwähnt, einen zentralen Bestandteil des von Walter Carl angebotenen Warensortiments bildeten, könnte die Verbindung zwischen ihm und Müller sogar noch enger gewesen sein, als momentan belegt werden kann.

62 Moritz von Rohr an Walter Carl, 1. 3. 1938, in: DOM, Inv.Nr. 8736100013816 (OM 7), Bl. 79.

63 Feulner, Adolf / Helbing, Hugo (Hrsg.): Aus den Beständen zweier deutscher Museen – Frankfurter und Darmstädter Privatbesitz: [ ], 5./6. Mai 1931, Tafel 14 (Onlinezugang: digi.ub.uni-heidelberg.de/diglit/ helbing1931_05_05/0003/thumbs, letzter Abruf 18. 1. 2022).

64 Walter Carl an Moritz von Rohr, 17. 12. 1935, in: DOM, Inv.Nr. 8736100013819 (OM 5), Bl. 75r.

65 Feulner/Helbing (wie Anm. 63), S. 42, Lot. 584 – 585, Lot. 587 – 588.
Für eine Beschreibung dieser beiden Sammlungsobjekte des D.O.M. siehe: Zinner, Ernst: Deutsche und niederländische astronomische Instrumente des 11. bis 18. Jahrhunderts, München 1967, S. 307, S. 454.

66 Annotiertes Handexemplar des Katalogs Feulner / Helbing (wie Anm. 13), S. 42. Bezüglich der Lebensdaten Otto Müllers siehe dessen am 5. 9. 1946 von der Ortspolizeibehörde in Schlitz/Hessen ausgestelltes Meldeblatt in: Hessisches Staatsarchiv Darmstadt (HStAD), H3, Nr. 26844 (ohne Paginierung).

67 Carl an das Optische Museum in Jena, 8. 10. 1935, in: DOM, Inv.Nr. 8736100013819 (OM 5), Bl. 96.

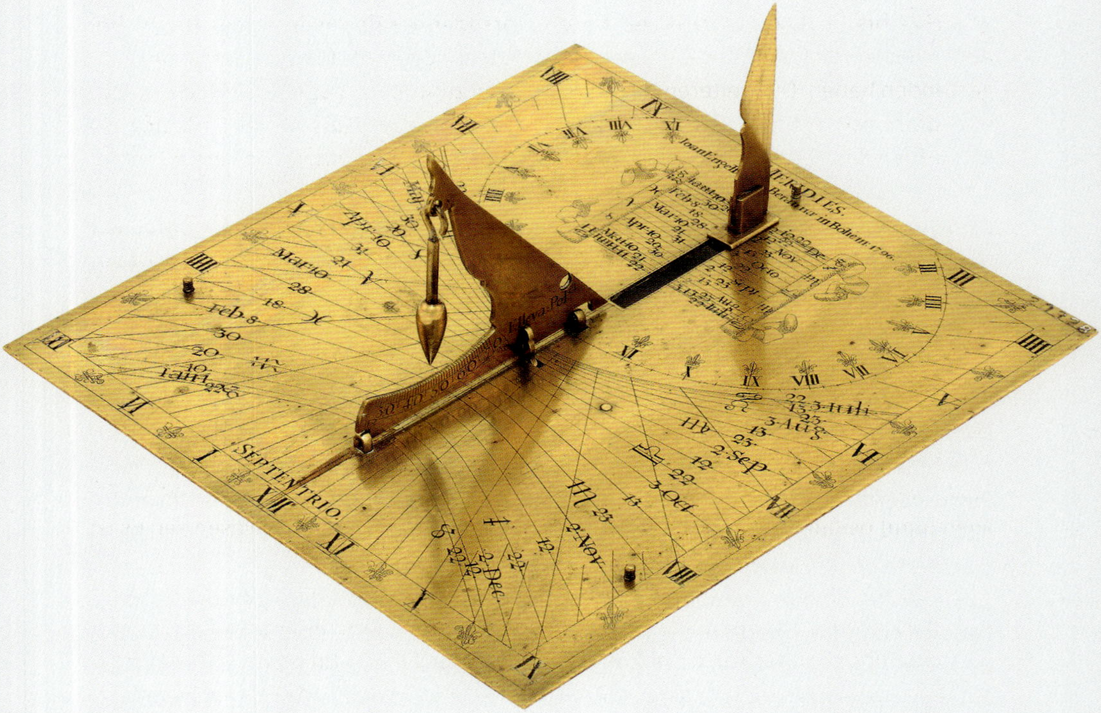

5 Tischsonnenuhr von Johann Engelbrecht aus Beraun, gefertigt 1796, am 5./6. Mai 1931 im Rahmen der oben genannten Auktion versteigert und am 19. Dezember 1935 von Walter Carl an das Optische Museum in Jena verkauft (DOM, Inv.Nr. 8736100009635). Foto: Stiftung Deutsches Optisches Museum, Timo Mappes.

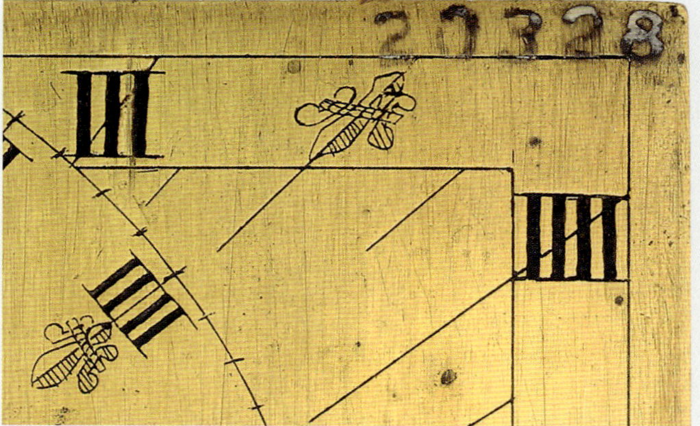

6 Inventarnummer 20328 des Kunstgewerbemuseums Düsseldorf in der rechten oberen Ecke der Tischsonnenuhr. Foto: Stiftung Deutsches Optisches Museum, Timo Mappes.

Von 1924 bis 1935 war Otto Müller zudem Vorsitzender des »Verbandes Deutscher Antiquitätenhändler«[68] und dürfte auch aus diesem Grund mit Walter Carl in Kontakt gestanden haben. Die weiteren Nachforschungen zu Müllers Biografie förderten wichtige Informationen zutage, die sich auf die Bewertung des Falls Walter Carls und die Einstufung der bei ihm erworbenen Objekte wesentlich auswirken. So wird aus einer Ermittlungsakte, die die amerikanische Militärverwaltung für Hessen Ende der 1940er Jahre über Otto Müller anlegte, deutlich, dass dieser als amtlich bestellter Gutachter an der Vorbereitung von Versteigerungen von beschlagnahmtem jüdischem Besitz beteiligt gewesen war und er auch selbst mit Gegenständen aus jüdischem Besitz handelte.[69] So waren die amerikanischen Ermittler auf ein Schreiben des Kunsthändlers Wilhelm Ettle (1879 – 1958)[70] aus dem Jahre 1942 gestoßen, worin dieser betonte, Müller »habe bei Ankäufen [bei Frankfurter Juden] einen Druck […] als alter Pg. [Parteigenosse] ausgeübt«[71]. Otto Müller selbst gab in einer eidesstattlichen Aussage an, auch nach 1933 noch hauptsächlich jüdische Kunden und Geschäftspartner gehabt zu haben, wobei er betonte, dass er »bis zur letzten Stunde [!] ihres Wohnens in Frankfurt a/Main mit allen [ihm] bekannten Juden weiter«[72] geschäftlich in Verbindung gewesen sei. Es ist daher anzunehmen, dass viele der Antiquitäten, die Walter Carl von Otto Müller erwarb oder von ihm in Kommission nahm, aus jüdischem Besitz stammten.

Für die Tischsonnenuhr und die Reisesonnenuhr, die Müller bereits 1931 erworben hatte und die über Walter Carl nach Jena gelangten, kann ein solcher Verfolgungshintergrund allerdings ausgeschlossen werden. Ob dies auch für die Augsburger Reisesonnenuhr von Johann Martin gelten kann und ob Walter Carl noch weitere Objekte aus dem Eigentum Otto Müllers an das Optische Museum in Jena verkaufte, müssen künftige Forschungen klären. Es ist darum dringend geboten, die Provenienz der übrigen

---

68 Selbstverfasster Lebenslauf Otto Müllers, 25. 11. 1945, in: National Archives and Records Administration (im Folgenden: NARA) Washington D. C., M1947, Record: 260, Roll: 0075, Bl. 39 (Onlinezugang: www.fold3. com/image/231991484, letzter Abruf 18. 1. 2022); Eidesstattliche Aussage Otto Müllers, 27. 12. 1945, in: NARA Washington D. C., M1947, Record: 260, Roll: 0075, Bl. 47 (Onlinezugang: www.fold3.com/image/231991546, letzter Abruf 18. 1. 2022).

69 Selbstverfasster Lebenslauf Otto Müllers (wie Anm. 68); Walter Weber, MFA&A Section, an Rechtsanwalt Max L. Cahn, 25. 2. 1948, in: NARA Washington D.C., M1947, Record: 260, Roll: 0075, Bl. 120 (Onlinezugang: www.fold3.com/image/231992078, letzter Abruf 18. 1. 2022); Schreiben des amtlich beauftragten Treuhänders Reinhard Magnus an Walter Weber, Military Government, Dep. Monuments and fine Arts, 17. 3. 1947, in: NARA Washington D.C., M1947, Record: 260, Roll: 0075, Bl. 114 (Onlinezugang: www.fold3.com/image/ 231992036, letzter Abruf 18. 1. 2022). Siehe auch: Zwilling, Jutta: Die Akteure. Ihre Geschichte und Überlieferung, in: Meinl, Susanne / Zwilling, Jutta (Hrsg.): Legalisierter Raub. Die Ausplünderung der Juden im Nationalsozialismus durch die Reichsfinanzverwaltung in Hessen (= Wissenschaftliche Reihe des Fritz Bauer Instituts, Bd. 10), Frankfurt am Main 2004, S. 225 – 570, hier S. 489.

70 Wilhelm Ettle war einer der aktivsten Nationalsozialisten unter den Frankfurter Kunsthändlern und in das System der Ausplünderung jüdischer Mitbürger tief verstrickt: Heuß, Anja (Hrsg.): Vom Restaurator zum Kunsthändler: Wilhelm Ettle, in: Brockhoff, Evelyn / Kirmeier, Franziska: Gesammelt, gehandelt, geraubt. Kunst in Frankfurt und der Region zwischen 1933 und 1945, Frankfurt am Main 2019, S. 74 – 89. Die Ermittlungen gegen Otto Müller gingen vermutlich aus Ermittlungen gegen Wilhelm Ettle hervor, denn die im Nationalarchiv Washington befindliche Akte mit den Dokumenten zu Müller trägt nach wie vor den Titel »Ettle Case«.

71 Mitteilung Wilhelm Ettle btr. Pg. Otto Müller, 15. 4. 1942, in: NARA Washington D.C., M1947, Record: 250, Roll: 0075, Bl. 5 (Onlinezugang: fold3.com/image/231991223, letzter Abruf 18. 1. 2022). An wen das Schreiben gerichtet war, ist unklar, vermutlich handelte es sich eine übergeordnete Parteidienststelle. Otto Müller war auf Betreiben Ettles 1932 Mitglied der NSDAP geworden, siehe: ebd.

72 Eidesstattliche Aussage Otto Müllers (wie Anm. 68).

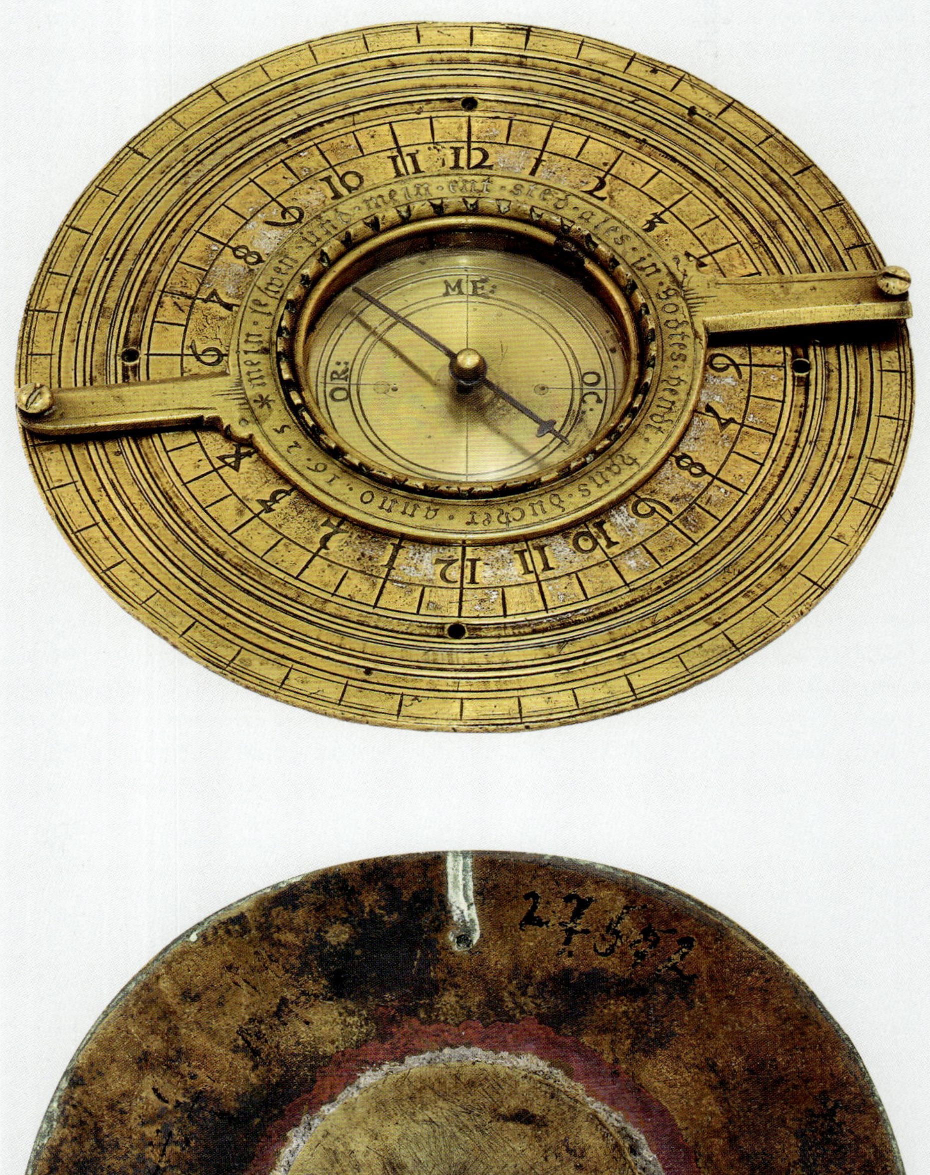

7 »27552« – schwarze Inventarnummer aus einer bislang noch nicht ermittelten Sammlung auf der Rückseite eines 1625 von Hans Tucher in Nürnberg gefertigten Winkelmessgeräts, erworben bei Walter Carl am 19. Dezember 1935 (DOM, Inv.Nr. 8736100030919). Foto: Stiftung Deutsches Optisches Museum, Timo Mappes.

zwischen 1933 und 1945 bei Walter Carl erworbenen Objekte zu rekonstruieren. Einen Ansatzpunkt könnte erneut eine der im Rahmen der Objektautopsien festgestellten historischen Inventarnummern bilden, zu der aber bislang noch keine näheren Informationen vorliegen (Abb. 7).

Fazit

Durch seine gut erhaltene interne Quellenüberlieferung ist das Deutsche Optische Museum in der glücklichen Situation, die Erwerbungen, die seine Vorgängerinstitution, das Optische Museum in Jena, zwischen 1933 und 1945 tätigte, von einer ansehnlichen Ausgangsbasis aus erforschen zu können. Dem Autor war es so möglich, einen Teil des geschäftlichen Netzwerkes des Frankfurter Kunst- und Antiquitätenhändlers Walter Carl zu rekonstruieren, der auf dem damaligen deutschen Antiquitätenmarkt bestens vernetzt war und hier zweifellos eine bedeutende Rolle spielte. Der Verdacht, Carl habe hierbei auch von der antisemitischen Politik des NS-Regimes profitiert, ist naheliegend, kann aber bisher kaum unmittelbar belegt werden. In mindestens einem Fall bot er ein Objekt an, das aus jüdischem Besitz stammte. Darüber hinaus stand Walter Carl mit einem Frankfurter Kunsthändler in Verbindung, der ein unmittelbarer Akteur der nationalsozialistischen Judenverfolgung war und dem zugleich der Handel mit Gegenständen aus jüdischem Besitz nachgewiesen werden konnte. Andererseits erscheint es glaubhaft, wenn Walter Carl später behauptete, dass er Verfolgter des NS-Regimes, wie dem erwähnten Konrad Beutel, geholfen habe. Er bleibt somit eine sehr ambivalente Figur. Da es weniger darum geht, Walter Carl einer nachträglichen Verurteilung zu unterziehen oder seinen Freispruch zu erwirken, sondern vielmehr bewusst zu machen, dass angesichts der nationalsozialistischen Verfolgungsmaschinerie Menschen gezwungen waren, Gegenstände aus ihrem Besitz zu veräußern, die sie unter normalen Umständen nie verkauft hätten, so muss bei der Bewertung der von Walter Carl zwischen 1933 und 1945 getätigten An- und Verkäufe grundsätzlich von der Möglichkeit eines Zusammenhangs mit NS-verfolgungsbedingtem Entzug ausgegangen werden. Es ist darum notwendig, für jedes einzelne Objekt, das nach 1933 von Walter Carl an das Optische Museum in Jena verkauft wurde, möglichst lückenlos die jeweilige Provenienz zu ermitteln. Da die Geschäftsaufzeichnungen Walter Carls bislang nicht aufgefunden werden konnten,[73] sind solche Nachforschungen bisher kaum möglich. In vielen Museen in Deutschland dürften sich aber noch Geschäftsbriefe von Walter Carl befinden. Eine eingehende Auswertung dieser Quellenbestände dürfte sicherlich noch weitere wichtige Informationen liefern und dazu beitragen, das an dieser Stelle gezeichnete Bild jenes Frankfurter Kunst- und Antiquitätenhändlers weiter zu verdichten.

---

73 Der Nachlass Walter Carls, der sich heute in Privatbesitz befindet, enthält nur persönliche Dokumente, u. a. Musikalien, Fotoalben, Bücher, einzelne Briefe, jedoch keine Unterlagen seiner Kunst- und Antiquitätenhandlung.

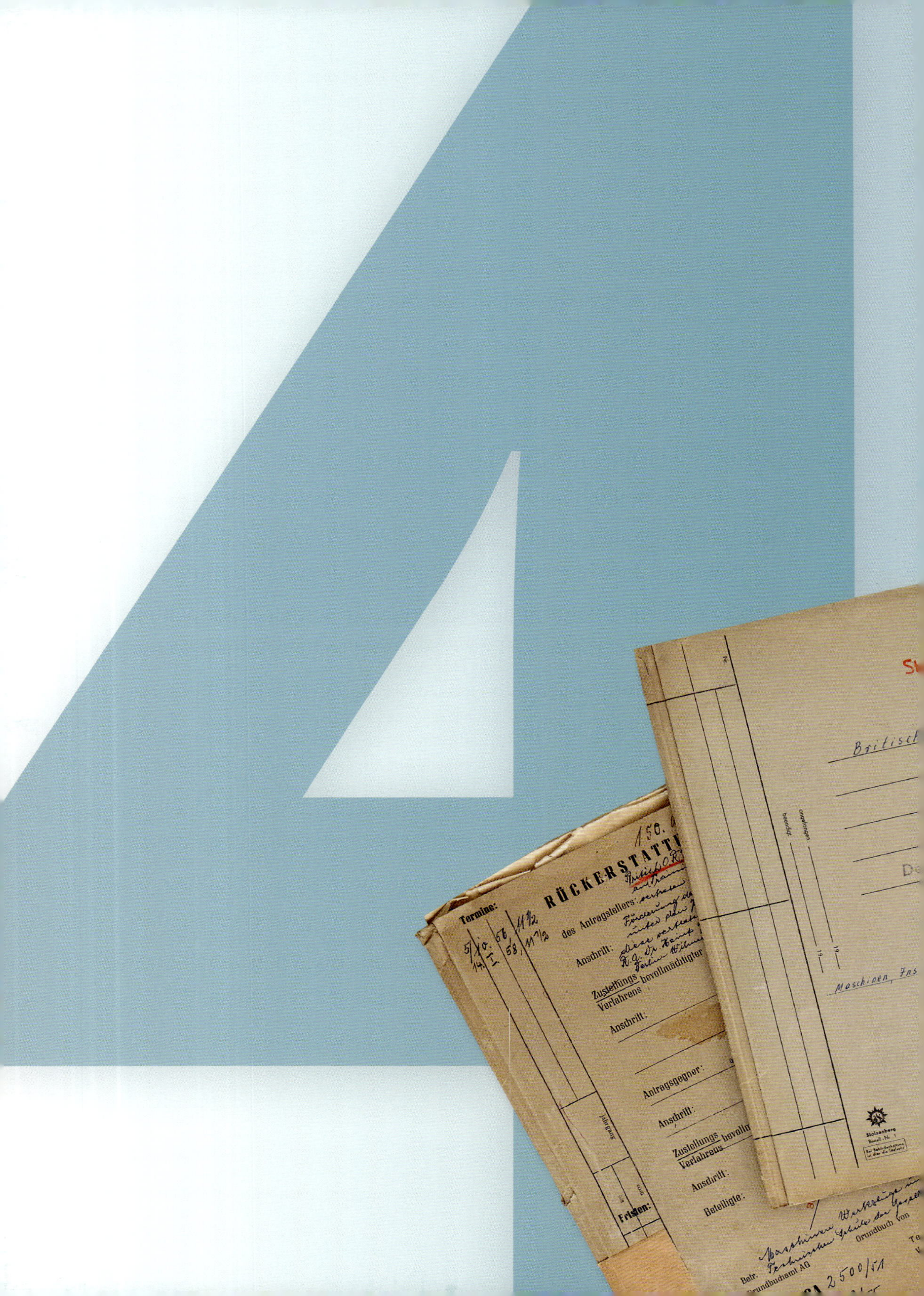

Aufzeichnungen unrechtmäßigen Entzugs in der NS-Zeit

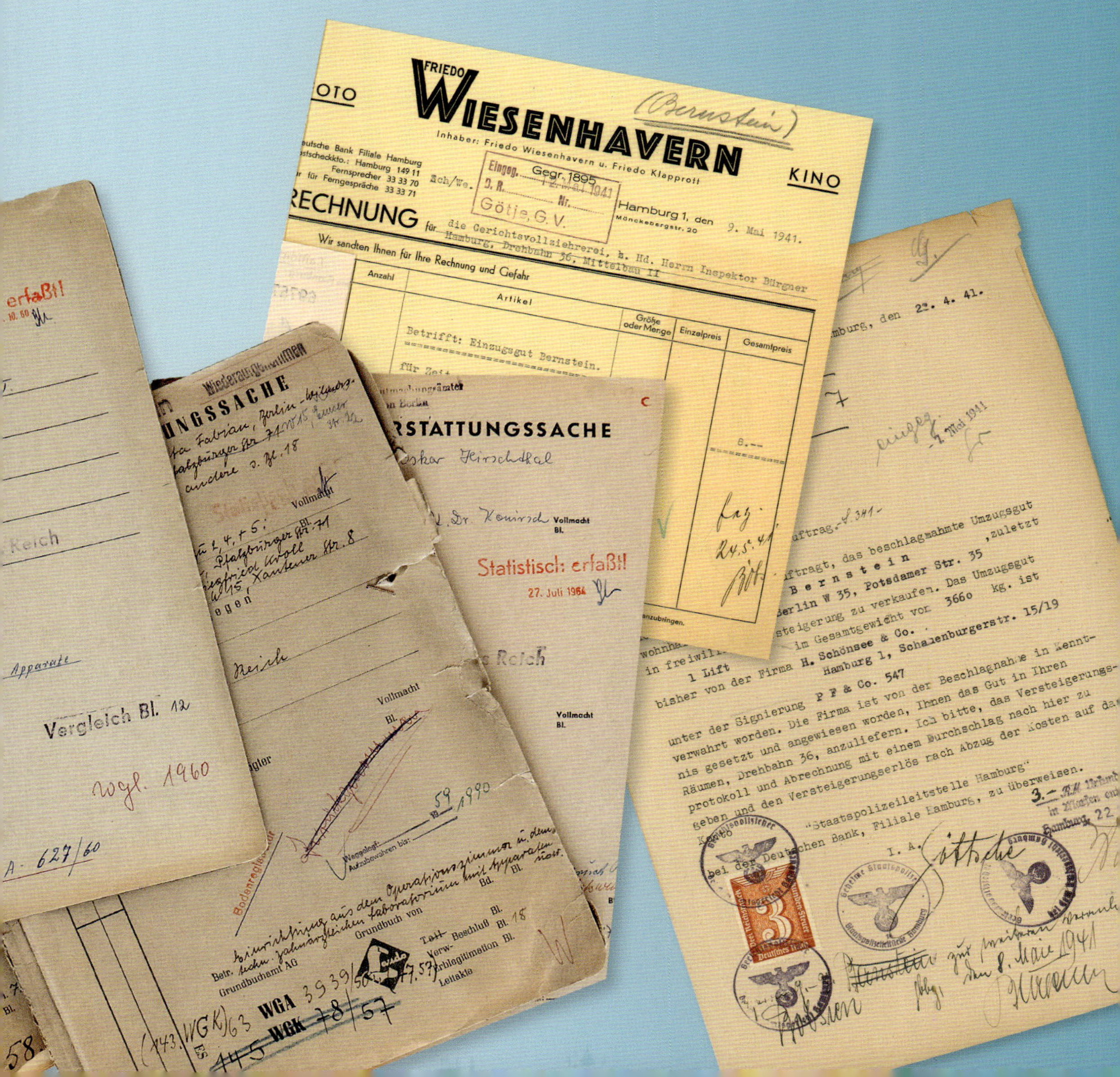

Optisch-technische Instrumente auf Versteigerungen des Übersiedlungsgutes jüdischer Emigrant*innen in Hamburg
Der Fall des Fotofachgeschäftsinhabers Leo Bernstein aus Berlin

KATHRIN KLEIBL I DEUTSCHES SCHIFFFAHRTSMUSEUM, BREMERHAVEN

Einführung

Die aufgrund der NS-Ideologie verfolgten Jüdinnen und Juden emigrierten ab 1933 vermehrt aus dem Deutschen Reich. Das zu transportierende Hab und Gut – in Liftvans und Kisten verstaut – wurde dabei über unterschiedliche europäische Häfen ins Exil verschifft; häufig auch via Hamburg und Bremen.[1] Zuvor musste die Auswanderung bei den NS-Behörden beantragt werden.[2] Für dieses aufwendige und kostspielige Prozedere waren unter anderem detaillierte Umzugsgutlisten einzureichen, in denen auch der Wert und der Anschaffungszeitpunkt der auszuführenden Gegenstände anzugeben waren. Daraufhin folgten Kontrollen der Listen durch die Devisenstellen bzw. von dort beauftragte Zollbeamte, gegebenenfalls ein Mitnahmeverbot bestimmter Objekte mit entsprechender Anweisung für den Zwangsverkauf und schlussendlich die Taxierungen des verbliebenen Übersiedlungsgutes für die Berechnung der Abgabe an die Deutsche Golddiskontbank (Dego).[3] Entsprachen die Umzugsgutliste und alle weiteren Auflagen den behördlichen Anforderungen, erteilte sie die Freigabe zur Ausfuhr. Das Verpacken des Hausrates erfolgte wiederum unter Augen von Zollbeamten, die die einzelnen Frachtstücke (z. B. Liftvan, Kiste (Kolli), Verschlag, Koffer oder dergleichen) abschließend

---

1 Kleibl, Kathrin / Kiel, Susanne: Der Umgang mit Übersiedlungsgut jüdischer Emigrant*innen in Hamburg und Bremen nach 1939: Beteiligte, Netzwerke und »Verwertung« – Ein Zwischenstand, in: Arbeitskreis Provenienzforschung e. V. (Hrsg.): Entzug, Transfer, Transit. Menschen, Objekte, Orte und Ereignisse, erscheint 2022 bei Heidelberg University Press.

2 Kleibl, Kathrin: Auswanderungsgenehmigungsverfahren der Devisenstelle-Oberfinanzpräsident Hamburg als Quelle für die Recherche nach NS-verfolgungsbedingt entzogenen Kulturgütern, in: Der Archivar, Heft 1/2022, S. 37–40.

3 Die Höhe der sogenannten Dego-Abgabe bezog sich auf die ins Ausland zu transferierenden Werte. Im Juni 1938 betrug diese 90 Prozent, im September 1939 96 Prozent des Wertes. Für Gegenstände, die nach 1933 erworben wurden, wurde eine Abgabe in Höhe des Anschaffungswertes festgesetzt.

versiegelten. Das Verladen und die Verschickung des Übersiedlungsgutes übernahm eine Speditionsfirma am Heimatort im Auftrag der Emigrant*innen, die wiederum mit überregional tätigen Speditionen und Seespediteuren kooperierte. Sie organisierten die für den Transport günstigste Verbindung. Im Falle einer reibungslosen Versendung wäre das Transportgut in einer Hafenstadt über den dortigen Freihafen auf ein Schiff verladen worden, um schließlich via See zum Zielhafen transportiert und weiter zum endgültigen Zielort verschickt zu werden. Die Beförderung des Übersiedlungsgutes erfolgte meist auf anderen Schiffen und Routen als die Flucht der Emigrant*innen selbst.

Der Überfall der Deutschen Wehrmacht auf Polen am 1. September 1939 und damit der Beginn des Zweiten Weltkriegs verhinderte das Auslaufen ziviler deutscher Schiffe. Daraus resultierend konnten die bereits in die Hafenstädte transportierten Ladungen nicht mehr verschifft werden. Die Umzugsgüter jüdischer Auswanderer und Auswanderinnen stauten sich somit in den Lagerstätten des Hamburger Hafens und der dortigen Speditionen. Hinzu kam, dass zuvor ausgelaufene Schiffe nach Kriegsausbruch in den nächsten Hafen zurückbeordert wurden; deren Fracht – u. a. Übersiedlungsgut – befand sich nach dem Löschen nun zusätzlich in den Hafenlagern und oft auch aus Platzmangel aufgereiht am Kai, womit sie unmittelbar den Witterungsverhältnissen ausgesetzt waren. In Hamburg wuchs das sich aufgestaute Umzugsgut jüdischer Emigrant*innen auf etwa 5 000 bis 7 000 Liftvans und Kisten an, was ungefähr 3 000 bis 4 000 Eigentümer*innen/ Familien entspricht.

Das Deutsche Reich wusste durch die Auswanderungsgenehmigungsverfahren und die Dego-Abgabe um die Werte in den Übersiedlungsgütern der jüdischen Emigrant*innen. Es sann nach rechtlich abgesicherten Wegen, diese »verwerten« zu können. Die drohende Feuergefahr bei Bombenangriffen wurde zunächst als Argument dafür genutzt, die Kisten aus dem Hamburger Hafen zu entfernen. Die Gestapo beschlagnahmte ab Frühjahr 1940 die Umzugsgüter und beauftragte Gerichtsvollzieher[4] und Auktionshäuser, die Gegenstände meistbietend zu versteigern. Legitimiert wurde die Beschlagnahme durch die bestehende Regelung, dass Personen, die das Deutsche Reich nach 1933 dauerhaft verließen, als ausgebürgert galten. Die sich noch auf deutschem Boden befindlichen Besitztümer der Entrechteten gingen automatisch in den Besitz des Reiches über – somit auch die in Hamburg gestrandeten Übersiedlungsgüter. Diese Form der Beschlagnahme bedurfte jedoch für jeden einzelnen Fall eines Ausbürgerungsverfahrens und war entsprechend aufwendig. Bis November 1941 waren die Behörden bestrebt, die Übersiedlungsgüter in den Häfen und Speditionslagern zu erfassen;[5] sie diskutierten über deren effektivste Verwertungsmethode und versteigerten bereits gleichzeitig im großen Umfang das Hab und Gut der jüdischen Emigrant*innen.[6] Die am 5. November

4 Gerichtsvollzieherei, Lager- und Versteigerungshaus, Drehbahn 36.

5 Ein Schreiben des Reichsfinanzministers an die Oberfinanzpräsidenten vom 8. 7. 1941 wies die Hauptzollämter an, das bei den Speditionen eingelagerte und unter Zollverschluss zurückgehaltene »Umzugsgut den Stapo(leit)stellen zum Zwecke der Versteigerung freizugeben«.

6 Der Gauleiter und Reichstatthalter Hamburgs Karl Kaufmann beauftragte ab März 1941 die Gestapo, das »Umzugsgut deutscher Juden« öffentlich versteigern zu lassen. In einem späteren Schreiben vom 4. 9. 1942 erklärte Kaufmann dem Reichsmarschall Hermann Göring: »Im Freihafen lagerte eine große Menge jüdisches Umzugsgut, das zu einer großen Gefahr zu werden drohte, wenn diese große Menge beim Luftangriff etwa in Brand geriete. Es ist deshalb auf meinen Vorschlag hin von seiten der Gestapo das Umzugsgut beschlagnahmt worden, damit es zur Verwertung von Bombengeschädigten versteigert werden konnte.«– National Archives Washington, Miscellaneous German Records Collection, Microscopy No. T 84 Roll, No. 7.

Laufende Nr.	Datum des Eingangs	Bezeichnung der Angelegenheit und des Auftrags	eingelief. u. Ort der Amtshandlung versteig. am
1	2	3	4
7	-7. Mai 1941	Tgb. I b2 – 1809/41 OA. 5341 Leo Israel Bernstein Bln., Potsdamerstr. 35	7.5.41 eingel. versteig. am: 12.5.41

1941 verabschiedete 11. Verordnung zum Reichsbürgergesetz regelte schließlich einen gesetzlich vereinfachteren Umgang mit dem verbliebenen Umzugsgut. Laut dieser Verordnung verloren alle aus dem deutschen Reichsgebiet emigrierten Juden ihre deutsche Staatsangehörigkeit und ihr gesamtes Vermögen, das komplett an das Deutsche Reich fiel. Diese Bestimmung vereinfachte – aus Sicht der Behörden – das bisherige Ausbürgerungsverfahren, da nun keine Einzelverfahren mehr nötig waren.

Informationen über die Versteigerungen des Übersiedlungsgutes jüdischer Emigrant*innen erhielten potenzielle Käufer*innen aus der Tageszeitung über aufklärende Artikel und über extra, zu jeder anstehenden Auktion geschaltete Anzeigen. In Hamburg wurde üblicherweise das zu einem Haushalt gehörige Umzugsgut bei einer Auktion versteigert – dies kann einen Liftvan, mehrere Kisten oder auch neun Liftvans umfasst haben. In Sonderfällen – wie z. B. die durch das Auktionshaus Carl F. Schlüter[7] organisierten Kunstauktionen – wurden Gemälde und Bilder aus den Übersiedlungsgütern separiert und gesondert angeboten.[8] Man erhoffte sich womöglich höhere Erlöse, wenn nur eine bestimmte Klientel anwesend sei. Für alle Versteigerungen galt jedoch, dass ab dem Zeitpunkt des Verkaufs die ehemals zu einem Haushalt

7 Das Auktionshaus Carl F. Schlüter in Hamburg versteigerte nach bisherigen Erkenntnissen das Übersiedlungsgut von über 400 Emigrant*innen. Es versteigerte ebenso den Hausrat von über 650 deportierten Hamburger Jüdinnen und Juden, siehe hierzu: Staatsarchiv der Freien und Hansestadt Hamburg (im Folgenden: StAHH) 314-15_47 UA 19.

8 Kunstversteigerung bei Carl F. Schlüter am 24. 9. 1941, in der sich nach bisherigem Kenntnisstand ausschließlich Kunstwerke aus beschlagnahmten Übersiedlungsgut befanden; siehe hierzu den aufgezeichneten Vortrag von Kathrin Kleibl am 7. 10. 2020 anlässlich des Internationalen Symposions »Der Umgang mit Umzugsgut jüdischer Emigranten in europäischen Häfen«, Haus der Wissenschaft Bremen (Onlinezugang: www.youtube.com/watch?v=p2pKh4WHTec [YouTube Kanal des Deutschen Schifffahrtsmuseums], letzter Abruf 25. 3. 2022).

Auftraggeber	Gerichtsvollzieher	Der Auftrag ist erledigt		Akte weggelegt am	Bemerkungen
		durch	am		
5	6	7	8	9	10
brutto Erlös 4.950.10 800.—	bobsien gerlach 57 DR 33	25 div. Bücher div. Briefm. u. 10 Pak. Fewa al 16.5. div. an jüd.	Bücher div. u. 10 Pak. Gestapo Privatsach. Relig. Ges.		1 Liftvan verst 16.5 d. Jackel

1 Ausschnitt aus Lagerbuch D der Gerichtsvollzieherei Hamburg, in: StAHH 214-1_100.

gehörigen Gegenstände unwiderruflich auseinandergerissen waren; erworben von NS-staatlichen Institutionen, Museen, Händlern und Privatpersonen waren sie somit in unterschiedliche (geografische, soziale, kulturelle, öffentliche, private) Räume und Kontexte umverteilt. Die Erlöse der Versteigerungen flossen – nach Abzug ausnahmslos aller durch die Lagerung, den Transport und die Versteigerung des Umzugsguts entstandenen Kosten – zunächst auf ein Konto der Hamburger Gestapo bei der Deutschen Bank, um dann (teils Monate bis Jahre später) an die für die jeweiligen Heimatorte der Emigrant*innen zuständigen Oberfinanzdirektionen oder deren Finanzämter weiter transferiert zu werden.[9]

Versteigerte optisch-technische Instrumente in Hamburg

In den bisher recherchierten Einzelfällen im Rahmen des »LIFTProv«-Forschungsprojektes zu beschlagnahmten und versteigerten Übersiedlungsgüter jüdischer Emigrant*innen in Hamburg nach 1939 fanden sich vielfach optisch-technische Geräte wie Fotoapparate, Fern- und Operngläser sowie Mikroskope. Ferner sind auch medizinisch-optische Instrumente angeboten worden, die zu ärztlichen Praxisausstattungen oder Laboratorien gehörten.

    Exemplarisch für die um die 3 000 bis 4 000 in Hamburg stattgefundenen Versteigerungen wird im Folgenden die Verauktionierung des Hab und Gutes von Leo Bernstein aus Berlin stehen. An diesem Fall sind die ausbeuterischen Mechanismen der

9 Eine Ausnahme bildeten Versteigerungen von konnossementverbrieften Übersiedlungsgütern, deren Erlöse von gerichtlich bestellten Treuhändern auf extra eingerichtete Pflegschaftskonten hinterlegt wurden.

Geheime Staatspolizei   Hamburg, den 22. 4. 41.
Staatspolizeileitstelle Hamburg
gb.Nr. II B 2 - 1809 /41

5/307   Lgb. D 7

An die
Gerichtsvollzieherei
bei dem Amtsgericht Hamburg
in H a m b u r g
Drehbahn 36

Betrifft: Versteigerungsauftrag.

Sie werden hiermit beauftragt, das beschlagnahmte Umzugsgut
des Juden **Leo Israel B e r n s t e i n**   ,zuletzt
wohnhaft gewesen in **Berlin W 35, Potsdamer Str. 35**
in freiwilliger Versteigerung zu verkaufen. Das Umzugsgut
     1 Lift   im Gesamtgewicht von 3660   kg. ist
bisher von der Firma **H. Schönsee & Co.** .
                    Hamburg 1, Schauenburgerstr. 15/19

unter der Signierung **P F & Co. 547**
verwahrt worden. Die Firma ist von der Beschlagnahme in Kennt-
nis gesetzt und angewiesen worden, Ihnen das Gut in Ihren
Räumen, Drehbahn 36, anzuliefern. Ich bitte, das Versteigerungsprotokoll und Abrechnung mit einem Durchschlag nach hier zu
geben und den Versteigerungserlös nach Abzug der Kosten auf das
Konto
     "Staatspolizeileitstelle Hamburg"
bei der Deutschen Bank, Filiale Hamburg, zu überweisen.

                    I. A.

Beraubung der jüdischen Emigrant*innen durch das NS-Regime und zahlreicher Beteiligter (u. a. Speditionen, Handwerker, Zeitungen, Taxatoren, Käufer) besonders erdrückend sichtbar. Ferner kann aufgezeigt werden, dass spezialisierte Händler – in diesem Fall Fotohändler und Fotografen – unmittelbar von den Versteigerungen profitiert haben; sie waren nicht nur Schätzer des Umzugsguts, sondern gleichzeitig auch Käufer.

Versteigerung des Übersiedlungsgutes Leo Bernsteins, Berlin

Im Januar 1991 entdeckte man im sogenannten Lager- und Versteigerungshaus des Amtsgerichts Hamburg Dokumente zu Vorgängen des Gerichtsvollzieheramts sowie Versteigerungsunterlagen aus den Jahren 1941 bis 1945. Das Konvolut befindet sich heute im Staatsarchiv Hamburg unter dem Bestand »214-1 Gerichtsvollzieherwesen«. Die Akten beziehen sich u. a. auf das beschlagnahmte Übersiedlungsgut jüdischer Emigrant*innen. Wichtige Quellen sind dabei die Lagerbücher (A und B fehlen, C und D erhalten) samt Indexen und zahlreichen Einzelfallakten, in denen Versteigerungen in allen Einzelheiten dokumentiert sind.

Im Index des Lagerbuchs D aus dem Jahr 1941 ist unter dem Buchstaben B unter Registernummer 7 der Name »Bernstein, Leo Israel, Berlin« eingetragen.[10] Aus dem Lagerbuch D ergeben sich dann unter der laufenden Nummer 7 weitere Details (Abb. 1):[11] eingestempelt ist das Datum des Eingangs mit dem »7. Mai 1941«. Unter der »Bezeichnung der Angelegenheit und des Auftrags« ist handschriftlich notiert:

>> Tgb. [Tagebuchnummer] II B 2 – 1809/41[12]
> VA. S 341
> Leo Israel Bernstein
> Bln. [Berlin], Potsdamerstr. 35 <<

In der nächsten Spalte ist verzeichnet, dass am »7. 5. 41 eingel[iefert]« und »am 12. 5. 41 versteig[ert]« wurde. Als »Brutto Erlös« sind »[R]M 4 950,10 + 800« vermerkt. Ausführender Gerichtsvollzieher war in diesem Fall Heinrich Johannes Amandus Bobsien.[13] Die folgenden drei Spalten fanden eine andere Verwendung, als ursprünglich durch das gedruckte Buch vorgesehen (Abb. 1); dort steht notiert:

10 StAHH 214-1_101 Index Lagerbuch D.

11 StAHH 214-1_100 Lagerbuch D.

12 Die Tagebuchnummer lässt sich wie folgt entschlüsseln: II B 2 bezeichnet das Judenreferat der Hamburger Gestapo. 1809 ist die laufende Nummer des Vorgangs. 41 bezeichnet das Jahr, hier 1941, in dem der Vorgang angelegt wurde.

13 StAHH 241-2_B 203 (Personalakte Bobsien, Heinrich Johannes Amandus, 1915–1968). StAHH 314-15_31 UA 1 Gerichtsvollzieher Bobsien, 1942 (Unterakte zu: Abrechnungen von Gerichtsvollziehern über Erlöse aus Versteigerungen von Hausrat deportierter Juden und von Umzugsgut jüdischer Emigranten, 1941–1948); siehe auch: Martin, Bernd: Die Versteigerungen des Eigentums deportierter Hamburger Juden durch die Gerichtsvollzieherei Hamburg zwischen 1941 und 1945, Magisterarbeit Universität Hamburg 2000, S. 80 ff.

>> 25 div. Bücher, div. Briefm[arken] u. 10 Pak[ete] Fewa an Gestapo[14]
16.5 div. Privatsach[en] an den jüd[ischen] Relig[ions]verb[and][15]
Aus der letzten Spalte erfährt man: 1 Liftvan verst[eigert]
16. 5. d. Jäckel <<

Das Deckblatt der Einzelfallakte zu diesem Vorgang verweist wiederum auf das »Lgb. [Lagerbuch] D 7«.[16] Handschriftlich finden sich hier auch die Maßangaben des Liftvans notiert: »435 × 220 × 220 [cm]«. Ein Stempel informiert mit Ergänzungen über eine weitere Identifikationsnummer:

>> [57] D.R. Nr. 33/[19]41
Eingegangen am: 4. 5. 41
Bobsien Gerichtsvollzieher in Hamburg <<

Die Akte ist ab hier chronologisch aufgebaut. Die erste Seite bildet der Versteigerungsauftrag der Gestapo vom 22. April 1941 – unterzeichnet von Claus Göttsche, Judenreferent[17] – an die Gerichtsvollzieherei unter der Tagebuchnummer II B 2 – 1809/41 (Abb. 2).

Sie wird darin

>> beauftragt, das beschlagnahmte Umzugsgut des Juden Leo Israel Bernstein zuletzt wohnhaft in Berlin W 35, Potsdamer Str. 5 in freiwilliger Versteigerung zu verkaufen. Das Umzugsgut 1 Lift im Gesamtgewicht von 3660 kg ist bisher von der Firma H. Schönsee & Co. unter der Signatur PF & Co. 547 verwahrt worden. Die Firma ist von der Beschlagnahme in Kenntnis gesetzt und angewiesen worden, Ihnen das Gut in Ihren Räumen, Drehbahn 36, anzuliefern. Ich bitte, das Versteigerungsprotokoll und Abrechnung mit einem Durchschlag nach hier zu geben und den Versteigerungserlös nach Abzug der Kosten auf das Konto »Staatspolizeileitstelle Hamburg« bei der Deutschen Bank, Filiale Hamburg, zu überweisen. I. A. Göttsche. <<

14 Empfangsbestätigung über 25 Bücher vom 10. 5. 1941 an die Gestapo sowie eine Mitteilung an dieselbe vom 12. 5. 1941 über das Aussortieren von 1 Paket Briefmarken und 10 Paketen Fewa Waschmittel, in: StAHH 214-1_151 Bernstein, Leo.

15 Empfangsbestätigung über »Diverse Privatsachen für Bernstein, Berlin« am 16. 5. 1941 durch den Jüdischen Religionsverband Hamburg e. V. Siehe: StAHH 214-1_151 Bernstein, Leo. Fraglich ist, was sich in dem Begriff Privatsachen subsummierte. In anderen Fällen werden etwa Fotos und Briefe extra genannt. Im Fall von Leo Bernstein versteigerte die Gerichtsvollzieherei unter Position 146 im Versteigerungsprotokoll 10 Bilderalben. Ob man sich darin befundene Privatfotos vorher entfernte, ist unklar. Unter Position 175 bot das Amt einen Kasten mit Papieren an, bei denen es sich laut der Aussage von Leo Bernstein um wichtige Privatdokumente handelte. Ob diese vorher herausgenommen wurden, ist ebenso unklar.

16 StAHH 214-1_151 Bernstein, Leo.

17 Claus Göttsche (Aasbüttel 27. 5. 1899 – 12. 5. 1945 Hamburg) war deutscher Polizist und leitete das Judenreferat der Hamburger Gestapo zwischen 1941 und 1943. 1935 kam er zur Gestapoabteilung »Judensachen, Kirchenangelegenheiten, Freimaurerei, Sekten« und wurde 1941 nach der Beförderung zum Kriminalkommissar Judenreferent der Hamburger Gestapo (II B 2). Ab Herbst 1941 organisierte er u. a. die Deportationen der Hamburger als Juden Verfolgten. Im Mai 1945 verübte Göttsche Selbstmord; siehe hierzu auch: Diercks, Herbert / Eckel, Christine / Grabe, Detlef (Hrsg.): Das Stadthaus und die Hamburger Polizei im Nationalsozialismus, Berlin 2021, 224 ff.

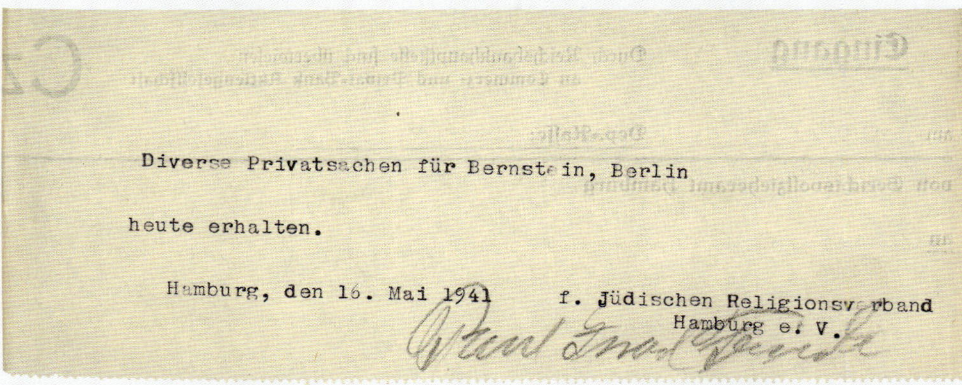

3 Empfangsbestätigung über Privatsachen Bernsteins, in: StAHH 214-1_151 Bernstein, Leo.

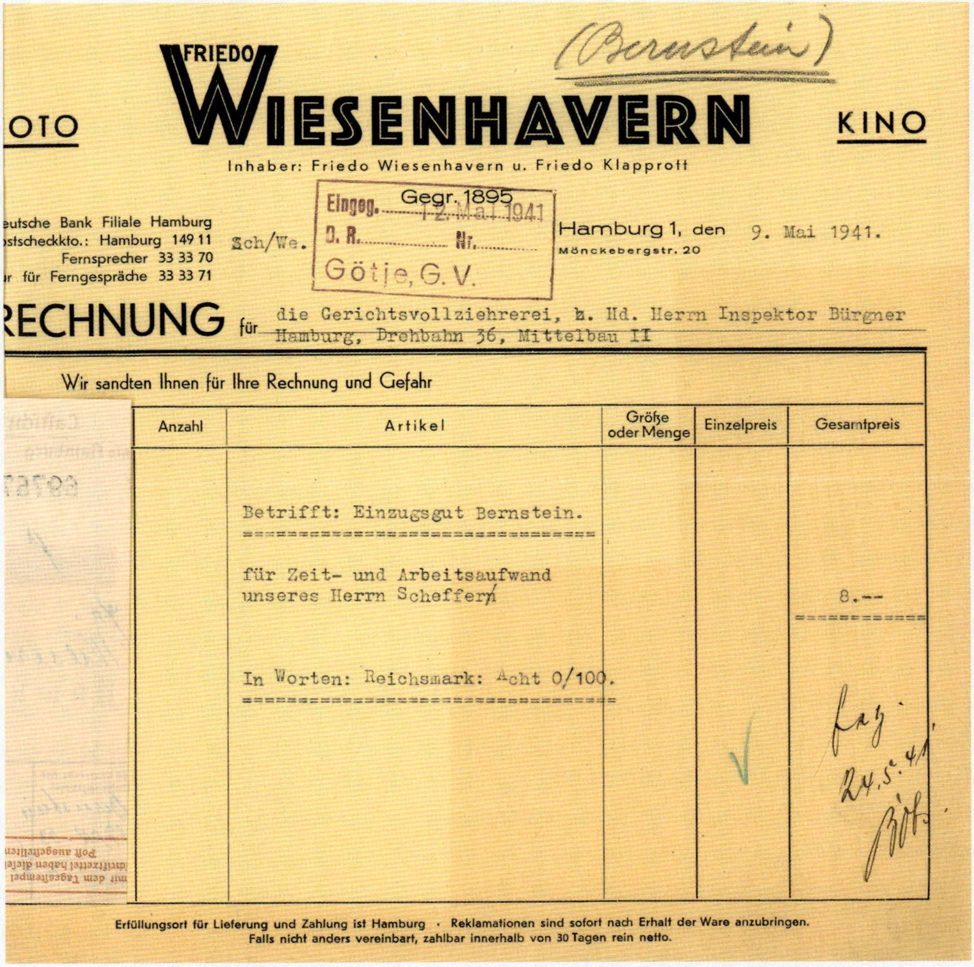

Anzahl	Artikel	Größe oder Menge	Einzelpreis	Gesamtpreis
	Betrifft: Einzugsgut Bernstein.			
	für Zeit- und Arbeitsaufwand unseres Herrn Scheffern			8.—
	In Worten: Reichsmark: Acht 0/100.			

4 Schätzung Wiesenhavern, in: StAHH 214-1_151 Bernstein, Leo.

B o b s i e n
Gerichtsvollzieher

<u>57 D.R. Nr. 33/1941.</u>

                    Versteigerungsabrechnung
                    ==========================

        in Sachen Umzugsgut Leo Israel B e r n s t e i n .

Brutto-Versteigerungserlös vom 12.-16.Mai 1941:   5750.10 RM.
zuzüglich Kav.-Geld (15 %)   862.15 "

                                    zusammen: 6612.25 RM.
Der Sozialverwaltung,Hamburg, sind kreditiert: 800.--   "

                                    verbleiben: 5812.25 RM.
Hiervon erhält die Geheime Staatspolizei ,Hbg.,
gemäß Abrechnung: 3785.55 RM.

                        von den verbleibenden :   2026.70 RM.
sind folgende bare Auslagen in Abzug zu bringen:

    1.) Rechnungsbetrag des Spediteurs (Schönsee & Co.)
        für Lagerkosteb,Anlieferung pp.=   811.05 RM.
    2.) Absetzgeld   5.--   "
    3.) Urkundensteuer   36.--   "
    4.) Rechnung Fa. Wiesenhavern für
                      Schätzung   8.--   "
    5.) Schlosserkosten   1.50   "
    6.) Porto für Geldeinzahlung   1.--   "
        (Die Beträge für Bekanntmachungs-
        kosten, Arbeitslohn Fa. Sparr u.
        Fa. Priess sind in der Sache
        Schweitzer (D.R.34/41) verrechnet)   862.55 RM.

                        die restlichen :   1164.15 RM.
                                                  ================
sind als Gebühren vereinnahmt.

    Hamburg, den 24. Mai 1941.

                                                  Bobsien
                                              Gerichtsvollzieher.

        <u>K.B. II Nr;</u> 30/41

Der Eingang des Schreibens ist mit dem 7. Mai 1941 gestempelt. Hiernach folgt ein Ablieferungsschein der Möbeltransportfirma Heinrich W. Pries[18] vom 3. Mai 1941, die wiederum von der Spedition Hugo Schönsee & Co.[19] mit dem Verbringen des Liftvans vom Togo-Kai im Hamburger Freihafen[20] zur Gerichtsvollzieherei in der Drehbahn 36 beauftragt wurde. Es folgen weitere Dokumente, die für die Rekonstruktion der Vorgänge und involvierten Personen von maßgeblicher Bedeutung sind (Abb. 3).[21]

Nach dem Entpacken und der Durchsicht der Gegenstände stellte Gerichtsvollzieher Bobsien fest, dass sich im Umzugsgut zahlreiche fototechnische Geräte, eine Laborausstattung sowie dazugehörige Utensilien befanden. Sein Vorgesetzter, Obergerichtsvollzieher Justizinspektor Carl Bürkner,[22] beauftragte daraufhin das Fotohaus Friedo Wiesenhavern,[23] die Gegenstände vor der Versteigerung zu sichten und zu taxieren. Der von dort entsandte Experte war ein Herr Scheffer, für dessen Tätigkeit eine Rechnung von 8 Reichsmark an die Gerichtsvollzieherei ausgestellt wurde (Abb. 4).

Nach der Sortierung, Schätzung und Etikettierung aller Gegenstände und der obligatorischen Schaltung der Anzeige für die Versteigerung in der Tagespresse fand diese am 12. und 13. Mai 1941 statt. Wie vor jeder Versteigerung in der Drehbahn 36, verlas der Gerichtsvollzieher die Bedingungen: Es handelte sich um eine freiwillige Versteigerung, und es wurden 15 Prozent Aufschlag (Kavelingsgeld) auf das Höchstgebot berechnet.

In der Akte befindet sich das Versteigerungsprotokoll, in dem die etikettierten Gegenstände (teils auch als Konvolute) durchnummeriert mit 201 Positionen aufgelistet sind. Dahinter stehen jeweils handschriftlich die Namen der Käufer, das Meistgebot, das Aufgeld und die Endsumme.[24] Neben der gleich näher zu beschreibenden fototechnischen Ausstattung wurden auch wertvolle Möbel (u. a. ein Tölzer Zimmer von 1820), neun oder mehr Teppiche, Meissener Porzellane (auch Figuren), sechs Gemälde von Fred Fredden Goldberg[25] (Motive: Lumpensammler, Straßengeiger im Hinterhof, Bauernfrau in der Küche, Müder Gaul, Havellandschaft, Kindergruppe im Hinterhof), zwei Original-Radierungen von Käthe Kollwitz, zwei Kohlezeichnungen von Max Liebermann, eine Skizze von Georg Grosz, eine Reiseschreibmaschine »Erika«, ein Radiogerät »Telefunken«, ein Grammofon »Stimme seines Herren« und eine Leuchtreklame der ehemaligen Fotohandlung in Berlin (Motiv: Fotolinse) versteigert. Insgesamt erzielte der Gerichtsvollzieher Bobsien durch diese Auktion, nach Abzug aller entstandenen Kosten, ein Bruttoerlös von 5 750,10 Reichsmark (Abb. 5).

---

18 Fa. Heinrich W. Pries (Möbeltransporte) in Hamburg, Wilhelminenstr. 11.

19 Fa. Hugo Schönsee & Co. (Spedition) in Hamburg, Burchardtstr. 8 (Sprinkenhof).

20 Am Togo-Kai im Hamburger Freihafen lagerten zahlreiche Liftvans und Kisten mit Übersiedlungsgut jüdischer Emigrant*innen u. a. auch unter freiem Himmel, da die Lagerkapazitäten in den Schuppen nicht ausreichten.

21 Siehe hierzu den kommenden Eintrag zu Leo Bernstein in der LostLift-Datenbank, ab Jahresende 2022 online zugänglich.

22 Carl G. Bürkner fertigte u. a. Prüfungsberichte zu Umzugsgütern bei Auswanderungsangelegenheiten an.

23 Fa. Friedo Wiesenhavern in Hamburg, Mönckebergstr. 20. Im Jahre 1895 in Hamburg gegründet, ist Wiesenhavern eines der ältesten Fachgeschäfte der Hansestadt, das bis heute existiert.

24 Gleich zu Beginn des Protokolls fallen die Ankäufe der Sozialverwaltung Hamburg auf. Diese Einrichtung hatte auf allen Versteigerungen ein Vorkaufsrecht, da sie die erworbenen Gegenstände wiederum günstig an Bedürftige weitergab.

25 Goldberg (1889–1973) stammte aus Berlin und studierte an der Akademie in München, in der École des Beaux Arts und in der Académie Julian in Paris. Er emigrierte mit seiner Frau nach Shanghai und später weiter in die USA. Er verstarb in San Francisco.

Nr.	Bezeichnung des Gegenstandes	Name des Erstehers	Meistgebot		Kav. Geld 6%		Bemerkungen
			ℳ	₰	ℳ	₰	
50	1 Messingmörser	Bahr	3	50		50	
51	4 Emailleschüsseln, 1 Emailletopf, 1 Aluminium Kessel, 1 Passiermaschine	Großjuckem	10	-	1	50	
52	1 Dielengarderobe, Metall	Schröder I	2	50	-	40	
53	1 Partie Hausstandssachen	Schürmann	4	20	-	65	
54	1 Partie Hausstandssachen	Schmidt	8	-	1	20	
55	24 Teile Besteck	Plotz	7	80	1	15	
56	112 Teile Bestecke	Scholz	72	-	10	80	
57	ca. 3o Teile Bestecke und Metallbecher	Scholz H. Wendtstr. 38	7	40	1	10	
58	1 Wässerungseinrichtung und 1 Trockentrommel	; Rose Rahlstedt	95 / 65	-	14 / 9	25 / 75	
59	1 Vergrösserungsapparat, def.	Rose Rahlstedt	80	-	12	-	
60	1 Schneidepult	Rose	34	-	5	10	
61	1 Reproduktionsgerät	Rose	25	-	3	75	
62	1 Filmscheinwand, starr	Rose	15	-	2	25	
63	div. Entwicklungströge und Schalen	Bünte Ferdinandstr 20	14	50	2	20	
64	1 Klapptisch 1 Klappstuhl und Futteral	Rose	9	-	1	35	
65	div. Fotoalben	Rose	10	50	1	55	
66	1 Rollexkinokamera	Wiesenhavern	610	-	91	50	

Unter den Nrn. 58–86, Nrn. 147–148 und 176 des Versteigerungsprotokolls finden sich fototechnische Geräte und Zubehör (Abb. 6). Diese sind jedoch nur rudimentär beschrieben; es fehlen zumeist genauere Bezeichnungen wie etwa Hersteller oder Gerätetyp bzw. das jeweilige Modell. Die Zusammenstellung der Objekte weist jedoch auf eine professionelle Ausstattung hin und steht ganz offensichtlich mit der beruflichen Tätigkeit Leo Bernsteins in Verbindung. Auch bei den notierten Käufern verhält es sich ähnlich (ebenso Abb. 6): hier sind meist nur die Nachnamen angegeben; in einigen Fällen zumindest durch eine Ortsangabe ergänzt. Die Identifizierung der Namen gelang einerseits über das Hamburger Adressbuch von 1941 und anderseits über Parallelen zu analogen Fällen, bei denen dieselben Käufernamen auftauchen. Im Fall von Leo Bernstein waren die Käufer der Fotoausrüstung unter anderem fünf Fotohändler und Fotografen aus Hamburg; vier Namen konnten bisher noch nicht (eindeutig) identifiziert werden. Die folgende Auflistung stellt diese samt der von ihnen erworbenen Gegenstände zusammen; in Klammern ist die Erwerbsumme (ohne Aufgeld) angegeben.

Fa. Rudolf Rose: Verlag/Fotograf; Hamburg-Rahlstedt 2
(später: Kunstverlag Rudolf Rose; Hamburg, Amelungstr. 15):
- Nr. 58 1 Trockentrommel (65 RM)
- Nr. 59 1 Vergrößerungsapparat, def[ekt] (80 RM)[26]
- Nr. 60 Schneidepult (34 RM)
- Nr. 61 1 Reproduktionsgerät (25 RM)
- Nr. 62 1 Filmscheinwand, starr (15 RM)
- Nr. 64 1 Klapptisch, 1 Klappstuhl und Futteral (9 RM)
- Nr. 65 div[erse] Fotoalben (10,50 RM)
- Nr. 68 3 Plattenkameras (75 RM)
- Nr. 71 1 Patentetuikamera (28 RM)
- Nr. 74 div[erse] Köcher und Riemen enth[ält] Filter, etc. (20 RM)
- Nr. 79 1 Verdunklungsrollo (11 RM)
- Nr. 81 1 Hochglanzpresse (50×60) (60 RM)
- Nr. 82 Photoliteratur (9,60 RM)
- Nr. 86 div[erse] Kleinigkeiten (8 RM)
- Nr. 176 div[erse] Phototaschen (30 RM)

Fa. A. Gosch: Fotofachgeschäft; Hamburg, Wandsbeker Chaussee 274:
- Nr. 58 1 Wässerungseinrichtung (95 RM)

Fa. Fr. Bruhn: Fotofachgeschäft; Hamburg, Ferdinandstr. 20:
- Nr. 63 div[erse] Entwicklungströge und Schalen (14,50 RM)
- Nr. 73 div[erse] Laborlampen (16,50 RM)
- Nr. 81 Einzelteile für Leitz Fotomat (81 RM)
- Nr. 84 1 Kopiermaschine (70 RM)

---

26 Hierzu merkte Berns in dem Rückerstattungsverfahren später an, dass der Apparat nicht defekt gewesen, sondern für den Transport auseinander gebaut worden sei.

Fa. Friedo Wiesehavern: Fotofachgeschäft, Schätzer; Hamburg, Mönckebergstr. 20:
- Nr. 66 1 Rollexkinokamera (610 RM)
- Nr. 147 div[erses] Photo-Kleinzubehör (10 RM)
- Nr. 148 1 Diakopiergerät (35 RM)

Fa. Frau A. Fischer: Drogerie; Hamburg, Schanzenstr. 103:
- Nr. 76 4 Belichtungsmesser für Vergrößerungen

Garbeck: Hamburg, Colonnaden 24:
- Nr. 72 2 Filmleinwände (33 RM)
- Nr. 75 1 Projektionsgerät. 5 × 5 (9,80 RM)
- Nr. 83 div[erse] Holzstative (46 RM)

Rettkowski: mögliche Personen s. Auszug aus dem Hamburger Adressbuch, 1941, S. 1182:
- a) Rettkowski, Ernst – Gelegenheitskäufe, Weidenstieg 11
- b) Rettkowski, Wwe. F. – Gelegenheitskäufe, Langereihe 83
  - Nr. 69 2 Plattenkameras (40 RM)
  - Nr. 85 1 Photolaborzubehör (45 RM)

Heider: (unbek.):
- Nr. 67 2 Plattenfotoapparate (24 RM)

Gericke: (unbek.):
- Nr. 70 1 [Rollei-]Stereokamera mit Zubehör
  [von der Fa. Franke und Heideke][27] (3 RM)
- Nr. 77 div[erses] Fotozubehör (40 RM)
- Nr. 80 1 Stativ mit Atelierkamera (44 RM)

Leo Bernstein, Inhaber eines Fotofachgeschäftes in Berlin

Leo Bernstein wurde am 13. September 1899 in Drengfurt im Kreis Rastenburg/Ostpreußen geboren. Am 6. Januar 1933 heiratete er Erna Elisabeth Erler (geboren am 24. April 1906 in Altenburg/Thüringen),[28] die evangelischer Religionszugehörigkeit war, wodurch ihre Ehe von den Nationalsozialisten als »Mischehe« galt. Am 31. August 1933 wurde ihre erste Tochter Renate, genannt Ricki, in Berlin geboren; am 4. Februar 1937 folgte die zweite Tochter Barbara.

Die heute in den USA lebende Enkelin Leo Bernsteins Natalie Berns schildert das Leben der Familie Ende der 1930er Jahre in Berlin wie folgt:

---

27 Im Rückerstattungsverfahren von Berns präzisiert.

28 Elisabeth Berns (Bernstein) verstarb am 28.10.2000.

> Außerdem hatte mein Opa ein Kamerageschäft im Erdgeschoss eines Gebäudes, das als »Letztes Haus am Potsdamer Platz« bekannt ist. Meine Oma war keine Jüdin, und sie verbrachte einen Großteil der späten 1930er Jahre damit, die Gestapo zu bestechen, geschmolzenes Gold für fliehende Juden nach Österreich zu schmuggeln und über den Aufenthaltsort meines Opas zu lügen. Ein Spion aus Upstate NY kaufte Zoomobjektive von »dem Juden in Berlin«, um die Gestapo und die Nazi-Beamten zu dokumentieren, und er ist der Mann, der meinen Opa und meine Familie gesponsert hat [die Flucht finanziert hat]. Niemand sonst hätte meine Familie aufgenommen, und mein Opa, der so tun konnte, als sei er zu Arbeitszwecken im Ausland, hätte ohne Sponsor nach Deutschland zurückkehren müssen. « [29]

Das Fotofachgeschäft Leo Bernsteins in der Potsdamer Straße wurde im November 1938 »arisiert«. Inhaber war dann die Firma Hermann Netzeband.[30] Leo Bernstein versuchte, aus seiner Privatwohnung in der Potsdamer Str. 35 heraus seine Geschäfte weiterzuführen, jedoch entschied sich die Familie bald zur Auswanderung. Ein Zeuge, Wilhelm Müller, wusste in der Nachkriegszeit zu berichten, dass unter Augen von zwei Zollbeamten das Übersiedlungsgut der Familie Bernstein verpackt worden sei.[31] Dabei legte man auch eine Liste der einzelnen Gegenstände samt Ankaufswert an. Den Transport des Übersiedlungsgutes übernahm Mitte August 1939 die Firma Paul Fuss & Co., Berlin-Schöneberg. Ein Liftvan trug die Bezeichnung P. F. & Co. 547 und 4 Kisten (Kolli) die Nummern 777, 778, 779 und 780.

Leo Bernstein, seine Frau Erna und die beiden Töchter verließen am 31. August 1939 das Deutsche Reich. Am 5. September 1939 bestiegen sie in Rotterdam das Schiff Statendam nach New York. Basierend auf Erzählungen der Familie beschreibt Natalie Berns die Flucht:

> Meine Oma und Opa flohen am Morgen des 31. August 1939 aus Deutschland, als Deutschland in Polen einmarschiert war. Mein Opa war ein Veteran des Ersten Weltkriegs und steckte sein Eisernes Kreuz in seinen gestempelten jüdischen Pass. Ein Nazi an der Grenze flüsterte ihm »Alte Kameraden« zu und ließ ihn passieren, hauptsächlich, weil er nicht wusste, dass die polnische Invasion begonnen hatte. « [32]

In den USA änderte Familie Bernstein ihren Namen in Berns; aus Leo wurde Leonard E. Die Familie ließ sich zunächst in Queens, New York, nieder, wo Leonard Berns anfangs als Hausmeister die Familie ernährte. 1940 zogen sie nach Albany, Bundesstaat New York,

---

29 E-Mail Natalie Berns an Kathrin Kleibl vom 17. 7. 2021, Übersetzung vom Englischen ins Deutsche K. K.

30 LAB, 41 WGA 25/454.

31 StAHH 213-13_21839.

32 E-Mail Natalie Berns an Kathrin Kleibl vom 17. 7. 2021, Übersetzung vom Englischen ins Deutsche K. K.

wo Leonard Berns unter dem Namen »Berns Camera« eine neue Fotohandlung eröffnet. Seine Enkelin Natalie Berns: »Er startete das Geschäft neu [in Amerika], nachdem er [...] als Hausmeister gearbeitet hatte. Er sprach nie wieder Deutsch in der Öffentlichkeit.«[33]

Am 4. März 1943 bekam die Familie Berns ein weiteres Kind, ihren Sohn Leonard Stephen.[34] »Berns Camera« eröffnete bald weitere Filialen und der Werbespruch in den 1970ern lautete: »Making your smiles look good since 1940«. Leonard E. Berns verstarb am 25. Juli 1986 in Albany; sein Sohn Stephen übernahm nach ihm die laufenden Geschäfte.

Rückerstattungsverfahren

Nachdem Leonard Berns in den 1950er Jahren in Berlin Wiedergutmachungsansprüche gestellt hatte, beantragte er 1960 explizit wegen des in Hamburg beschlagnahmten und versteigerten Übersiedlungsgutes ebensolche beim dortigen Wiedergutmachungsamt.[35] Anträge hatten die Geschädigten immer an jenem Ort zu stellen, an dem nachweislich der Entzug des Eigentums stattgefunden hatte. Im Rahmen des Verfahrens konnte Berns Auskunft zu den einzelnen Gegenständen in seinem geraubten Umzugsgut abgeben. Dabei fiel auf, dass in Hamburg nur ein Liftvan versteigert worden war, aber über den Verbleib der vier weiteren Kisten nichts bekannt war. Das Gericht vermutete, dass die vier Kisten von Hamburg im Frühjahr 1940 nach Triest zur Weiterverschiffung versendet worden seien, ohne jedoch konkrete Hinweise hierfür vorzulegen.[36] Da der Entzug dieser vier Kisten nicht in Hamburg nachweisbar war, konnte somit für diese dort auch nicht auf Rückerstattung geklagt werden.

Bernsteins Enkelin ist heute im Besitz zahlreicher Dokumente ihres Großvaters und weiß ergänzend zu berichten:

> » Ich habe etwa 300 Seiten Korrespondenz, größtenteils auf Deutsch, über vier Kisten. Es scheint, dass eine [Kiste] angekommen ist, aber die Gegenstände waren kaputt. Außerdem besitze ich eine detaillierte Liste von »Alltagsgegenständen« wie Hämmer und Töpfe bis hin zu Barockmöbeln und nicht identifizierten Kunstwerken. Mein Opa hat jeden einzelnen schriftlichen Austausch aufbewahrt. Ich weiß, dass er viel Zeit darauf verwendet hat, den Familienbesitz zu finden. Es scheint, dass seine Nachforschungen ihn nach Hamburg, Italien, Berlin und vielleicht nach Spanien führten. « [37]

---

33 E-Mail Natalie Berns an Kathrin Kleibl vom 17. 7. 2021, Übersetzung vom Englischen ins Deutsche K. K.

34 Er verstarb am 27. 11. 2017 in den USA.

35 Zu Leonard Berns finden sich im Staatsarchiv Hamburg folgende Akten: StAHH 314-15_Abl. 1998 B 549 Berns, Leonhard, StAHH 213-13_21839 Berns, Leonard, 1960–1964, StAHH 213-13_22528 Leo Bernstein, 1961–1962, StAHH 213-13_24707 Bernstein, Leo, Erben, 1961–1963. Im Landesarchiv Berlin befindet sich eine weitere Akte das Übersiedlungsgut betreffend 41 WGA 25/61 (Überweisung an das Wiedergutmachungsamt Hamburg), Einrichtung einer 6-Zimmerwohnung: 41 WAG 25/455 (Überweisung an das Wiedergutmachungsamt Hamburg). Arisierung des Fotofachgeschäfts durch Fotohaus Netzeband: 41 WGA 25/454.

36 StAHH 213-113_21839; ebenso StAHH 314-15_Abl. 1998 B 548.

37 E-Mail Natalie Berns an Kathrin Kleibl vom 20. 7. 2021, Übersetzung vom Englischen ins Deutsche K. K. Im Mai 2022 erhielt die Verfasserin des Beitrags die von Natalie Berns erwähnten Unterlagen zur Durchsicht. Die Auswertung findet derzeit statt.

Was die Fotoausrüstung und Laborausstattung angeht, wusste Leonard Berns dem Wiedergutmachungsamt mitzuteilen, dass diese im Versteigerungsprotokoll unvollständig angegeben und mit Bagatellerlösen verramscht worden seien. Der Wert allein der Fotoausstattung hätte rund 10 000 Reichsmark betragen.

Neben den im Versteigerungsprotokoll aufgeführten Gegenständen seien laut Berns im Umzugsgut außerdem noch verpackt gewesen:[38]

- 4 Vergrößerungsapparate: 1 Meteor 13 × 18 cm mit 3 Linsen und Kondensoren (gekauft 1936), 1 Veigel 9 × 12 cm mit 2 Zusatzlinsen, 1 Focomat I mit Zubehör, 1 Focomat II mit Zubehör
- 3 Kopiertische mit Uhren und automatischen Einrichtungen: davon 1 Kopiertisch von Kindermann und 1 Kopiertisch von Duerkopp
- 1 komplettes Leitz-Dia-Gerät
- 1 [Paillard-]Bolex-Kinokamera, 16 mm, mit 3 Schneider-Linsen (normal, Weitwinkel, Tele-Linse) mit Ledertasche (gekauft 1939 bei Fa. Talbot)

Da es aussichtslos erschien, die versteigerten Gegenstände wiederzufinden, forderte der Anwalt Bruno Schmitz für seinen Mandanten Berns über das gesamte Übersiedlungsgut eine Entschädigung von 35 000 D-Mark.[39] Das Landesgericht beauftragte daraufhin den Gutachter und Versteigerer Walter H. J. Meyer, das Umzugsgut zu bewerten. Dabei arbeitete dieser gemeinsam mit einem lokal bekannten Fotohändler, der in dem Gutachten jedoch leider nicht näher benannt wird.[40] Für den versteigerten Liftinhalt errechnete Meyer am 12. Februar 1963 eine Wiederanschaffungssumme von 21 355 D-Mark. Am 10. März 1964 – knapp 23 (!) Jahre nach der Beraubung und Versteigerung seines Eigentums – stimmte Leonard Berns einem Vergleich zu, laut dem er eine Entschädigung von 22 658 D-Mark erhielt.

Schlusswort

Ich danke Natalie Berns außerordentlich dafür, ihre Familiengeschichte mit mir geteilt zu haben. Das Hab und Gut Leo Bernsteins, dass der Familie in jeder Hinsicht äußerst wertvoll war, ist unrechtmäßig beschlagnahmt worden. Die Akten und Dokumente der Nationalsozialisten spiegeln den herabwürdigenden Umgang mit dem Eigentum der jüdischen Emigrant*innen, das berechnende Handeln der Involvierten und die Habgier der Käufer wider. Radikal wurde das Hab und Gut separiert und war somit in alle Winde zerstreut.

Keiner der Gegenstände aus dem versteigerten Liftvan und den verlustigen Kisten der Familie Bernstein aus Berlin konnte bisher wieder aufgefunden werden. In der Nachkriegszeit wurden die Käufer auf den Auktionen überwiegend nicht zu einer Rückgabe verpflichtet; es gibt nach bisherigen Erkenntnissen nur äußerst wenige Ausnahmen.

---

38 Möglicherweise befanden sich diese Gegenstände auch in den vier Kisten.

39 Schreiben des RA B. Schmitz, Berlin in Vertr. von Leonard Berns, 27. 2. 1962 an das Wiedergutmachungsamt beim Landgericht Hamburg, in: StAHH 213-13_21839.

40 Obwohl in diesem Fall nicht nachweisbar, sei an dieser Stelle angemerkt, dass die Wiedergutmachungsbehörde häufig dieselben Schätzer- und Versteigerer-Expertisen einsetzte, die bereits in die damalige Auktion involviert waren.

Mit der grundsätzlichen Erforschung und Rekonstruktion der Geschehnisse um das beschlagnahmte und versteigerte Übersiedlungsgut der Familie Leo Bernstein und Tausender weiterer geflüchteter jüdischer Familien, wird dieser Aspekt der Beraubung der jüdischen Bevölkerung durch den NS-Staat detailliert transparent gemacht. Hierzu werden alle Vorgänge und Namen der beteiligten Institutionen, Firmen und Personen in einer über das Internet zugänglichen Datenbank öffentlich gemacht (»LostLift-Datenbank«, ab Ende 2022 über das Deutsche Schifffahrtsmuseum zugänglich). Mit der Offenlegung des versteigerten Hab und Gutes und der jeweiligen Käufer geht die Hoffnung einher, dass zumindest einige Gegenstände identifiziert, wiederaufgefunden und an die Familien zurückgegeben werden können.

Zum Ende dieses Beitrags, aber eigentlich zum Beginn der Suche nach dem Eigentum Leo Bernsteins und seiner Familie soll die Enkelin Natalie Berns erneut zu Wort kommen:

>> Ich habe meine Geschichte nie gelernt, bis ich erwachsen war. Ich wusste nie, dass ich die Vergangenheit hatte, die ich hatte.
Ich weiß mit Sicherheit, dass er seine Original-Leica-Kameras mitnehmen ließ. Es war sowohl symbolisch als auch finanziell wichtig, dass sie nach New York geschafft werden sollten. Bevor mein Vater [Stephen, Sohn Leo Bernsteins] starb, erzählte er mir, dass er im Auftrag meines Opas immer auf der Suche nach ihnen war. Eine war graviert.
Und ich weiß auch, dass es ihn [Leo] schmerzte, alles verloren zu haben. Er verbrachte unzählige Jahre damit, nach den Habseligkeiten zu suchen.
[Auch] mein Vater [Stephen] gab die Hoffnung nie auf, das Hab und Gut wiederzuerlangen. Ich wusste, dass seine eiserne Entschlossenheit ihm großen Schmerz bereitete. Er war der erste und einzige in Amerika geborene. Meine beiden Tanten wurden in Berlin geboren und trugen viel Schmerz in sich.
Ich habe große Anstrengungen unternommen, um ihre Vergangenheit zu ehren, da ich keine Familie habe. Das bedeutet mir sehr viel. << [41]

---

[41] E-Mails von Natalie Berns an Kathrin Kleibl vom 17. und 20. 7. 2021, Übersetzung vom Englischen ins Deutsche K. K.

Die Wiedergutmachungsakten im Landesarchiv Berlin

IRA BAGANZ | LANDESARCHIV BERLIN, BERLIN

Das Landesarchiv Berlin verwahrt bereits seit einigen Jahren die Akten der Wiedergutmachungsämter[1] von Berlin. Diese Archivalien bilden eine wichtige Quelle für die Erforschung und Aufarbeitung des Unrechts, welches viele Menschen durch die Nationalsozialisten in der Zeit von 1933 bis 1945 erfuhren. Besonders für die Benutzer*innen gruppe der Provenienzforscher*innen sind sie von großer Bedeutung. Diese Akten gehören zum Bestand B Rep. 025 Wiedergutmachungsämter von Berlin. Im Folgenden sollen sie und ihre Geschichte kurz vorgestellt werden, außerdem werden die Möglichkeiten einer Benutzung erläutert und ein kurzer Ausblick auf die weitere Bearbeitung des Bestands inklusive der daraus resultierenden Chancen für unsere Benutzer*innen gegeben.

Die Wiedergutmachung in Berlin

Um die Akten des Bestands B Rep. 025 Wiedergutmachungsämter von Berlin zu verstehen, bedarf es eines kurzen Blicks auf die Geschichte der Wiedergutmachung und somit auch auf die deutsche Geschichte zwischen 1933 und 1945.

Mit der Ernennung Adolf Hitlers zum Reichskanzler am 30. Januar 1933 begann die systematische Verfolgung von politischen Gegner*innen sowie verschiedenen religiösen und sozialen Gruppen, die von den Nationalsozialisten als »minderwertig« betrachtet wurden. Besonders stark betroffen und verfolgt waren und wurden Juden und Jüdinnen. Im Laufe der Jahre der nationalsozialistischen Herrschaft wurden zahlreiche Gesetze erlassen, welche die Verfolgten dazu zwangen, ihre Wertgegenstände abzugeben und ihre Besitztümer zu verkaufen. Einen großen Einschnitt stellte dabei die »11. Verordnung zum Reichsbürgergesetz vom 25. November 1941«[2] dar. Nach dieser Verordnung verloren Juden und Jüdinnen, die im Ausland lebten, ihre deutsche Staatsbürgerschaft. Sie wurden somit staatenlos, und ihr gesamtes Vermögen fiel

---

1 Der Begriff Wiedergutmachungsämter wird oft als »WGÄ« bzw. »WGA« (Wiedergutmachungsamt) abgekürzt. Wenn im Folgenden von »WGA-Akten« oder »WGÄ-Akten« die Rede ist, meint dies also Akten der Wiedergutmachungsämter. »WGA-Akte« und »WGÄ-Akte« werden dabei synonym verwendet.

2 Der ganze Text der Verordnung kann online u. a. hier nachgelesen werden: 11. Verordnung zum Reichsbürgergesetz, 1941 (Onlinezugang: www.verfassungen.de/de33-45/reichsbuerger35-v11.html, letzter Abruf 2.12.2021).

1 Wiedergutmachungsakten im Landesarchiv Berlin. Foto: André Wunstorf.

damit an das Deutsche Reich. Besonders perfide war dabei, dass dies laut der Verordnung auch für spätere Verlegungen des Wohnsitzes galt. Diese Regelung ließ sich dadurch ebenso auf das Vermögen deportierter Personen anwenden. Nachdem bereits am 15. Oktober 1941 die Deportationen begonnen hatten, betraf dies dementsprechend viele Personen.

Nach dem Ende des Zweiten Weltkriegs und der Diktatur der Nationalsozialisten musste den Opfern eine schnelle und vor allem gesetzlich gesicherte Hilfe gewährt werden. Viele Überlebende besaßen nichts mehr, gleichzeitig meldeten auch Emigrant*innen ihre Ansprüche auf ihre von den Nationalsozialisten geraubten Besitztümern an. Bei den nun folgenden Verfahren wurde in West-Berlin zwischen Wiedergutmachung und Entschädigung unterschieden. Der Begriff der Wiedergutmachung bezeichnet hier die Verfahren, die anderswo als Rückerstattung bekannt sind. Dazu muss gesagt werden, dass »Rückerstattung« der eigentlich korrekte Begriff ist. Der Begriff »Wiedergutmachung« hat seinen Ursprung in diesem Kontext in der Bezeichnung der Wiedergutmachungsämter. In vielen anderen Bundesländern wird nicht zwischen Wiedergutmachung/Rückerstattung und Entschädigung unterschieden, dies ist im Umgang mit diesem Thema in Berlin stets zu beachten.

Bei der Wiedergutmachung bzw. Rückerstattung handelt es sich um die Rückgabe von entzogenen und feststellbaren Vermögenswerten oder Geldleistungen entsprechend dem ermittelten Zeitwert anstelle der Rückgabe. Die Entschädigung dagegen bezeichnet materielle Leistungen für Schäden an Leib und Leben oder beruflichem Fortkommen, zum Beispiel durch Renten, oder Ersatz für materielle Verluste, die sich auf nicht feststellbares Vermögen beziehen. Ich beziehe mich ausschließlich auf die Wiedergutmachung. Im Landesarchiv Berlin befinden sich zum jetzigen Zeitpunkt keine reinen Entschädigungsakten, sondern nur die Wiedergutmachungsakten.

Der erste juristische Schritt zur Wiedergutmachung war der Befehl der von den vier Besatzungsmächten gebildeten Alliierten Kommandantur vom 26. Juli 1949, die BK/O (49) 180 zur Rückerstattung von feststellbaren Vermögenswerten an Opfer nationalsozialistischer Unterdrückungsmaßnahmen (Rückerstattungsanordnung).[3] Weitere gesetzliche Bestimmungen wurden danach kontinuierlich an die gesellschaftlichen Entwicklungen der Nachkriegszeit angepasst. Eine einheitliche Regelung für die Bundesrepublik Deutschland gab es ab dem 19. Juli 1957 mit dem Bundesrückerstattungsgesetz (BRüG).[4] In der Deutschen Demokratischen Republik gab es hingegen keine einheitliche Regelung.

---

3 Verordnungsblatt für Groß-Berlin. Alliierte Kommandantur Berlin. BK/O (49) 180 zur Rückerstattung von feststellbaren Vermögenswerten an Opfer nationalsozialistischer Unterdrückungsmaßnahmen, 1949 (Onlinezugang: www.parlament-berlin.de/ados/16/IIIPlen/vorgang/d16-1100%20Anlage%206.pdf, letzter Abruf 2.12.2021).

4 Bundesgesetz zur Regelung der rückerstattungsrechtlichen Geldverbindlichkeiten des Deutschen Reiches und gleichgestellter Rechtsträger, 1957 (Onlinezugang: www.gesetze-im-internet.de/br_g, letzter Abruf 2.12.2021).

An einem Wiedergutmachungsverfahren waren immer zwei Institutionen beteiligt: Der »Treuhänder der Amerikanischen, Britischen und Französischen Militärregierung für zwangsübertragene Vermögen« (später: Haupttreuhänder für Rückerstattungsvermögen)[5] und die Wiedergutmachungsämter von Berlin.[6]

Die anspruchsberechtigte Person, der*die Geschädigte*r selbst oder ein*e Angehörige*r, meldete entzogene Vermögenswerte beim Treuhänder an. Bei Letzterem wurde ein Verfahren je Antragsteller*in angelegt. Es kommt also vor, dass mehrere Anmeldungen für ein und dieselbe geschädigte Person existieren. Der bisherige »Rekord« im Berliner Wiedergutmachungsbestand liegt bei 23 Verfahren für einen Geschädigten. Dazu muss jedoch gesagt werden, dass einige der Verfahren für dieselbe Person zu einem späteren Zeitpunkt zusammengeführt wurden. Der Treuhänder registrierte und prüfte die eingegangenen Anmeldungen und leitete sie anschließend zur Bearbeitung an die Wiedergutmachungsämter weiter. Ein Exemplar der Anmeldung verblieb beim Treuhänder, dieser übte zudem während des gesamten Verfahrens eine Kontrollfunktion aus. Die Aktenführung beim Verfahren lag jedoch bis zum Beschluss bei den Wiedergutmachungsämtern. Als höchste Instanz in rechtlichen Belangen agierte das Oberste Rückerstattungsgericht für Berlin.[7]

Die Wiedergutmachungsämter waren in neun Geschäftsstellen unterteilt. Es ist bisher nicht bekannt, wonach die Zuteilung der Verfahren zu den Geschäftsstellen 1 bis 8 erfolgte. Anhand der im Landesarchiv Berlin vorliegenden Akten sind keine Gemeinsamkeiten der Akten innerhalb einer der Geschäftsstellen 1 bis 8 erkennbar. Eventuell wurden die Verfahren nach dem Zufallsprinzip oder je nach aktueller Auslastung der einzelnen Geschäftsstellen verteilt. Sicher ist jedoch, warum Verfahren in der Geschäftsstelle 9 der Wiedergutmachungsämter bearbeitet wurden. Die Besonderheit dieser Geschäftsstelle lag darin, dass hier die Bearbeitung der aus dem Ausland gestellten Anträge erfolgte. Es handelte sich dabei überwiegend um Sammelanträge aus Ungarn, Frankreich oder Belgien. In den Wiedergutmachungsämtern wurde für jeden Antragsteller bzw. jede Antragstellerin eine Karteikarte in der behördeninternen Kartei angelegt. Nach Abschluss des Verfahrens teilten die Wiedergutmachungsämter dem Treuhänder den Beschluss mit. Dieser wurde, wie auch die Anmeldung, in Kopie dort verwahrt. Es existiert also eine Doppelüberlieferung der Anmeldungen und der Beschlüsse im Landesarchiv Berlin.

Enthalten sind in einer Wiedergutmachungsakte immer die Anmeldung der entzogenen Vermögenswerte, die Vollmacht für die juristische Vertretung, Beweismittel zum Anspruch, zum Beispiel in Form von Akten der Vermögensverwertungsstelle, und der Beschluss. Außerdem können Sachverständigengutachten, Zeugenaussagen, eidesstattliche Erklärungen, Einschätzungen zu historischen Gegebenheiten, Dokumente zur Person (wie Geburtsurkunden oder Erbscheine) und ggf. Einsprüche gegen den Beschluss in der Akte vorliegen.

---

5 Landesarchiv Berlin (Hrsg.): Beständeübersicht. B Rep. 032 Der Treuhänder der Amerikanischen, Britischen und Französischen Militärregierung für zwangsübertragene Vermögen (später: Haupttreuhänder für Rückerstattungsvermögen), Berlin 2006 (Onlinezugang: www.content.landesarchiv-berlin.de/php-bestand/anzeige.php?edit=20234&anzeige=treuh%C3%A4nder, letzter Abruf 2.12.2021).

6 Landesarchiv Berlin (Hrsg.): Beständeübersicht. B Rep. 025 Wiedergutmachungsämter von Berlin, Berlin 2006 (Onlinezugang: www.content.landesarchiv-berlin.de/php-bestand/-anzeige.php?edit=20212&anzeige=treuhänder, letzter Abruf 2.12.2021).

7 Landesarchiv Berlin (Hrsg.): Beständeübersicht. B Rep. 064 Oberstes Rückerstattungsgericht für Berlin, Berlin 2006 (Onlinezugang: www.content.landesarchiv-berlin.de/php-bestand/anzeige.php?edit=20259&anzeige =rückerstattungsgericht, letzter Abruf 2.12.2021).

Die Wiedergutmachungsakten wurden im Jahr 2003 von der Senatsverwaltung für Justiz an das Landesarchiv Berlin übergeben. Mit den Akten kam auch eine ehemalige Mitarbeiterin der Wiedergutmachungsämter ins Haus, welche die Bearbeitung und Beauskunftung der Wiedergutmachungsakten in den darauffolgenden Jahren übernahm. Der Bestand der Wiedergutmachungsämter wurde vorerst dem für Justizakten zuständigen Fachbereich im Landesarchiv angegliedert.

Die Abgabe der Akten erfolgte sortiert nach den Geschäftsstellen 1 bis 9 und, innerhalb dieser, nach Jahren. Aufgrund des großen Umfanges des Bestandes wurden die Akten nicht, wie es im Landesarchiv Berlin eigentlich üblich ist, bei der Übernahme fortlaufend durchnummeriert. Stattdessen wurden die alten Aktenzeichen beibehalten. So liegen die Akten auch heute noch vor. Leider ergibt sich daraus das Problem, dass bisher keine genaue Angabe über die Anzahl der Akten gemacht werden kann.

Ebenfalls übergeben wurden verschiedene, zum Bestand gehörige Karteien, unter anderem die bereits erwähnte Kartei der Antragstellenden, die sogenannte Hauptkartei. Bei diesen Karteien handelt es sich um Behördenkarteien, also reine Arbeitsmittel aus der Registratur der Wiedergutmachungsämter Berlin und keine archivischen Findhilfsmittel. Die Karteikarten enthalten keine weiteren Angaben zu den Verfahren und dienen den Bearbeitenden des Bestands nur als Hilfsmittel, um einzelne Verfahren leichter ermitteln zu können. Sie sind der Öffentlichkeit nicht zugänglich. Die Hauptkartei wurde ab 2007 retrokonvertiert, die auf den Karteikarten enthaltenen Informationen wurden manuell abgeschrieben. Die daraus entstandenen Datensätze sind in der Archivdatenbank AUGIAS und in der WGA-Datenbank einsehbar.

Insgesamt sind ca. 405 000 Berliner Wiedergutmachungsverfahren vorhanden. Im Magazin befinden sich aufgrund der Tatsache, dass ein Verfahren mehrere Akten umfassen kann, knapp 500 000 Akten. Das entspricht einer Menge von fast 5 laufenden Kilometern Akten. Die umfangreichste der Geschäftsstellen ist die Geschäftsstelle 9. Sie allein umfasst bereits 983,1 lfm. Aufgrund des großen Umfangs und auch der bisher fehlenden fortlaufenden Nummerierung der Akten ist der Bestand bei der Bearbeitung und Beauskunftung eine Herausforderung.

Es ist geplant, den gesamten Bestand vollständig neu zu verzeichnen, zu digitalisieren und ihn in einem Themenportal zu veröffentlichen. Dies erfolgt im Rahmen des Projekts »Transformation der Wiedergutmachung« des Bundesministeriums für Finanzen, an dem zahlreiche Institutionen teilnehmen. Weitere Informationen zum Projekt finden sich beispielsweise im Monatsbericht des Bundesministeriums für Finanzen, veröffentlicht im Januar 2021.[8]

Das Themenportal Wiedergutmachung wird vom Bundesarchiv im Rahmen des Archivportal-D in den nächsten Jahren entwickelt.[9]

8 Bundesministerium für Finanzen (Hrsg.): Monatsbericht Januar 2021, Das Archivierungsprojekt der Wiedergutmachung und seine Bedeutung im Kampf gegen den Antisemitismus, o. O. 2021 (Onlinezugang: www.bundesfinanzministerium.de/Monatsberichte/2021/01/Inhalte/Kapitel-3-Analysen/3-7-archivierungs projekt-wiedergutmachung.html, letzter Abruf 2. 12. 2021).

9 Bundesarchiv (Hrsg.): Ein weiterer, wichtiger Fortschritt für das Themenportal Wiedergutmachung. Pressemitteilung, o. O. 24. 9. 2021 (Onlinezugang: www.bundesarchiv.de/DE/Content/Pressemitteilungen/ kooperationen-bmf-barch-wgm.html, letzter Abruf 17. 12. 2021).

Prinzipiell können die Wiedergutmachungsakten von jeder interessierten Person eingesehen werden. Die Grundlagen für die Benutzung sind das Berliner Archivgesetz[10] und die Benutzungsordnung des Landesarchivs Berlin[11]. Bei einer geplanten Akteneinsicht oder auch der Anforderung von Reproduktionen sind jedoch einige Formalitäten zu beachten.

Zuerst sollte eine schriftliche Anfrage an das Landesarchiv gestellt werden, entweder per Mail über info@landesarchiv.berlin.de oder per Post (Landesarchiv Berlin, Eichborndamm 115–121, 13403 Berlin). Angegeben werden muss dabei entweder der Name der antragstellenden oder der geschädigten Person. Gern können auch weitere Angaben zur eindeutigen Identifizierung der Person gemacht werden, zum Beispiel das Geburtsdatum, der Ort oder das WGA-Aktenzeichen. Außerdem muss ein Antrag zur Benutzung von Akten des Bestandes B Rep. 025 Wiedergutmachungsämter von Berlin[12] eingereicht werden.

Hier ist zu beachten, dass im Antrag nach Angaben zur geschädigten Person gefragt wird, nicht zum Antragssteller bzw. zur Antragstellerin. Grund dafür ist, dass die Schutzfristen einer Akte nach der geschädigten Person berechnet werden. Nach der Genehmigung des Antrags durch Mitarbeitende des Landesarchivs Berlin kann die Akte eingesehen oder eine Reproduktion bestellt werden.

Wie bereits erwähnt, thematisiert dieser Beitrag nur die Wiedergutmachungs- bzw. Rückerstattungsverfahren. Akten zu Entschädigungsverfahren befinden sich in der Entschädigungsbehörde beim Landesamt für Bürger- und Ordnungsangelegenheiten[13].

Die WGA-Datenbank

Die WGA-Datenbank wurde von 2012 bis 2014 im Rahmen eines Projekts von der Firma Facts & Files – Historisches Forschungsinstitut Berlin erstellt. Das Ziel war, Provenienzforscher*innen zu ermöglichen, weltweit orts- und zeitunabhängig zur archivischen Quellenlage zum Thema Wiedergutmachungsverfahren zu recherchieren, erste Informationen über Personen und Vermögensinhalten zu erhalten und so die Notwendigkeit von Dienstreisen besser einschätzen zu können. Diese Informationen waren vorher nur über die bereits genannte, ausschließlich archivinterne Behördenkartei und die Archiv-

10 Gesetz über die Sicherung und Benutzung von Archivgut des Landes Berlin (Archivgesetz des Landes Berlin – ArchGB) vom 14. 3. 2016 in der Fassung vom 24. 10. 2020 (Onlinezugang: landesarchiv-berlin.de/archivgesetz, letzter Abruf 2. 12. 2021).

11 Ordnung für die Benutzung von Archivgut im Landesarchiv Berlin (Landesarchiv-Benutzungsordnung – LarchBO) vom 4. 3. 2008 (Onlinezugang: landesarchiv-berlin.de/wp-content/uploads/2013/12/benutzungsordnung.pdf, letzter Abruf 2. 12. 2021).

12 Antrag zur Benutzung von Akten des Bestandes B Rep. 025 Wiedergutmachungsämter von Berlin, Stand November 2021 (Onlinezugang: landesarchiv-berlin.de/wp-content/uploads/2021/11/09_LAB-Antrag_wga_11_2021.pdf, letzter Abruf 2. 12. 2021).

13 Landesamt für Bürger- und Ordnungsangelegenheiten (Hrsg.): Die Entschädigungsbehörde des Landes Berlin, Berlin, o. D. (Onlinezugang: www.berlin.de/labo/entschaedigung-ns-unrecht/, letzter Abruf 3. 12. 2021).

datenbank einsehbar. Außerdem sollten die durch die Retrokonvertierung der Hauptkartei erhaltenen Datensätze im Rahmen des Projekts inhaltlich und redaktionell geprüft und ggf. korrigiert werden. Wenn ein Datensatz Hinweise darauf enthielt, dass das
zugehörige Verfahren für die Provenienzforschung relevant sein könnte, wurde zudem
nach einer Akteneinsicht ein Vermerk zu diesen Inhalten gemacht. Wenn keine näheren
Angaben zu den Vermögenswerten enthalten waren, wurde auch das vermerkt (»Ohne
nähere Angaben zu Kunst- und Kulturgütern«).

Ein Teil der Datensätze wurde bereits im Dezember 2012 veröffentlicht. Ergänzt
wurde dieser im Juli 2013, im Dezember 2014 folgten die restlichen Datensätze. Insgesamt wurden 436 804 Datensätze in der WGA-Datenbank veröffentlicht. Die erklä-
renden Texte sind auf Deutsch und Englisch verfügbar. Hier finden sich Informationen
zum Thema Wiedergutmachung im Allgemeinen, zu den Wiedergutmachungsämtern
von Berlin im Speziellen, zum Bestand B Rep. 025 Wiedergutmachungsämter von Berlin und zur Datenbank selbst. Auch Hinweise zum Bestellvorgang können hier nachgelesen werden.

Recherchiert werden kann über eine Volltext- und eine erweiterte Suche. Bei
der erweiterten Suche können die Suchkriterien »Antragsteller«, »Antragsgegner«, »ge-
schädigt«, »geboren«, »Gegenstand« und »Aktenzeichen« ausgewählt werden. Zudem
können mehrere Suchkriterien über die Funktion »Suchkriterium hinzufügen« kombi-
niert werden. Mit dem Begriff »Gegenstand« ist hier der entzogene Vermögenswert
gemeint. Zu beachten ist bei der Recherche jedoch, dass die Suchfunktion leider nicht
ganz zuverlässig ist. Die Recherche nach Aktenzeichen funktioniert nur schlecht, es
werden deutlich mehr Treffer angezeigt, als für den jeweiligen Suchauftrag relevant
sind. Die große über die Datenbank abrufbare Datenmenge kann außerdem zu längeren
Wartezeiten bei der Recherche führen. Es ist deshalb immer sinnvoll, wenn zum Beispiel
ein bestimmtes Verfahren über die WGA-Datenbank nicht gefunden werden kann, sich
direkt mittels einer schriftlichen Anfrage an das Landesarchiv zu wenden. In den meisten Fällen können wir unseren Benutzerinnen und Benutzern bei der Suche nach Wiedergutmachungsakten helfen.

Der Bestand B Rep. 025 Wiedergutmachungsämter von Berlin ist einer der meist-
genutzten Bestände im Landesarchiv Berlin und bietet immer noch viel Potenzial für
die Forschung, wobei seine Benutzbarkeit in den kommenden Jahren weiter verbessert
werden soll. Bis zu ihrer Ablösung durch die im Rahmen der Transformation der Wiedergutmachung entstehenden Datenbank ist die WGA-Datenbank deshalb ein sehr hilf-
reiches und von unseren Benutzerinnen und Benutzern gern genutztes Instrument.

Die WGA-Datenbank ist unter folgendem Link online abrufbar:
www.wga-datenbank.de.

Anhang

Die Arbeitsgruppe Technisches Kulturgut

Die Provenienzforschung zu technischen Kulturgütern wird sich in den kommenden Jahren weiterentwickeln und detailliertere Erkenntnisse zu Händler- und Sammlernetzwerken sowie zusätzliche methodische Ansätze zur Identifikation technischer Sammlungsobjekte hervorbringen.

Noch ist die Zahl derer, die sich mit der Herkunft von technischen Kulturgütern wissenschaftlich befassen, eher überschaubar. Der fachliche Austausch unter den Wissenschaftler*innen, die in diesem noch recht jungen Bereich der Provenienzforschung tätig sind, hat mittlerweile jedoch eine feste Grundlage gefunden. Auf Initiative der Provenienzforscher*innen des Deutschen Optischen Museums in Jena und des Deutschen Technikmuseums in Berlin gründeten Wissenschaftler*innen und Sammlungsbetreuer*innen aus Deutschland, Österreich und der Schweiz im April 2022 die »Arbeitsgruppe Technisches Kulturgut«. Diese ist Teil des »Arbeitskreises Provenienzforschung e. V.« und hat sich folgende Ziele gesetzt:

- Austausch über Händler- und Sammlernetzwerke, Quellenbestände sowie spezifische Fragen der Provenienzforschung zu technischen Kulturgütern;
- Weiterentwicklung von Identifizierungsmethoden;
- Erstellung eines Leitfadens zur Provenienzforschung zu technischen Kulturgütern, der die wichtigsten Erkenntnisse festhält.

Hierzu fanden im Jahr 2022 fünf Online-Veranstaltungen statt, auf denen sich die Mitglieder vice versa ihre Forschungsschwerpunkte präsentierten und sich über verschiedene Themen sowie methodische Ansätze austauschten konnten. Eine von den Mitgliedern aus Berlin organisierte zweitägige Hybridveranstaltung gab zudem tiefe Einblicke in die Provenienzforschung am Deutschen Technikmuseum Berlin. Durch engagierte Fachbeiträge und einen interessierten Austausch konnte die Arbeitsgruppe bis November 2022 auf 15 Mitglieder aus Deutschland und der Schweiz anwachsen. Alle Forscher*innen und Einrichtungen, die sich mit der Herkunft und Erforschung technischer Kulturgüter befassen, sind herzlich eingeladen, in der »Arbeitsgruppe Technisches Kulturgut« mitzuwirken.

Weitere Informationen finden sich unter:
www.arbeitskreis-provenienzforschung.org/arbeitsgruppen/ag-technik/
sowie unter der Kontaktadresse: ag-technik@arbeitskreis-provenienzforschung.org.

SÖREN GROSS, RON HELLFRITZSCH, PETER PRÖLSS UND ELISABETH WEBER
ARBEITSGRUPPE TECHNISCHES KULTURGUT
JENA UND BERLIN, NOVEMBER 2022

Autor*innen

Ira Baganz (B. A.)

ist Archivarin im Landesarchiv Berlin. Sie studierte Archivwesen an der Fachhochschule Potsdam und schloss 2018 mit dem B. A. Archiv ab. Von 2018 bis 2020 arbeitete Ira Baganz im Brandenburgischen Landeshauptarchiv in Potsdam und ist derzeit im Landesarchiv Berlin für die Bestände der nachgeordneten Westberliner Behörden zuständig – unter anderem auch für den Bestand der Wiedergutmachungsämter.

baganz@landesarchiv.berlin.de

Dr. Sören Groß

ist Provenienzforscher im Deutschen Optischen Museum in Jena. Er studierte Geschichte und Philosophie für gymnasiales Lehramt an der Friedrich-Schiller-Universität in Jena, abgeschlossen mit dem Ersten und Zweiten Staatsexamen. 2019 bis 2021 promovierte Groß an der Friedrich-Schiller-Universität Jena zu einem Thema im Bereich der NS-Täterforschung. Zeitgleich war er als wissenschaftlicher Assistent in der Universitätsgeschichtlichen Forschungsstelle in Jena tätig. Groß arbeitet seit Januar 2021 am Deutschen Optischen Museum im Provenienzforschungsprojekt »INSIGHT D.O.M.«. Seit Januar 2022 ist er hier als wissenschaftlicher Mitarbeiter und Projektadministrator tätig. Sören Groß ist Mitinitiator und Gründungsmitglied der »Arbeitsgruppe Technisches Kulturgut« innerhalb des »Arbeitskreises Provenienzforschung e. V.«.

soeren.gross@deutsches-optisches-museum.de

Dr. des. Ron Hellfritzsch

ist Provenienzforscher im Deutschen Optischen Museum in Jena. Er studierte Geschichte, Politikwissenschaft und Neuere Geschichte an der Friedrich-Schiller-Universität in Jena und der Latvijas Universitāte in Riga. 2022 promovierte Ron Hellfritzsch an der Universität Greifswald im Bereich Osteuropäische Geschichte. Seit Februar 2020 ist Ron Hellfritzsch im Provenienzforschungsprojekt »INSIGHT D.O.M«. tätig. Seit Januar 2021 arbeitet er hier als wissenschaftlicher Mitarbeiter und Projektadministrator. Ron Hellfritzsch ist Vorstandsmitglied des Deutsch-Baltischen Kulturwerks/ Carl-Schirren-Gesellschaft e. V. in Lüneburg sowie Mitinitiator und Gründungsmitglied der »Arbeitsgruppe Technisches Kulturgut« innerhalb des »Arbeitskreises Provenienzforschung e. V.«.

ron.hellfritzsch@deutsches-optisches-museum.de

Dr. Kathrin Kleibl

ist wissenschaftliche Mitarbeiterin in der Sammlung im Deutschen Schifffahrtsmuseum/Leibniz-Institut für Maritime Geschichte in Bremerhaven und dort speziell für NS-Provenienzforschung zuständig. Sie studierte Klassische und Frühchristliche Archäologie, Kunstgeschichte, Deutsche Geschichte, Geschichte der Naturwissenschaften und Museumsmanagement an den Universitäten Hamburg und Aix-en-Provence. 2008 promovierte sie in Klassischer Archäologie und arbeitete u. a. in Konfliktregionen, was sie zur Provenienzforschung brachte. Seit 2016 ist sie am Deutschen Schifffahrtsmuseum in Bremerhaven tätig. Ihr aktueller Schwerpunkt ist der Umgang mit Übersiedlungsgut jüdischer Emigrant*innen in Hamburg und Bremen nach 1939 und die dazugehörige Projektdatenbank Lost-Lift.

kleibl@dsm.museum

Mag. Dr. Christian Klösch

ist wissenschaftlicher Mitarbeiter der Kommission für Provenienzforschung und Kustos in der Mobilitätsabteilung am Technischen Museum Wien. Er studierte Geschichte, Astronomie und Philosophie an den Universitäten Graz und Wien. Seit 2005 ist Christian Klösch Mitglied der österreichischen »Kommission für Provenienzforschung im Auftrag des Bundesdenkmalamts« und Provenienzforscher am Technischen Museum Wien. Christian Klösch ist Gründungsmitglied der »Arbeitsgruppe Technisches Kulturgut« innerhalb des »Arbeitskreises Provenienzforschung e. V.«.

christian.kloesch@tmw.at

Dr. Peter Plaßmeyer

ist Direktor des Mathematisch-Physikalischen Salons in Dresden. Er studierte Kunstgeschichte, Theaterwissenschaft, Volkskunde, Christliche Archäologie und Byzantinistik in Marburg und Wien. Seit 2001 ist er Direktor des Mathematisch-Physikalischen Salons im Dresdner Zwinger, wo er sich derzeit auch mit der Sammlungsgeschichte bezüglich der physikalischen wie astronomischen Geräte und des mechanischen Spielwerks befasst. Besonders im Fokus stehen dabei der didaktische Zugang zum historischen Hintergrund der Objekte sowie der institutionelle Austausch, auch auf digitalem Wege. Zudem ist er Mitglied des wissenschaftlichen Beirats der Kustodie der Technischen Universität Dresden und war von 2009 bis 2013 kommissarischer Direktor des Kunstgewerbemuseums Dresden.

peter.plassmeyer@skd.museum

Peter Prölß (M. A.)

ist wissenschaftlicher Mitarbeiter im vom Deutschen Zentrum Kulturgutverluste geförderten Provenienzforschungsprojekt »Identifizierung von NS-Raubgut in den zwischen 1982 und 1989 inventarisierten Beständen des Deutschen Technikmuseums«. Er studierte Neuere und Neueste Geschichte und Geografie an der Friedrich-Alexander-Universität Erlangen-Nürnberg und an der Ludwig-Maximilians-Universität in München. Sein Studium schloss er 2008 mit einer Magisterarbeit zum Thema »Die Washingtoner Konferenz über Vermögensverluste in der Holocaust-Ära (1998) und ihre Folgen in Deutschland« ab. Auf dem Feld der Provenienzforschung war er bereits bei der Zentral- und Landesbibliothek Berlin (2009–2013), der Klassik Stiftung Weimar (2013–2016) und dem Deutschen Zentrum Kulturgutverluste (2016) tätig, bevor er im Mai 2019 an das Deutsche Technikmuseum in Berlin wechselte. Peter Prölß ist Mitinitiator und Gründungsmitglied der »Arbeitsgruppe Technisches Kulturgut« innerhalb des »Arbeitskreises Provenienzforschung e. V.«.

proelss@technikmuseum.berlin

Elisabeth Weber (M.A.)

ist wissenschaftliche Mitarbeiterin im vom Deutschen Zentrum Kulturgutverluste geförderten Provenienzforschungsprojekt »Identifizierung von NS-Raubgut in den zwischen 1982 und 1989 inventarisierten Beständen des Deutschen Technikmuseums«. Sie studierte Neuere und Neueste Geschichte, Politikwissenschaft, Kunstgeschichte und Mathematik an der Humboldt-Universität zu Berlin. Von 2009 bis 2013 war Elisabeth Weber Mitarbeiterin des Deutschen Historischen Museums, danach war sie als freie Historikerin u. a. für das Museum für Naturkunde Berlin, die Stiftung Stadtmuseum Berlin und das Jüdische Museum Berlin tätig. Seit Mai 2019 ist sie gemeinsam mit Peter Prölß für die Provenienzforschung im Deutschen Technikmuseum in Berlin zuständig. Elisabeth Weber ist Mitinitiatorin und Gründungsmitglied der »Arbeitsgruppe Technisches Kulturgut« innerhalb des »Arbeitskreises Provenienzforschung e. V.«.

weber@technikmuseum.berlin

Dr. Bernhard Wörrle

studierte Ethnologie, Soziologie sowie Vor- und Frühgeschichte in München und Marburg. Seit 2013 leitet er das digitale Sammlungsmanagementsystem des Deutschen Museums in München. Außerdem ist er einer der beiden Ansprechpartner des Hauses für das Thema Provenienzforschung. Sein Forschungsschwerpunkt liegt auf kolonialem Sammlungsgut. Bernhard Wörrle ist Gründungsmitglied der »Arbeitsgruppe Technisches Kulturgut« innerhalb des »Arbeitskreises Provenienzforschung e. V.«.

b.woerrle@deutsches-museum.de

Impressum

© 2022
Sandstein Verlag, Dresden
Stiftung Deutsches
Optisches Museum, Jena
Autorinnen und Autoren

Herausgeber
Ron Hellfritzsch, Sören Groß,
Timo Mappes

Redaktion
Sören Groß, Ron Hellfritzsch,
Selina Kusche, Timo Mappes

Satz und Gestaltung
Annett Stoy, Sandstein Verlag

Reprografie
Jana Neumann, Sandstein Verlag

Druck und Verarbeitung
FINIDR s.r.o., Český Těšín

Schrift
Source Sans Pro

Papier
Bilderdruck, 135 g/m²

Die Deutsche Nationalbibliothek verzeichnet diese Publikation in der Deutschen Nationalbibliografie; detaillierte bibliografische Daten sind im Internet über http://dnb.dnb.de abrufbar.

Digitale Ausgabe:
ISBN 978-3-00-072131-1
DOI 10.25366/2022.33

www.sandstein-verlag.de
ISBN 978-3-95498-724-5

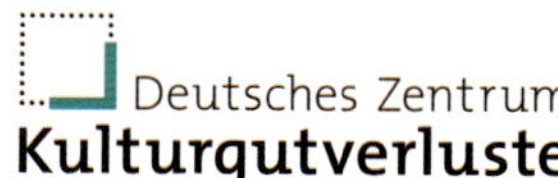

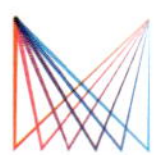

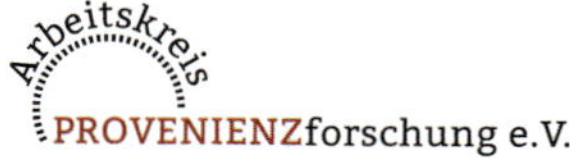